国学经典之核心价值准则

黄国良　岑　俊　黄　凯　编著

中国商业出版社

图书在版编目（CIP）数据

国学经典之核心价值准则/黄国良，岑俊，黄凯编著．—北京：中国商业出版社，2023.10
ISBN 978-7-5208-2625-9

Ⅰ．①国…　Ⅱ．①黄…②岑…③黄…　Ⅲ．①国学－教材　Ⅳ．①Z126

中国国家版本馆 CIP 数据核字（2023）第 175409 号

责任编辑：陈　皓
策划编辑：常　松

中国商业出版社出版发行
（www.zgsycb.com　100053　北京广安门内报国寺 1 号）
总编室：010-63180647　编辑室：010-83114579
发行部：010-83120835/8286
新 华 书 店 经 销
三河市新科印务有限公司印刷
* * *
787 毫米×1092 毫米　16 开　14.5 印张　270 千字
2023 年 10 月第 1 版　2023 年 10 月第 1 次印刷
定价：46.00 元
* * * *

前　言

中华民族有五千年灿烂的文化，这是祖先留给我们的宝贵财富。早在春秋战国时期，我们生存的土地上，就先后诞生了管子、老子、孔子、庄子、墨子、孟子、荀子、韩非子等一大批思想家，他们胸怀天下，忧国忧民，他们著书立说，推行自己的政治主张，形成了一个百花齐放、百家争鸣的文化盛世。

经过多年认真地梳理和研究，我们从中提取出道、德、仁、义、礼、法、忠、和、孝、悌、谨、信、温、良、俭、让、恭、恕、敏、惠、智、勇、刚、直、文、明、廉、耻等价值准则。这些核心价值准则是经过几千年的历史反复检验过的，不仅是中国的价值准则，更是东方的价值准则，也是整个世界的价值准则。

本教材以国学为本，以德育为纲，融国学与德育于一体。为增强教材的可读性，我们精选取了几十个历史故事，内容浅显易懂，道理却发人深省。

本教材在编写过程中得到了各级领导和专家的大力支持，在此表示感谢。

由于笔者的能力和水平有限，书中难免有疏漏和不当之处，请广大读者和专家批评指正。

国学三十篇，今日终出版。
前后二十稿，历时逾七年。
上可治天下，下能正三观。
开卷即有益，致君圣与贤。

目　录

国学经典之核心价值准则——道

名言

- 道之所在，天下归之。——姜太公

论述

- 道洽政治，泽润生民。——《尚书·周书·毕命》
- 形而上者谓之道，形而下者谓之器。——《周易·系辞上》
- 一阴一阳之谓道，继之者善也，成之者性也。——《周易·系辞上》
- 立天之道曰阴与阳，立地之道曰柔与刚，立人之道曰仁与义。——《周易·说卦》
- 以道佐人主者，不以兵强天下。——《道德经》
- 道生一，一生二，二生三，三生万物。——《道德经》
- 人法地，地法天，天法道，道法自然。——《道德经》
- 天之道，损有余而补不足；人之道则不然，损不足以奉有余。孰能有余以奉天下？唯有道者。——《道德经》
- 上士闻道，勤而行之；中士闻道，若存若亡；下士闻道，大笑之。不笑不足以为道。——《道德经》
- 子曰："志于道，据于德，依于仁，游于艺。"——《论语·述而》
- 子曰："朝闻道，夕死可矣。"——《论语·里仁》
- 夫子之道，忠恕而已矣。——《论语·里仁》
- 君子务本，本立而道生。——《论语·学而》
- 子曰："道不同，不相为谋。"——《论语·卫灵公》
- 子曰："人能弘道，非道弘人。"——《论语·卫灵公》

- 所谓大臣者，以道事君，不可则止。 ——《论语·先进》
- 君子学道则爱人，小人学道则易使也。 ——《论语·阳货》
- 子曰："士志于道，而耻恶衣恶食者，未足与议也。" ——《论语·里仁》
- 子曰："齐一变，至于鲁；鲁一变，至于道。" ——《论语·雍也》
- 子曰："君子道者三，我无能焉：仁者不忧，知者不惑，勇者不惧。" ——《论语·宪问》
- 子曰："君子谋道不谋食。耕也，馁在其中矣；学也，禄在其中矣。君子忧道不忧贫。" ——《论语·卫灵公》
- 子谓子产："有君子之道四焉：其行己也恭，其事上也敬，其养民也惠，其使民也义。" ——《论语·公冶长》
- 子曰："富与贵，是人之所欲也，不以其道得之，不处也。贫与贱，是人之所恶也；不以其道得之，不去也。" ——《论语·里仁》
- 子曰："邦有道，谷。邦无道，谷，耻也。" ——《论语·宪问》
- 子曰："邦有道，危言危行；邦无道，危行言孙。" ——《论语·宪问》
- 子曰："直哉史鱼！邦有道，如矢；邦无道，如矢。君子哉蘧伯玉！邦有道，则仕；邦无道，则可卷而怀之。" ——《论语·卫灵公》
- 子曰："笃信好学，守死善道。危邦不入，乱邦不居。天下有道则见，无道则隐。邦有道，贫且贱焉，耻也；邦无道，富且贵焉，耻也。" ——《论语·泰伯》
- 子曰："可与共学，未可与适道；可与适道，未可与立；可与立，未可与权。" ——《论语·子罕》
- 子曰："君子易事而难说也。说之不以道，不说也。及其使人也，器之。小人难事而易说也。说之虽不以道，说也。及其使人也，求备焉。" ——《论语·子路》
- 孔子曰："天下有道，则礼乐征伐自天子出；天下无道，则礼乐征伐自诸侯出。" ——《论语·季氏》
- 孔子曰："天下有道，则政不在大夫。天下有道，则庶人不议。" ——《论语·季氏》
- 季康子问政于孔子曰："如杀无道，以就有道，何如？"孔子对曰："子为政，焉用杀？子欲善而民善矣。君子之德风，小人之德草。草上之风，必偃。" ——《论语·颜渊》

• 子曰："斯民也，三代之所以直道而行也。" ——《论语·卫灵公》

• 柳下惠为士师，三黜。人曰："子未可以去乎？"曰："直道而事人，焉往而不三黜？枉道而事人，何必去父母之邦。" ——《论语·微子》

• 子张曰："执德不弘，信道不笃，焉能为有？焉能为亡？"

——《论语·子张》

• 子夏曰："百工居肆以成其事，君子学以致其道。" ——《论语·子张》

• 子贡曰："文武之道，未坠于地，在人。贤者识其大者，不贤者识其小者，莫不有文武之道焉。" ——《论语·子张》

• 君子所贵乎道者三：动容貌，斯远暴慢矣；正颜色，斯近信矣；出辞气，斯远鄙倍矣。 ——《论语·泰伯》

• 天命之谓性，率性之谓道，脩道之谓教。 ——《中庸》

• 道也者，不可须臾离也，可离非道也。 ——《中庸》

• 君子遵道而行，半途而废，吾弗能已矣。 ——《中庸》

• 子曰："道不远人；人之为道而远人，不可以为道。" ——《中庸》

• 大学之道，在明明德，在亲民，在止于至善。 ——《礼记·大学》

• 大道之行也，天下为公，选贤与能，讲信修睦。 ——《礼记·礼运》

• 坐而论道，谓之王公；作而行之，谓之士大夫。

——《周礼·冬官考工记·总叙》

• 天下者非一人之天下，唯有道者处之。 ——《六韬·武韬·顺启》

• 虚无无形谓之道，化育万物谓之德，君臣父子人间之事谓之义，登降揖让、贵贱有等、亲疏之体谓之礼，简物小未一道，杀僇禁诛谓之法。

——《管子·心术上》

• 得道者多助，失道者寡助。 ——《孟子·公孙丑下》

• 居天下之广居，立天下之正位，行天下之大道。

——《孟子·滕文公下》

• 孟子曰："天下有道，以道殉身；天下无道，以身殉道。未闻以道殉乎人者也。" ——《孟子·尽心上》

• 孟子曰："身不行道，不行于妻子；使人不以道，不能行于妻子。"

——《孟子·尽心下》

• 道存则国存，道亡则国亡。 ——《荀子·君道》

• 大道者，所以变化遂成万物也。 ——《荀子·哀公》

• 道者，何也？曰：君道也。君者，何也？曰：能群也。能群也者，何也？曰：善生养人者也，善班治人者也，善显设人者也，善藩饰人者也。

——《荀子·君道》

- 上古竞于道德，中世逐于智谋，当今争于气力。——《韩非子·五蠹》
- 道者，令民与上同意也，故可以与之死，可以与之生，而不畏危。

——《孙子兵法·计篇》

- 以德化民曰道。——《逸周书·谥法解》
- 道者，人之所蹈，使万物不知其所由。——黄石公《素书》
- 万物得其本者生，百事得其道者成。道之所在，天下归之；德之所在，天下贵之。——刘向《说苑·说丛》
- 天地载道，道存则万物生，道失则万物灭。——傅昭《处世悬镜》

【赏析】什么是道？老子认为，道是天地万物的主宰，人们只能遵循而不能违背。《易经》上说："一阴一阳之谓道。"任何事物都存在阴阳两个方面，它们既互相对立，又互相转化，此消彼长。这就要求我们要遵循自然规律，"继之者善也，成之者性也"。道就是遵循客观规律，《中庸》上说"天命之谓性，率性之谓道"。天下大势，浩浩汤汤，顺之者昌，逆之者亡。遵道而行，就会事半功倍，反之就会败功败垂成。

孔子也非常重视道，把道置于德和仁之前。但孔子主张从忠、恕、孝、悌等基本规范做起，"君子务本，本立而道生"。他的学生曾子认为孔子的道，可以概括为忠、恕两个字。君子即使穷困潦倒也要坚守道，"君子忧道不忧贫""士志于道，而耻恶衣恶食者，未足与议也"，为了道甚至可以牺牲自己的生命，"朝闻道，夕死可矣"。天下是天下人的天下，所以"大道之行，天下为公"。

孟子告诉我们："得道者多助，失道者寡助。"有道之人，振臂一呼应者云集，天下群起应之。无道之人，亲戚朋友远而避之。

《史记·五帝本纪》记载黄帝修德振兵，所以"诸侯咸来宾从""诸侯咸归轩辕""诸侯咸尊轩辕为天子"，三个"咸"字突出了黄帝得到天下人的认可。良禽择木而栖，贤臣择主而事。亚美尼亚有一句家喻户晓的名言："懵懂而死，与草木同朽；悟道而生，是为永生。"为什么姜太公会选择周文王？为什么诸葛亮会选择刘备？为什么连宋江都要旗帜鲜明地通告天下要替天行道？早在3000多年前姜太公就给出了答案："道之所在，天下归之。"坚守道，就能得到天下人的归附。《周易·系辞》上有一句名言，"形而上者谓之道"，道就是思想，就是哲学。

故事和经典——得道多助，失道寡助

【原文】孟子曰："天时不如地利，地利不如人和。"三里之城，七里之郭，环而攻之而不胜。夫环而攻之，必有得天时者矣；然而不胜者，是天时不如地利也。城非不高也，池非不深也，兵革非不坚利也，米粟非不多也，委而去之，是地利不如人和也。故曰，域民不以封疆之界，固国不以山溪之险，威天下不以兵革之利。得道者多助，失道者寡助。寡助之至，亲戚畔之；多助之至，天下顺之。以天下之所顺攻亲戚之所畔，故君子有不战，战必胜矣。

——《孟子·公孙丑下》

【译文】孟子说："天时不如地利，地利不如人和。"方圆三里的内城，方圆七里的外城，团团包围却不能取胜。能够团团包围，一定是得到了天时；不能取胜，这是因为天时不如地利。城墙不是不高，护城河不是不深，武器装备不是不先进，粮食不是不充足，但守城者弃城而走，这是因为地利不如人和。所以说，使百姓安居乐业，不能只靠疆域的界限；巩固国防不能只靠山河的险要；威慑天下不能只靠武器的先进。施行仁政的人，支持他的人就多；不施行仁政的人，支持他的人就少。支持他的少到了极点，连亲戚朋友都会背叛他；支持他的多到了极点，天下人都会归顺他。用天下人归顺的人攻打亲戚朋友都背叛的人，不战则已，战则必胜。

故事和经典——君臣各守其道

【原文】季孙相鲁，子路为郈令。鲁以五月起众为长沟，当此之为，子路以其私秩粟为浆饭，要作沟者于五父之衢而餐之。孔子闻之，使子贡往覆其饭，击毁其器，曰："鲁君有民，子奚为乃餐之？"子路怫然怒，攘肱而入，请曰："夫子疾由之为仁义乎？所学于夫子者，仁义也；仁义者，与天下共其所有而同其利其也。今以由之秩粟而餐民，不可何也？”孔子曰：“由之野也！吾以女知之，女徒未及也。女故如是之不知礼也！女之餐之，为爱之也。夫礼，天子爱天下，诸侯爱境内，大夫爱官职，士家其家，过其所受曰侵。今鲁君有民而子擅爱之，是子侵也，不亦诬乎！”言未卒，而季孙使者至，让曰：“肥也起民而使之，先生使弟子令徒役而餐之，将夺肥之民耶？”孔子驾而去鲁。以孔子之贤，而季孙非鲁君也，以人臣之资，假人主之术，蚤禁于未形，而子路不得行其私惠，而害不得生，况人主乎！以景公之势而禁田常之侵也，则必无劫弑之患矣。

——《韩非子·外储说右上》

【译文】季孙担任鲁相，子路担任郈邑的长官。鲁国用五个月发动百姓开挖长沟。开工期间，子路用自己的俸禄邀请百姓到五父之衢吃饭。孔子听说后，叫子贡倒掉他的饭，砸烂盛饭的器具，说：“他们是国君的子民，哪里用得着你给他们饭吃？”子路勃然大怒，握着拳头走过来，质问道：“先生憎恨我施行仁义吗？我从先生那里学到的就是仁义。所谓仁义，就是与天下人共享自己的东西。现在我用自己的俸禄请百姓吃饭，错在哪里？”孔子说：“仲由好粗野啊！我以为你懂了，其实你还不明白。你竟然这样不知礼！你请百姓吃饭，是爱他们。礼法规定，天子爱天下，诸侯爱国家，大夫爱封地的百姓，士人爱家人，超过应爱的范围就叫僭越。现在你擅自去爱鲁君治下的百姓，这是在侵权，难道不是胆大妄为吗？”话没说完，季孙的使者就到了，责备道：“我发动百姓兴修水利，先生让弟子请百姓吃饭，是想与我争夺民心吗？”孔子驾车离开了鲁国。孔子明察秋毫，季孙不是鲁国的国君，以臣子的身份，妄用君主的权术，在危害还没有形成之前就应该及时制止，使子路不能施行私人恩惠，危害不致发生。君主又做得怎么样呢？如果齐景公用权力禁止田常争取民心的越轨行为，他的子孙就不会被杀了。

问题和讨论

1. 除了本文中提到的名言外，关于道的论述，你还知道哪些？
2. 尝试把以上名言译成现代汉语。

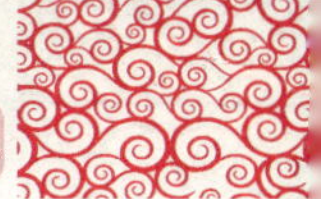

国学经典之核心价值准则——德

名言

为政以德，譬如北辰，居其所而众星共之。——孔子

论述

- 有觉德行，四国顺之。——《诗经·大雅》
- 皇天无亲，惟德是辅。——《尚书·祭仲之命》
- 黍稷非馨，明德惟馨尔。——《尚书·周书·君陈》
- 惟德动天，无远弗届。满招损，谦受益，时乃天道。——《尚书·虞书·大禹谟》
- 德，国家之基也。——《左传·襄公二十四年》
- 举不失德，赏不失劳。——《左传·宣公十二年》
- 度德而处之，量力而行之。——《左传·隐公十一年》
- 大上有立德，其次有立功，其次有立言。虽久不废，此之谓不朽。——《左传·襄公二十四年》
- 德立、刑行，政成、事时，典从、礼顺，若之何敌之？——《左传·宣公二十年》
- 地势坤，君子以厚德载物。——《周易·象传上》
- 子曰：“德薄而位尊，知小而谋大，力少而任重，鲜不及矣。”——《周易·系辞下》
- 上德若谷，大白若辱，广德若不足，建德若偷。——《道德经》
- 故失道而后德，失德而后仁，失仁而后义，失义而后礼。——《道德经》

●修之身，其德乃真；修之家，其德有余；修之乡，其德乃长；修之邦，其德乃丰；修之天下，其德乃普。 ——《道德经》

●上德不德，是以有德；下德不失德，是以无德。上德无为而无以为。 ——《道德经》

●子曰："道之以政，齐之以刑，民免而无耻。道之以德，齐之以礼，有耻且格。" ——《论语·为政》

●齐景公有马千驷，死之日，民无德而称焉。伯夷、叔齐饿于首阳之下，民到于今称之。 ——《论语·季氏》

●子曰："德不孤，必有邻。" ——《论语·里仁》

●子曰："君子怀德，小人怀土。" ——《论语·里仁》

●不恒其德，或承之羞。 ——《论语·子路》

●子曰："何以报德？以直报怨，以德报德。" ——《论语·宪问》

●子曰："骥不称其力，称其德也。" ——《论语·宪问》

●子曰："乡原，德之贼也。" ——《论语·阳货》

●子曰："道听而涂说，德之弃也。" ——《论语·阳货》

●子曰："吾未见好德如好色者也。" ——《论语·子罕》

●子曰："巧言乱德。小不忍，则乱大谋。" ——《论语·卫灵公》

●子曰："德之不修，学之不讲，闻义不能徙，不善不能改，是吾忧也。" ——《论语·述而》

●子夏曰："大德不逾闲，小德出入可也。" ——《论语·子张》

●子张曰："执德不弘，信道不笃，焉能为有？焉能为亡？" ——《论语·子张》

●曾子曰："慎终追远，民德归厚矣。" ——《论语·学而》

●子张问崇德辨惑。子曰："主忠信，徙义，崇德也。爱之欲其生，恶之欲其死。既欲其生，又欲其死，是惑也。" ——《论语·颜渊》

●大德者必受命。 ——《中庸》

●富润屋，德润身，心广体胖（pán）。 ——《大学》

●夫道者，所以明德也；德者，所以尊道也。是以非德道不尊，非道德不明。 ——《孔子家语》

●免人之死，解人之难，救人之患，济人之急者，德也。德之所在，天下归之。 ——《六韬·文韬·文师》

●故德者，得也。得也者，其谓所得以然也以。无为之谓道，舍之之谓

德。故道之与德无间，故言之者不别也。——《管子·心术上》

• 孟子曰："周于利者，凶年不能杀；周于德者，邪世不能乱。"

——《孟子·尽心下》

• 以力服人者，非心服也，力不赡也。以德服人者，中心悦而诚服也，如七十子之服孔子也。——《孟子·公孙丑上》

• 知其不可奈何而安之若命，德之至也。——《庄子·人间世》

• 谏争不威曰德。——《逸周书·谥法解》

• 德者，人之所得，使万物各得其所欲。——黄石公《素书》

• 恃德者昌，恃力者亡。——《史记·商君列传》

• 顺德者昌，逆德者亡。——《汉书·高帝纪上》

• 惟贤惟德，可以服人。——《资治通鉴·魏纪》

• 才者，德之资也；德者，才之帅也。——《资治通鉴·周纪》

• 种树者必培其根，种德者必养其心。——王守仁《传习录》

• 德者事业之基，未有基不固而栋宇坚久者。——洪应明《菜根谭·概论》

• 德者才之主，才者德之奴。有才无德，如家无主而奴用事矣，几何不魍魉猖狂。——洪应明《菜根谭·概论》

• 节义傲青云，文章高白雪，若不以德性陶镕之，终为血气之私，技能之末。——洪应明《菜根谭·概论》

• 清能有容，仁能善断，明不伤察，直不过矫，是谓蜜饯不甜，海味不咸，才是懿德。——洪应明《菜根谭·概论》

• 富贵名誉，自道德来者，如山林中花，自是舒徐繁衍；自功业来者，如盆槛中花，便有迁徙兴废；若以权力得者，其根不植，其萎可立而待矣。

——洪应明《菜根谭·概论》

【赏析】德是品德、修养。孔子提出以德治国，"为政以德，譬如北辰，居其所而众星共之"。儒家主张德主刑辅的思想，"道之以政，齐之以刑，民免而无耻；道之以德，齐之以礼，有耻且格"。德和道是两个不同的概念，今天我们所说的道德主要是指德。道和德有时也可以通用，《六韬》上有一句话"天下者非一人之天下，唯有道者处之"。到后世小说中就演变成了"天命无常，惟有德者居之"（《封神演义》）。管仲告诉我们，无为之谓道，有为之谓德。"道之与德无间，故言之者不别也。"国君讲道德，就能赢得天下人的归附。孟子说："以力服人者，非心服也，力不赡也；以德服人者，中心悦而诚服也。"打江山，

治天下，要以德为先，而不是以单纯依靠杀伐和武力，孟子告诉梁襄王，能够一统天下的人一定是不喜欢杀人的人，只有“不嗜杀人者能一之”。明朝的开国皇帝朱元璋在总结自己统一天下之道时曾说：“士诚恃富，友谅恃强，朕独无所恃。惟不嗜杀人，布信义，行节俭，与卿等同心共济。”三国时期诸葛亮对孟获七擒七纵，最后让他口服心服。这些都是以德服人的典型故事。

故事和经典——耀德不观兵

【原文】穆王将征犬戎，祭（zhài）公谋父（fǔ）谏曰：“不可。先王耀德不观兵。夫兵戢（jí）而时动，动则威，观则玩，玩则无震。是故周文公之《颂》曰：‘载戢干戈，载櫜（gāo）弓矢。我求懿德，肆于时夏。允王保之。’先王之于民也，懋正其德而厚其性，阜其财求而利其器用，明利害之乡，以文修之，使务利而避害，怀德而畏威，故能保世以滋大。……夫先王之制，邦内甸服，邦外侯服，侯、卫宾服，夷、蛮要服，戎、狄荒服。甸服者祭，侯服者祀，宾服者享，要服者贡，荒服者王。日祭、月祀、时享、岁贡、终王，先王之训也。有不祭则修意，有不祀则修言，有不享则修文，有不贡则修名，有不王则修德，序成而有不至则修刑。于是乎有刑不祭，伐不祀，征不享，让不贡，告不王。于是乎有刑罚之辟（pì），有攻伐之兵，有征讨之备，有威让之令，有文告之辞。布令陈辞而又不至，则增修于德而无勤民于远。是以近无不听，远无不服。今自大毕、伯士之终也，犬戎氏以其职来王，天子曰：‘予必以不享征之，且观之兵。’其无乃废先王之训而王几顿乎？吾闻夫犬戎树，惇能帅旧德，而守终纯固，其有以御我矣。”王不听，遂征之，得四白狼、四白鹿以归。自是荒服者不至。

——《国语·周语上》

【译文】周穆王打算征伐犬戎，祭公谋父劝阻说：“不能这么做。先王以德示天下，从不炫耀武力。武力要藏而不用，在适当的时机才能展示，这样就能发挥它的威慑作用。如果常常耀武扬威，那就很容易滥用，滥用就不能使人敬畏。所以周公的颂歌说：‘将兵器好好收藏，将弓箭藏在皮囊。我们君王寻求美德，施予这华夏之邦。君王定能保持天命久长。’先王对于百姓，努力端正他们的德行，使他们的性情更加宽厚。广开他们的财源，改进他们的工具。指出利害得失，用礼法整顿他们，使他们趋利而避害，感怀恩德而畏惧兵威，所以能保证周王室世代相承，日益壮大。……先王的制度，在王畿内的是甸服，在王畿外的是侯服，侯服以外至卫服以内的地方是宾服，在蛮夷的是要服，在戎狄的是荒服。居于甸服的要供应天子日常的祭礼，居于侯服的要供应每月的祀礼，居于宾服的要供应四时的献享，居于要服的要负责岁贡，居于荒服的要以王者之礼朝见天子。祭礼依日，祀礼依月，献享依季，进贡依岁，荒服则终生朝王一次，这是先王的遗训。如有不按日进贡的，天子就修省内心；有不按月进贡的，天子就修明法令；有不按季进贡的，天子就修明礼仪；有不按岁进贡的，天子就修明尊卑名分；有不来朝见的，天子就修明德行。做到以上几点仍然不来进贡，天子就修明刑法，惩处不按日进贡的，声讨不按月进贡的，征伐不按季进贡的，责备不进岁贡的，晓谕不来朝见的。这时就要制定惩处的法律，准备声讨的军队，补充征伐的武器，发布谴责的通告。发布命令，昭告天下，如果还达不到目的，天子就要加强自我修养，也不要百姓到远方去受苦。所以近处的诸侯无不听命，远方的诸侯无不归顺。现在大毕、伯士刚刚去世，新即位的犬戎国君就带着贡品前来朝见，天子却说：‘我一定要以不享宾服之礼的罪名征讨他，并且向他炫耀武力。’这样做恐怕会废弃先王的遗训，使朝见天子之礼濒于破坏。我听说犬戎国君秉性敦厚，能遵循祖先的遗德，遵守朝见之礼，他们也会有防御我们的准备。”穆王不听，去征战犬戎，只得到四只白狼、四只白鹿。从此以后，荒服的诸侯就不来朝见了。

故事和经典——卫石碏大义灭亲

州吁曰：“国人尚不和也，奈何？”石厚曰：“臣父碏，昔位上卿，素为国人所信服。主公若征之入朝，与共国政，位必定矣。”州吁命取白璧一双，白粟五百钟，候问石碏，即征碏入朝议事。石碏托言病笃，坚辞不受。州吁又问石厚曰：“卿父不肯入朝，寡人欲就而问计，何如？”石厚曰：“主公虽往，未必相见，臣当以君命叩之。”乃回家见父，致新君敬慕之意。石碏曰：“新主相召，欲何为也？”石厚曰：“只为人心未和，恐君位不定，欲求父亲决一良策。”石碏曰：“诸侯即位，以禀命于王朝为正。新主若能觐周，得周王锡以黻冕车服，奉命为君，国人更有何说？”石厚曰：“此言甚当，但无故入朝，

周王必然起疑，必先得人通情于王方可。”石碏曰：“今陈侯忠顺于周王，朝聘不缺，王甚嘉宠之。吾国与陈素相亲睦，近又有借兵之好。若新主亲往朝陈，央陈侯通情周王，然后入觐，有何难哉？”石厚即将父碏之言述于州吁，州吁大喜。当备玉帛礼仪，命上大夫石厚护驾，往陈国进发。

石碏与陈国大夫子鍼素相厚善，乃割指沥血，写下一书，密遣心腹人，竟到子鍼处，托彼呈达陈桓公。书曰：

外臣石碏百拜致书陈贤侯殿下：卫国褊小，天降重殃，不幸有弑君之祸。此虽逆弟州吁所为，实臣之逆子厚贪位助桀。二逆不诛，乱臣贼子，行将接踵于天下矣！老夫年耄，力不能制，负罪先公。今二逆联车入朝上国，实出老夫之谋。幸上国拘执正罪，以正臣子之纲。实天下之幸，不独臣国之幸也！

陈桓公看毕，问子鍼曰：“此事如何？”子鍼对曰：“卫之恶，犹陈之恶。今之来陈，乃自送死，不能纵之。”桓公曰：“善。”遂定下擒州吁之计。

却说州吁同石厚到陈，尚未知石碏之谋。一君一臣昂然而入。陈侯使公子佗出郭迎接，留于客馆安置，遂致陈侯之命，请来日太庙中相见。州吁见陈侯礼意殷勤，不胜之喜。次日，设庭燎于太庙，陈桓公立于主位，左傧右相，摆列得甚是整齐。石厚先到，见太庙门首立着白牌一面，上写：“为臣不忠，为子不孝者，不许入庙。”石厚大惊，问大夫子鍼曰：“立此牌者何意？”子鍼曰：“此吾先君之训，吾君不敢忘也。”石厚遂不疑。须臾，州吁驾到。石厚导引下车，立于宾位。傧相启请入庙。州吁佩玉秉圭，方欲鞠躬行礼。只见子鍼立于陈侯之侧，大声喝曰：“周天子有命：‘只拿弑君贼州吁、石厚二人，余人俱免。’”说声未毕，先将州吁擒下。石厚急拔佩剑。一时着忙，不能出鞘。只用手格斗，打倒二人。庙中左右壁厢，俱伏有甲士，一齐拢来，将石厚绑缚。从车兵众，尚然在庙外观望。子鍼将石碏来书宣扬一遍，众人方知吁、厚被擒，皆石碏主谋，假手于陈，天理当然，遂纷然而散。

——《东周列国志》

故事和经典——天才少年的悲剧

【原文】王勃，字子安，绛州龙门人。六岁善文辞，九岁得颜师古注《汉

书》读之，作《指瑕》以擿其失。麟德初，刘祥道巡行关内，勃上书自陈，祥道表于朝，对策高第。年未及冠，授朝散郎，数献颂阙下。沛王闻其名，召署府修撰，论次《平台秘略》。书成，王爱重之。是时，诸王斗鸡，勃戏为文檄英王鸡，高宗怒曰："是且交构。"斥出府。勃既废，客剑南。尝登葛愦山旷望，慨然思诸葛亮之功，赋诗见情。闻虢州多药草，求补参军。倚才陵藉，为僚吏共嫉。官奴曹达抵罪，匿勃所，惧事泄，辄杀之。事觉当诛，会赦除名。父福畤，繇雍州司功参军，坐勃故，左迁交趾令。勃往省，渡海溺水，悸而卒，年二十九。

——《新唐书·王勃传》

【译文】王勃，字子安，是绛州龙门人，六岁的时候就能写文章，九岁那一年，读到颜师古注解的《汉书》，认为书中有许多错误，就作了一篇《汉书指瑕》来纠正它。高宗麟德初年，刘祥道奉旨巡行关内，王勃写了一封自荐信，刘祥道上表朝廷，推荐王勃。朝廷策试，名列第一。当时他还不满二十岁，被授予朝散郎，多次为朝廷写出精美的颂文。沛王听说后把王勃请到自己的府上，担任专职著作工作，修撰《平台秘略》一书。书成以后，沛王对王勃更加信任和宠爱。当时，皇子之间经常玩斗鸡游戏，王勃替沛王写了一篇声讨英王鸡的檄文，高宗皇帝听说以后，非常生气，认为问他结交王子，挑起事端，把王勃赶出了王府。王勃被免职后，先到了剑南，有一次登上葛愦山，居高临下，瞻望四方，慷慨地怀念起三国诸葛亮的功绩，写下了动人的诗篇。他又听说虢州的山上盛产草药，谋到虢州参军的职务。王勃倚仗自己的才华，欺负他的同僚，大家都讨厌他。有个叫曹达的官奴犯了罪，跑到王勃家里藏起来，王勃收留了他，后来担心事情暴露，下手杀了这个官奴。东窗事发，王勃被判了死刑。行刑前，王勃遇上朝廷大赦，死罪免去，贬为庶民。父亲王福畤本来是雍州司功参军，受牵连被贬为交趾县令。王勃前往探望，在渡海的时候掉进水里，受到惊吓死了，当时只有二十九岁。

问题和讨论

1. 除了本文中提到的名言外，关于德的论述，你还知道哪些？
2. 尝试把以上名言译成现代汉语。

国学经典之核心价值准则——仁

名言

仁者无敌。——孟子

论述

- 克宽克仁，彰信兆民。——《尚书·商书·仲虺之诰》
- 民罔常怀，怀于有仁。——《尚书·商书·太甲下》
- 亲仁善邻，国之宝也。——《左传·隐公元年》
- 行之以礼，守之以信，奉之以仁。——《左传·昭公六年》
- 仁以接事，信以守之，忠以成之，敏以行之。——《左传·成公九年》
- 孝弟也者，其为仁之本与！——《论语·学而》
- 子曰："巧言令色，鲜矣仁！"——《论语·学而》
- 子曰："人而不仁，如礼何？人而不仁，如乐何？"——《论语·八佾》
- 子曰："苟志于仁，无恶也。"——《论语·里仁》
- 子曰："唯仁者能好人，能恶人。"——《论语·里仁》
- 子曰："里仁为美。择不处仁，焉得知？"——《论语·里仁》
- 子曰："人之过也，各于其党。观过，斯知仁矣。"——《论语·里仁》
- 子曰："不仁者不可以久处约，不可以长处乐。仁者安仁，知者利仁。"——《论语·里仁》
- 子曰："君子去仁，恶乎成名？君子无终食之间违仁，造次必于是，颠沛必于是。"——《论语·里仁》
- 子曰："我未见好仁者，恶不仁者。好仁者，无以尚之；恶不仁者，其为仁矣，不使不仁者加乎其身。有能一日用其力于仁矣乎？我未见力不足者。

盖有之矣，我未之见也。”——《论语·里仁》

●或曰：“雍也仁而不佞。”子曰：“焉用佞？御人以口给，屡憎于人。不知其仁，焉用佞？”——《论语·公冶长》

●孟武伯问：“子路仁乎？”子曰：“不知也。”又问。子曰：“由也，千乘之国，可使治其赋也，不知其仁也。”“求也何如？”子曰：“求也，千室之邑，百乘之家，可使为之宰也，不知其仁也。”“赤也何如？”子曰：“赤也，束带立于朝，可使与宾客言也，不知其仁也。”——《论语·公冶长》

●子张问曰：“令尹子文三仕为令尹，无喜色；三已之，无愠色。旧令尹之政，必以告新令尹。何如？”子曰：“忠矣。”曰：“仁矣乎？”曰：“未知，焉得仁？”“崔子弑齐君，陈文子有马十乘，弃而违之。至于他邦，则曰：‘犹吾大夫崔子也。’违之。之一邦，则又曰：‘犹吾大夫崔子也。’违之。何如？”子曰：“清矣。”曰：“仁矣乎？”曰：“未知。焉得仁？”

——《论语·公冶长》

●仁者先难而后获，可谓仁矣　——《论语·雍也》

●子曰：“回也，其心三月不违仁，其余则日月至焉而已矣。”

——《论语·雍也》

●子曰：“知者乐水，仁者乐山。知者动，仁者静。知者乐，仁者寿。”

——《论语·雍也》

●夫仁者，己欲立而立人，己欲达而达人。能近取譬，可谓仁之方也已。

——《论语·雍也》

●宰我问曰：“仁者，虽告之曰‘井有仁焉’，其从之也？”子曰：“何为其然也？君子可逝也，不可陷也；可欺也，不可罔也。”——《论语·雍也》

●子曰：“志于道，据于德，依于仁，游于艺。”——《论语·述而》

●子曰：“仁远乎哉？我欲仁，斯仁至矣。”——《论语·述而》

●子曰：“若圣与仁，则吾岂敢？抑为之不厌，诲人不倦，则可谓云尔已矣。”公西华曰：“正唯弟子不能学也。”——《论语·述而》

●冉有曰：“夫子为卫君乎？”子贡曰：“诺。吾将问之。”入，曰：“伯夷、叔齐何人也？”曰：“古之贤人也。”曰：“怨乎？”曰：“求仁而得仁，又何怨。”出，曰：“夫子不为也。”——《论语·述而》

●君子笃于亲，则民兴于仁；故旧不遗，则民不偷。——《论语·泰伯》

●子曰：“好勇疾贫，乱也。人而不仁，疾之已甚，乱也。”

——《论语·泰伯》

- 曾子曰："士不可以不弘毅，任重而道远。仁以为己任，不亦重乎？死而后已，不亦远乎？"——《论语·泰伯》
- 子罕言利与命与仁。——《论语·子罕》
- 子曰："知者不惑，仁者不忧，勇者不惧。"——《论语·子罕》
- 樊迟问仁。子曰："爱人。"——《论语·颜渊》
- 曾子曰："君子以文会友，以友辅仁。"——《论语·颜渊》
- 颜渊问仁。子曰："克己复礼为仁。一日克己复礼，天下归仁焉。为仁由己，而由人乎哉？"颜渊曰："请问其目。"子曰："非礼勿视，非礼勿听，非礼勿言，非礼勿动。"颜渊曰："回虽不敏，请事斯语矣。"

——《论语·颜渊》

- 仲弓问仁。子曰："出门如见大宾，使民如承大祭。己所不欲，勿施于人。在邦无怨，在家无怨。"——《论语·颜渊》
- 司马牛问仁。子曰："仁者，其言也讱。"曰："其言也讱，斯谓之仁已乎？"子曰："为之难，言之得无讱乎？"——《论语·颜渊》
- 子曰："刚、毅、木、讷，近仁。"——《论语·子路》
- 子曰："如有王者，必世而后仁。"——《论语·子路》
- 樊迟问仁。子曰："居处恭，执事敬，与人忠。虽之夷狄，不可弃也。"

——《论语·子路》

- 仁者必有勇，勇者不必有仁。——《论语·宪问》
- 子曰："君子而不仁者有矣夫，未有小人而仁者也。"

——《论语·宪问》

- "克、伐、怨、欲不行焉，可以为仁矣？"子曰："可以为难矣，仁则吾不知也。"——《论语·宪问》
- 子路曰："桓公杀公子纠，召忽死之，管仲不死。"曰："未仁乎？"子曰："桓公九合诸侯，不以兵车，管仲之力也。如其仁，如其仁。"

——《论语·宪问》

- 子贡曰："管仲非仁者与？桓公杀公子纠，不能死，又相之。"子曰："管仲相桓公，霸诸侯，一匡天下，民到于今受其赐。微管仲，吾其被发左衽矣。岂若匹夫匹妇之为谅也，自经于沟渎而莫之知也。"——《论语·宪问》
- 子曰："当仁，不让于师。"——《论语·卫灵公》
- 子曰："知及之，仁不能守之；虽得之，必失之。"

——《论语·卫灵公》

• 子曰："志士仁人，无求生以害仁，有杀身以成仁。"

——《论语·卫灵公》

• 子曰："民之于仁也，甚于水火。水火，吾见蹈而死者矣，未见蹈仁而死者也。"

——《论语·卫灵公》

• 子贡问为仁。子曰："工欲善其事，必先利其器。居是邦也，事其大夫之贤者，友其士之仁者。"

——《论语·卫灵公》

• 子张问仁于孔子。孔子曰："能行五者于天下，为仁矣。""请问之。"曰："恭、宽、信、敏、惠。恭则不侮，宽则得众，信则人任焉，敏则有功，惠则足以使人。"

——《论语·阳货》

• 好仁不好学，其蔽也愚。

——《论语·阳货》

• （阳货）曰："怀其宝而迷其邦，可谓仁乎？"曰："不可。"

——《论语·阳货》

• 微子去之，箕子为之奴，比干谏而死。孔子曰："殷有三仁焉。"

——《论语·微子》

• 子夏曰："博学而笃志，切问而近思，仁在其中矣。"

——《论语·子张》

• 力行近乎仁。

——《礼记·中庸》

• 上下相亲谓之"仁"。

——《礼记·经解》

• 夫昔者君子比德于玉焉：温润而泽，仁也。

——《礼记·聘义》

• 温良者，仁之本也。敬慎者，仁之地也。宽裕者，仁之作也。孙接者，仁之能也。礼节者，仁之貌也。言谈者，仁之文也。歌乐者，仁之和也。分散者，仁之施也。儒皆兼此而有之，犹且不敢言"仁"也。

——《礼记·儒行》

• 天有时，地有财，能与人共之者仁也。仁之所在，天下归之。

——《六韬·文韬·文师》

• 文王问太公曰："愿闻为国之大务，欲使主尊人安，为之奈何？"太公曰："爱民而已。"文王曰："爱民奈何？"太公曰："利而勿害，成而勿败，生而勿杀，与而勿夺，乐而勿苦，喜而勿怒。"

——《六韬·文韬·国务》

• 文王曰："何谓仁义？"太公曰："敬其众，合其亲。敬其众则和，合其亲则喜，是谓仁义之纪。"

——《六韬·文韬·守土》

• 亲亲，仁也；敬长，义也。

——《孟子·尽心上》

• 为天下得人者谓之仁。

——《孟子·滕文公上》

• 民为贵，社稷次之，君为轻。

——《孟子·尽心下》

● 仁，人心也；义，人路也。舍其路而弗由，放其心而不知求，哀哉！

——《孟子·告子上》

● 仁，人之安宅也；义，人之正路也。旷安宅而弗居，舍正路而不由，哀哉！

——《孟子·离娄上》

● 恻隐之心，仁也；羞恶之心，义也；恭敬之心，礼也；是非之心，智也。

——《孟子·告子上》

● 恻隐之心，仁之端也；羞恶之心，义之端也；辞让之心，礼之端也；是非之心，智之端也。

——《孟子·公孙丑上》

● 仁者如射，射者正己而后发，发而不中，不怨胜己者，反求诸己而已矣。

——《孟子·公孙丑上》

● 君仁，莫不仁；君义，莫不义；君正，莫不正。一正君而国定矣。

——《孟子·离娄上》

● 是以惟仁者宜在高位。不仁而在高位，是播其恶于众也。

——《孟子·离娄上》

● 爱人者，人恒爱之；敬人者，人恒敬之。

——《孟子·离娄下》

● 禹思天下有溺者，由己溺之也；稷思天下有饥者，由己饥之也，是以如是其急也。

——《孟子·离娄下》

● 孟子曰："人之所以异于禽兽者几希，庶民去之，君子存之。舜明于庶物，察于人伦，由仁义行，非行仁义也。"

——《孟子·离娄下》

● 仁者以其所爱及其所不爱，不仁者以其所不爱及其所爱。

——《孟子·尽心下》

● 惟仁者为能以大事小，是故汤事葛，文王事混夷。惟智者为能以小事大，故大王整事獯鬻，勾践事吴。以大事小者，乐天者也。以小事大者，畏天者也。

——《孟子·梁惠王下》

● 故天下兼相爱则治，交相恶则乱。

——《墨子·兼爱上》

● 仁之事者，必务求兴天下之利，除天下之害将以为。法乎天下。

——《墨子·非乐上》

● 夫爱人者，人必从而爱之；利人者，人必从而利之；恶人者，人必从而恶之；害人者，人必从而害之。

——《墨子·兼爱中》

● 视人之国若视其国，视人之家若视其家，视人之身若视其身。是故诸侯相爱则不野战，家主相爱则不相篡，人与人相爱则不相贼，君臣相爱则惠忠，父子相爱则慈孝，兄弟相爱则和调。天下之人皆相爱，强不执弱，众不劫寡，

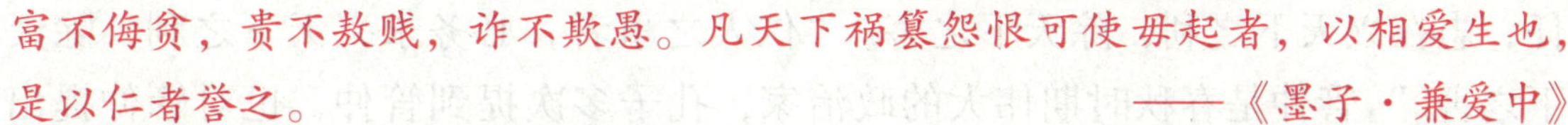

富不侮贫，贵不敖贱，诈不欺愚。凡天下祸篡怨恨可使毋起者，以相爱生也，是以仁者誉之。——《墨子·兼爱中》

• 视卒如婴儿，故可与之赴深溪；视卒如爱子，故可与之俱死。

——《孙子兵法·地形篇》

• 仁者，人之所亲，有慈慧恻隐之心，以遂其生成。——黄石公《素书》

• 国之所以存者，仁义是也；人之所以生者，行善是也。国无义，虽大必亡；人无善志，虽勇必伤。——《淮南子·主术训》

• 仁之法在爱人，不在爱我。——董仲舒《春秋繁露》

• 人不被其爱，虽厚自爱，不予为仁。——董仲舒《春秋繁露》

• 夫仁人者，正其谊不谋其利，明其道不计其功。

——《汉书·董仲舒传》

• 古来帝王以仁义为治者，国祚延长，任法御人者，虽救弊于一时，败亡亦促。——吴兢《贞观政要》

• 博爱之谓仁，行而宜之之谓义，由是而之焉之谓道，足乎己无待于外之谓德。——韩愈《原道》

• 亲亲而仁民，仁民而爱物。——《孟子·尽心章句上》

• 仁者与天地万物为一体。——王守仁《传习录》

• 是故其仁小者则为小人，其仁大者则为大人。故孝弟于家者，仁之本也；睦姻于族者，仁之充也；任恤于乡者，仁之广也。若能流惠于邑，则仁大矣；能推恩于国，则仁益远矣；能锡类于天下，仁已至矣。——康有为《长兴学记》

【赏析】仁的左边是个“亻”，右边是个“二”，有人把仁解释为二人同心，意思是友爱、团结。天下相亲相爱就是仁，“上下相亲谓之仁”（《礼记》）。仁是儒家思想的核心，论语中多次提到仁。孔子告诉樊迟博爱就是仁，“仁者爱人”。梁惠王为争夺土地穷兵黩武，糜烂其民，孟子严厉批评他，“不仁哉梁惠王也”。孔子告诉颜渊要坚守礼节，学会克制自己的欲望，“克己复礼为仁”。孔子讨厌哗众取宠、花言巧语的人，“巧言令色，鲜矣仁!”要少说多做，“刚、毅、木、讷，近仁”。要以自己的实际行动践行仁，“力行近乎仁”。孔子告诉子张，能做到恭、宽、信、敏、惠，就是仁。用今天的话说就是爱岗敬业，宽以待人，诚实守信，认认真真、勤勤恳恳地做事，多做对百姓有益的事。墨家进一步发扬了儒家的仁爱思想，提出“视人之国，若视其国；视人之家，若视其家；视人之身，若视其身”。墨子还认为，仁者以天下为己任，志在兴天下之利，除天下之害。“仁人之事者，必务求兴天下之利，除天下之害。”管仲是春秋时期伟大的政治家，孔子多次提到管仲，也对管仲提出过尖锐的批评，认为管仲“官事不俭”。他的弟子也认为管仲没有死于公子纠之难而不能称作仁。但孔子认为管仲一生辅佐齐桓公“九合诸侯，一匡天下”，推动了社会的进步，这是对天下百姓的大爱大仁。孔子说：“仁者乐山。”仁者为何喜欢山？因为大山不畏电闪雷鸣，不惧狂风暴雨，风吹雨打，我自岿然不动。任凭沧海横流，仁者处世，定当稳如泰山。《周易·系辞》上有这样一句话：“仁者见之谓之仁，智者见之谓之智。”面对仁，不同的人可以有不同的看法，不要迷信权威，要“当仁不让于师”。宁可杀身以成仁，也不能苟且偷生害仁，“志士仁人，无求生以害仁，有杀身以成仁”。仁是统领智、勇、刚、毅等其他价值准则的核心。智宣子是春秋时期晋国的权臣，智宣子打算立儿子智瑶作为继承人，族人智果表示反对，他认为智瑶有五大优点：身材高大、能征善战、多才多艺、能言善辩、果敢刚毅，但有一个致命的不足：不仁。事实证明，恰恰就是这一点最终决定了智氏全族的覆灭。正应了孔子那句话：“知及之，仁不能守之；虽得之，必失之。”

故事和经典——仁者不忧

【原文】孔子去曹适宋，与弟子习礼大树下。宋司马桓魋欲杀孔子，拔其树。孔子去。弟子曰：“可以速矣。”孔子曰：“天生德于予，桓魋其如予何！”

——《史记·孔子世家》

【译文】孔子离开曹国前往宋国，与弟子们在大树下演习礼仪。宋国的司马桓魋想杀孔子，把树砍掉了。孔子只得离开这个地方。弟子们催促说：“我们快点走吧。”孔子说：“上天把传播道德的使命赋予我，桓魋又能把我怎么样！”

【原文】公伯寮愬子路于季孙。子服景伯以告，曰：“夫子固有惑志于公伯寮，吾力犹能肆诸市朝。”子曰：“道之将行也与？命也；道之将废也与，命也。公伯寮其如命何！”

——《论语·宪问》

【译文】公伯寮向季孙告发子路。子服景伯把这件事告诉孔子，并且说：

“季孙氏已经被公伯寮迷惑了，我能够把公伯寮杀了，让他陈尸于市。”孔子说：“如果大道能够推行，是天命注定的；大道不能推行，也是天命注定的。公伯寮能挡住天命吗？”

【原文】子畏于匡。曰：“文王既没，文不在兹乎？天之将丧斯文也，后死者不得与于斯文也。天之未丧斯文也，匡人其如予何？”

——《论语·子罕》

【译文】孔子被匡地的人围困，他说：“周文王去世以后，由我来传承周代的文化。如果上天想要消灭这种文化，我就不可能掌握这种文化了；如果上天不打算消灭这种文化，匡人又能把我怎么样呢？”

故事和经典——仁者无敌

【原文】梁惠王曰：“晋国，天下莫强焉，叟之所知也。及寡人之身，东败于齐，长子死焉；西丧地于秦七百里；南辱于楚。寡人耻之，愿比死者壹洒之。如之何则可？”

孟子对曰：“地方百里而可以王。王如施仁政于民，省刑罚，薄税敛，深耕易耨；壮者以暇日修其孝悌忠信，入以事其父兄，出以事其长上，可使制梃以挞秦、楚之坚甲利兵矣。彼夺其民时，使不得耕耨以养其父母，父母冻饿，兄弟妻子离散。彼陷溺其民，王往而征之，夫谁与王敌？故曰：‘仁者无敌。’王请勿疑！”

——《孟子·梁惠王上》

【译文】梁惠王说：“晋国曾一度称强于天下，这是老先生知道的。可是到了我这里，东边被齐国打败，连我的大儿子都战死了；西边被秦国割去了七百里土地；南边又受到楚国欺负。我为这些事感到羞耻，希望替死难者一雪前耻，应该怎样做呢？”孟子回答说：“方圆一百里的土地就可以使天下臣服。如果大王对老百姓施行仁政，减免刑罚，少收赋税，深耕细作。让身强力壮的人抽出时间养成孝顺、尊敬、忠诚、守信的品德，在家侍奉父母兄长，出门尊敬自己的上司。这样即使用木棒也可以打败那些披坚执锐的强敌。因为他们剥夺了百姓的生产时间，使他们不能够深耕细作来赡养父母。父母受冻挨饿，妻离子散，他们让老百姓处于水深火热之中，大王去征伐他们，谁敢与你为敌呢？所以说：‘施行仁政的人无敌于天下。’大王请不要疑虑！”

故事和经典——智氏之亡

话说智伯名瑶，乃智武子跞（luò）之孙，智宣子徐吾之子。徐吾欲建嗣，谋于族人智果曰：“吾欲立瑶何如？”智果曰：“不如宵也。”徐吾曰：“宵才智皆逊于瑶，不如立瑶。”智果曰：“瑶有五长过人，惟一短耳。美须长大过人，善射御过人，多技艺过人，强毅果敢过人，智巧便给过人，然而贪残不仁，是其一短。以五长凌人，而济之以不仁，谁能容之？若果立瑶，智宗必灭！”徐吾不以为然。竟立瑶为适子。智果叹曰：“吾不别族，惧其随波而溺也！”乃私谒太史，求改氏谱，自称辅氏。

及徐吾卒，瑶嗣位，独专晋政。内有智开、智国等肺腑之亲，外有绨（chī）疵、豫让等忠谋之士，权尊势重，遂有代晋之志，召诸臣密议其事。谋士绨疵进曰：“四卿位均力敌，一家先发，三家拒之。今欲谋晋室，先削三家之势。”智伯曰：“削之何道？”绨疵曰：“今越国方盛，晋失主盟。主公托言兴兵与越争霸，假传晋侯之命，令韩、赵、魏三家各献地百里，率其赋以为军资。三家若从命割地，我坐而增三百里之封，智氏益强，而三家日削矣。有不从者，矫晋侯之命，率大军先除灭之。此‘食果去皮’之法也。”智伯曰：“此计甚妙！但三家先从那家割起？”绨疵曰：“智氏睦于韩、魏，而与赵有隙，宜先韩次魏，韩、魏既从，赵不能独异也。”智伯即遣智开至韩虎府中，虎延入中堂，叩其来意。智开曰：“吾兄奉晋侯之命，治兵伐越，令三卿各割采地百里，入于公家，取其赋以充公用。吾兄命某致意，愿乞地界回复。”韩虎曰：“子且暂回，某来日即当报命。”智开去，韩康子虎召集群下谋曰：“智瑶欲挟晋侯以弱三家，故请割地为名。吾欲兴兵先除此贼，卿等以为何如？”谋士段规曰：“智伯贪而无厌，假君命以削吾地。若用兵是抗君也，彼将借以罪我，不如与之。彼得吾地，必又求之于赵、魏。赵、魏不从，必相攻击，吾得安坐而观其胜负。”韩虎然之。

次日，令段规画出地界百里之图，亲自进于智伯。……

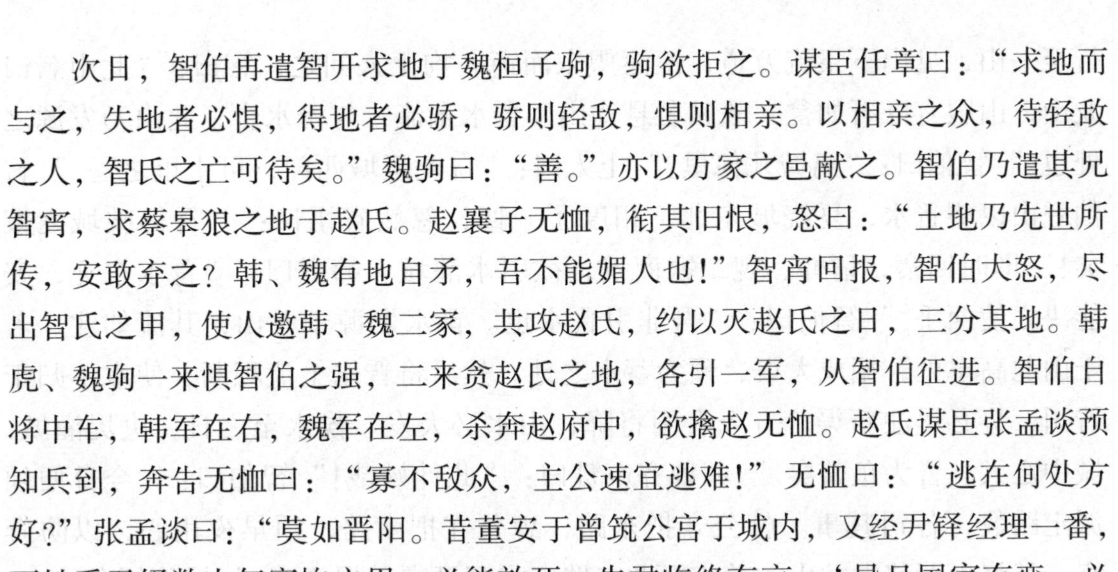

次日，智伯再遣智开求地于魏桓子驹，驹欲拒之。谋臣任章曰：“求地而与之，失地者必惧，得地者必骄，骄则轻敌，惧则相亲。以相亲之众，待轻敌之人，智氏之亡可待矣。”魏驹曰：“善。”亦以万家之邑献之。智伯乃遣其兄智宵，求蔡皋狼之地于赵氏。赵襄子无恤，衔其旧恨，怒曰：“土地乃先世所传，安敢弃之？韩、魏有地自矛，吾不能媚人也！”智宵回报，智伯大怒，尽出智氏之甲，使人邀韩、魏二家，共攻赵氏，约以灭赵氏之日，三分其地。韩虎、魏驹一来惧智伯之强，二来贪赵氏之地，各引一军，从智伯征进。智伯自将中车，韩军在右，魏军在左，杀奔赵府中，欲擒赵无恤。赵氏谋臣张孟谈预知兵到，奔告无恤曰：“寡不敌众，主公速宜逃难！”无恤曰：“逃在何处方好？”张孟谈曰：“莫如晋阳。昔董安于曾筑公宫于城内，又经尹铎经理一番，百姓受尹铎数十年宽恤之恩，必能效死。先君临终有言：‘异日国家有变，必往晋阳。’主公宜速行，不可迟疑。”无恤即率家臣张孟谈、高赫等，望晋阳疾走。智伯勒二家之兵，以追无恤。

……

行至晋阳，晋阳百姓感尹铎仁德，携老扶幼，迎接入城，驻扎公宫。无恤见百姓亲附，又见晋阳城堞高固，仓廪充实，心中稍安。即时晓谕百姓，登城守望。点阅军器，戈戟钝敝，箭不满千，愀然不乐。谓张孟谈曰：“守城之器，莫利于弓矢，今箭不过数百，不够分给，奈何？”孟谈曰：“吾闻董安于之治晋阳也，公宫之墙垣，皆以荻蒿楛楚聚而筑之。主公何不发其墙垣，以验虚实？”无恤使人发其墙垣，果然都是箭簳之料。无恤曰：“箭已足矣，奈无金以铸兵器何？”孟谈曰：“闻董安于建宫之时，堂室皆练精铜为柱，卸而用之，铸兵有余也。”无恤再发其柱，纯是练过的精铜。即使冶工碎柱，铸为剑戟刀枪，无不精利，人情益安。无恤叹曰：“甚哉，治国之需贤臣也！得董安于而器用备，得尹铎而民心归，天祚赵氏，其未艾乎？”

再说智、韩、魏三家兵到，分作三大营，连络而居，把晋阳围得铁桶相似。晋阳百姓情愿出战者甚众，齐赴公宫请令。无恤召张孟谈商之。孟谈曰：“彼众我寡，战未必胜，不如深沟高垒，坚闭不出，以待其变。韩、魏无仇于赵，特为智伯所迫耳。两家割地，亦非心愿，虽同兵而实不同心，不出数月，必有自相疑猜之事，安能久乎？”无恤纳其言，亲自抚谕百姓，示以协力固守之意。军民互相劝勉，虽妇女童稚亦皆欣然愿效死力。有敌兵近城，辄以强弩射之。三家围困岁余，不能取胜。

智伯乘小车周行城外，叹曰：“此城坚如铁瓮，安可破哉？”正怀闷间，

行至一山，见山下泉流万道，滚滚望东而逝。拘土人问之，答曰：“此山名曰龙山，山腹有巨石如瓮，故又名悬瓮山。晋水东流，与汾水合，此山乃发源之处也。”智伯曰：“离城几何里？”土人曰：“自此至城西门，可十里之遥。”智伯登山以望晋水，复绕城东北，相度了一回，忽然省悟曰：“吾得破城之策矣！”即时回寨，请韩、魏二家商议，欲引水灌城。韩虎曰：“晋水东充，安能决之使西乎？”智伯曰：“吾非引晋水也。晋水发源于龙山，其流如注。若于山北高阜处，掘成大渠，预为蓄水之地，然后将晋水上流坝断，使水不归于晋川，势必尽注新渠。方今春雨将降，山水必大发。俟水至之日，决堤灌城，城中之人，皆为鱼鳖矣。”韩魏齐声赞曰：“此计妙哉！”智伯曰：“今日便须派定路数，各司其事。韩公守把东路，魏公守把南路，须早夜用心，以防奔突。某将大营移屯龙山，兼守西北二路，专督开渠筑堤之事。”韩魏领命辞去。智伯传下号令，多备锹锸，凿渠于晋水之北。次将各处泉流下泻之道，尽皆坝断。复于渠之左右，筑起高堤，凡山坳泄水之处，都有堤坝。那泉源泛溢，奔激无归，只得望北而走，尽注新渠。却将铁枋闸板，渐次增添，截住水口，其水便有留而无去，有增而无减了。今晋水北流一支，名智伯渠，即当日所凿也。一月之后，果然春雨大降，山水骤涨，渠高顿与堤平。智伯使人决开北面，其水从北溢出，竟灌入晋阳城来。……

时城中虽被围困，百姓向来富庶，不苦冻馁，况城基筑得十分坚厚，虽经水浸，并无剥损。过数日，水势愈高，渐渐灌入城中，房屋不是倒塌，便是淹没。百姓无地可栖，无灶可爨，皆构巢而居，悬釜而炊。公宫虽有高台，无恤不敢安居，与张孟谈不时乘竹筏，周视城垣。但见城外水声淙淙，一望江湖，有排山倒峡之势，再加四五尺，便冒过城头了。无恤心下暗暗惊恐。且喜守城军民，昼夜巡警，未尝疏怠，百姓皆以死自誓，更无二心。无恤叹曰：“今日方知尹铎之功矣！”乃私谓张孟谈曰：“民心虽未变，而水势不退，倘山水再涨，阖城俱为鱼鳖，将若之何？霍山神其欺我乎？”孟谈曰：“韩、魏献地，未必甘心，今日从兵，迫于势耳。臣请今夜潜出城外，说韩、魏之君，反攻智伯，方脱此患。”无恤曰：“兵围水困，虽插翅亦不能飞出也。”孟谈曰：“臣自有计，吾主不必忧虑，主公但令诸将多造船筏，利兵器，倘徼天之幸，臣说得行，智伯之头，指日可取矣。”无恤许之。

孟谈知韩康子屯兵于东门，乃假扮智伯军士，于昏夜缒城而也，径奔韩家大寨，只说：“智元帅有机密事，差某面禀。”韩虎正坐帐中，使人召入。其时军中严急，凡进见之人，俱搜简干净，方才放进。张孟谈既与军士一般打扮，身边又无夹带，并不疑心。孟谈既见韩虎，乞屏左右。虎命从人闪开，叩其所以。孟谈曰："某非军士，实乃赵氏之臣张孟谈也。吾主被围日久，亡在旦夕，恐一旦身死家灭，无由布其腹心，故特遣臣假作军士，夜潜至此，求见将军，有言相告。将军容臣进言，臣敢开口，如不然，臣请死于将军之前。"韩虎曰："汝有话但说，有理则从。"孟谈曰："昔日六卿和睦，同执晋政，自范氏、中行氏不得众心，自取覆灭，今存者，惟智、韩、魏、赵四家耳。智伯无故欲夺赵氏蔡皋狼之地，吾主念先世之遗，不忍遽割，未有得罪于智伯也。智伯自恃其强，纠合韩、魏，欲攻灭赵氏。赵氏亡，则祸必次及于韩、魏矣。"韩虎沉吟未答。孟谈又曰："今日韩、魏所以从智伯而攻赵者，指望城下之日，三分赵氏之地耳。夫韩、魏不尝割万家之邑，以献智伯乎？世传疆宇，彼尚垂涎而夺之，未闻韩、魏敢出一语相抗也，况他人之地哉？赵氏灭，则智氏益强。韩、魏能引今日之劳，与之争厚薄乎？即使今日三分赵地，能保智氏异日之不复请乎？将军请细思之！"韩虎曰："子之意欲如何？"孟谈曰："依臣愚见，莫若与吾主私和，反攻智伯，均之得地。而智氏之地多倍于赵，且以除异日之患。三君同心，世为唇齿，岂不美哉？"韩虎曰："子言亦似有理，俟吾与魏家计议。子且去，三日后来取回复。"孟谈曰："臣万死一生，此来非同容易。军中耳目，难保不泄。愿留麾下三日，以待尊命。"

韩虎使人密召段规，告以孟谈所言。段规受智伯之侮，怀恨未忘，遂深赞孟谈之谋。韩虎使孟谈与段规相见，段规留孟谈同幕而居，二人深相结纳。次日，段规奉韩虎之命，亲往魏桓子营中，密告以赵氏有人到军中讲话，如此恁般："吾主不敢擅便，请将军裁决！"魏驹曰："狂贼悖嫚，吾亦恨之！但恐缚虎不成，反为所噬耳。"段规曰："智伯不能相容，势所必然，与其悔于后日，不如断于今日。赵氏将亡，韩、魏存之，其德我必深，不犹愈于与凶人共事乎？"魏驹曰："此事当熟思而行，不可造次。"段规辞去。

到第二日，智伯亲自行水，遂治酒于悬翁山，邀请韩、魏二将军，同视水势。饮酒中间，智伯喜形于色，遥指著晋阳城，谓韩、魏曰："城不没者，仅三版矣！吾今日始知水之可以亡人国也。晋国之盛，表里山河，汾、浍、晋、绛，皆号巨川。以吾观之，水不足恃，适足速亡耳。"魏驹私以肘撑韩虎，韩虎蹑魏驹之足，二人相视，皆有惧色。须臾席散，辞别而去。絺疵谓智伯曰："韩、魏二家必反矣！"智伯曰："子何以知之？"絺疵曰："臣未察其言，已观其色。主公与二家约，灭赵之日，三分其地。今赵城旦暮必破，二家无得地之喜，而有虑患之色，是以知其必反也。"智伯曰："吾与二氏方欢然同事，彼

何虑焉？”絺疵曰：“主公言水不足恃，适速其亡。夫晋水可以灌晋阳，汾水可以灌安邑，绛水可以灌平阳。主公言及晋阳之水，二君安得不虑乎？”

至第三日，韩虎、魏驹亦移酒于智伯营中，答其昨日之情、智伯举觞未饮，谓韩、魏曰：“瑶素负直性，能吐不能茹。昨有人言，二位将车有中变之意，不知果否？”韩虎、魏驹齐声答曰：“元帅信乎？”智伯曰：“吾若信之，岂肯面询于将军哉？”韩虎曰：“闻赵氏大出金帛，欲离间吾三人，此必谗臣受赵氏之私，使元帅疑我二家，因而懈于攻围，庶几脱祸耳。”魏驹亦曰：“此言甚当。不然，城破在迩，谁不愿剖分其土地，乃舍此目前必获之利，而蹈不可测之祸乎？”智伯笑曰：“吾亦知二位必无此心，乃絺疵之过虑也。”韩虎曰：“元帅今日虽然不信，恐早晚复有言者，使吾两人忠心无以自明，宁不堕谗臣之计乎？”智伯以酒酹地曰：“今后彼此相猜，有如此酒！”虎、驹拱手称谢。是日饮酒倍欢，将晚而散。絺疵随后入见智伯曰：“主公奈何以臣之言，泄于二君耶？”智伯曰：“汝又何以知之？”絺疵曰：“适臣遇二君于辕门，二君端目视臣，已而疾走。彼谓臣已知其情，有惧臣之心，故遑遽如此。”智伯笑曰：“吾与二子酹酒为誓，各不相猜，子勿妄言，自伤和气。”絺疵退而叹曰：“智氏之命不长矣！”乃诈言暴得寒疾，求医治疗，遂逃奔秦国去讫。

再说韩虎、魏驹从智伯营中归去，路上二君定计，与张孟谈歃血订约：“期于明日夜半，决堤泄水，你家只看水退为信，便引城内军士，杀将出来，共擒智伯。”孟谈领命入城，报知无恤。无恤大喜，暗暗传令，结束停当，等待接应。至期，韩虎、魏驹暗地使人袭杀守堤军士，于西面掘开水口，水从西决，反灌入智伯之寨。军中惊乱，一片声喊起，智伯从睡梦中惊醒起来，水已及于卧榻，衣被俱湿。还认道巡视疏虞，偶然堤漏，急唤左右快去救水塞堤。须臾，水势益大，却得智国、豫让率领水军，驾筏相迎，扶入舟中。回视本营，波涛滚滚，营叠俱陷，军粮器械，飘荡一空。营中军士，尽从水中浮沉挣命。智伯正在凄惨，忽闻鼓声大震，韩、魏两家之兵，各乘小舟，趁著水势杀来，将智家军乱砍，口中只叫：“拿智瑶来献者重赏！”智伯叹曰：“吾不信絺疵之言，果中其诈！”豫让曰：“事已急矣！主公可从山后逃匿，奔入秦邦请兵。臣当以死拒敌。”智伯从其言，遂与智国掉小舟转出山背。谁知赵襄子也料智伯逃奔秦国，却遣张孟谈从韩、魏二家追逐智军，自引一队，伏于龙山之后，凑巧相遇。无恤亲缚智伯，数其罪斩之。智国投水溺死。豫让鼓励残兵，奋勇迎战，争奈寡不敌众，手下渐渐解散。及闻智伯已擒，遂变服逃往石室山中。智氏一军尽没。

三家收兵在于一处，将各路坝闸，尽行拆毁。水复东行，归于晋川，晋阳城中之水，方才退尽。无恤安抚居民已毕，谓韩、魏曰："某赖二公之力，保全残城，实出望外。然智伯虽死，其族尚存，斩草留根，终为后患。"韩、魏曰："当尽灭其宗，以泄吾等之恨！"无恤即同韩、魏回至绛州，诬智氏以叛逆之罪，围其家，无男女少长，尽行屠戮，宗族俱尽。惟智果已出姓为辅氏，得免于难，到此方知果之先见矣。韩、魏所献地，各自收回。又将智氏食邑三分均分，无一民尺土，入于公家。此周贞定王十六年事也。

——《东周列国志》

问题和讨论

1. 除了本文中提到的名言外，关于仁的论述，你还知道哪些？尝试把以上名言译成现代汉语。

2. "惟仁者为能以大事小，惟智者为能以小事大。"孟子认为应该怎样处理大小国家之间的关系？

国学经典之核心价值准则——义

名 言

• 义，人之正路也。 ——孟子

论 述

• 无偏无陂，遵王之义。 ——《尚书·周书·洪范》

• 惟德惟义，时乃大训。 ——《尚书·周书·毕命》

• 以义制事，以礼制心。 ——《尚书·商书·仲虺之诰》

• 多行不义，必自毙。 ——《左传·隐公元年》

• 义而行之，谓之德、礼。 ——《左传·文公七年》

• 爱子，教之以义方，弗纳于邪。 ——《左传·隐公三年》

• 礼以行义，信以守礼，刑以正邪。 ——《左传·僖公二十八年》

• 是故君子动则思礼，行则思义；不为利回，不为义疚。

——《左传·昭公三十一年》

• 闲之以义，纠之以政，行之以礼，守之以信，奉之以仁。

——《左传·昭公六年》

• 君义，臣行，父慈，子孝，兄爱，弟敬，所谓六顺也。

——《左传·隐公三年》

• 《诗》、《书》，义之府也。礼乐，德之则也。德义，利之本也。

——《左传·僖公二十七年》

• 临患不忘国，忠也；思难不越官，信也；图国忘死，贞也；谋主三者，义也。

——《左传·昭公元年》

• 夫德义，生民之本也。 ——《国语·晋语》

● 上好义，则民莫敢不服。——《论语·子路》

● 子曰："君子喻于义，小人喻于利。"——《论语·里仁》

● 子曰："君子之于天下也，无适也，无莫也，义之与比。"

——《论语·里仁》

● 见利思义，见危授命，久要不忘平生之言，亦可以为成人矣。

——《论语·宪问》

● 有子曰："信近于义，言可复也。恭近于礼，远耻辱也。因不失其亲，亦可宗也。"——《论语·学而》

● 子张曰："士见危致命，见得思义，祭思敬，丧思哀，其可已矣。"

——《论语·子张》

● 子谓子产："有君子之道四焉：其行己也恭，其事上也敬，其养民也惠，其使民也义。"——《论语·公冶长》

● 子曰："务民之义，敬鬼神而远之，可谓知矣。"——《论语·雍也》

● 子曰："德之不修，学之不讲，闻义不能徙，不善不能改，是吾忧也。"

——《论语·述而》

● 子曰："饭疏食饮水，曲肱而枕之，乐亦在其中矣。不义而富且贵，于我如浮云。"——《论语·述而》

● 子张问崇德、辨惑。子曰："主忠信，徙义，崇德也。爱之欲其生，恶之欲其死。既欲其生，又欲其死，是惑也。"——《论语·颜渊》

● 时然后言，人不厌其言；乐然后笑，人不厌其笑；义然后取，人不厌其取。——《论语·宪问》

● 子曰："群居终日，言不及义，好行小慧，难矣哉！"

——《论语·卫灵公》

● 子曰："君子义以为质，礼以行之，孙以出之，信以成之。君子哉！"

——《论语·卫灵公》

● 子路曰："君子尚勇乎？"子曰："君子义以为上。君子有勇而无义为乱，小人有勇而无义为盗。"——《论语·阳货》

● 子路曰："不仕无义。长幼之节，不可废也；君臣之义，如之何其废之？欲洁其身，而乱大伦。君子之仕也，行其义也。道之不行，已知之矣。"

——《论语·微子》

● 除去天地之害谓之"义"。——《礼记·经解》

● 与人同忧同乐，同好同恶者，义也。义之所在，天下赴之。

——《六韬·文韬·文师》

• 义者，谓各处其宜也。——《管子·心术上》

• 孝悌慈惠，以养亲戚；恭敬忠信，以事君上；中正比宜，以行礼节；整齐撙诎，以辟刑僇；纤啬省用，以备饥馑；敦蒙纯固，以备祸乱；和协辑睦，以备寇戎。凡此七者，义之体也。——《管子·五辅》

• 圣人之诺也，先论其理义，计其可否。义则诺，不义则已；可则诺，不可则已；故其诺未尝到不信也。小人不义亦诺，不可亦诺，言而必诺，故其诺未必信也。故曰：必诺之言，不足信也。——《管子·形势解》

• 亲亲，仁也；敬长，义也。——《孟子·尽心上》

• 仁，人心也；义，人路也。舍其路而弗由，放其心而不知求，哀哉！

——《孟子·告子上》

• 生亦我所欲也，义亦我所欲也，二者不可得兼，舍生而取义者也。

——《孟子·告子上》

• 恻隐之心，仁也；羞恶之心，义也；恭敬之心，礼也；是非之心，智也。——《孟子·告子上》

• 恻隐之心，仁之端也；羞恶之心，义之端也；辞让之心，礼之端也；是非之心，智之端也。——《孟子·公孙丑上》

• 故士穷不失义，达不离道，穷不失义，故士得已焉；达不离道，故民不失望焉。古之人，得志，泽加于民；不得志，修身见于世。穷则独善其身，达则兼善天下。——《孟子·尽心上》

• 孟子曰："自暴者，不可与有言也；自弃者，不可与有为也。言非礼义，谓之自暴也；吾身不能居仁由义，谓之自弃也。仁，人之安宅也；义，人之正路也。旷安宅而弗居，舍正路而不由，哀哉！"——《孟子·离娄上》

• 孟子曰："大人者，言不必信，行不必果，惟义所在。"

——《孟子·离娄下》

• 非其义也，非其道也，禄之以天下，弗顾也；系马千驷，弗视也。非其义也，非其道也，一介不以与人，一介不以取诸人。——《孟子·万章上》

• 子墨子曰："万事莫贵于义。"——《墨子·贵义》

• 天欲义而恶不义。——《墨子·天志上》

• 不义不富，不义不贵，不义不亲，不义不近。——《墨子·尚贤上》

• 天下有义则生，无义则死；有义则富，无义则贫；有义则治，无义则乱。——《墨子·天志上》

• 曰：且夫义者，政也。无从下之政上，必从上之政下。

——《墨子·天志上》

• 曰：天之所欲者何也？所恶者何也？天欲义而恶其不义者也。何以知其然也？曰：义者，正也。何以知义之为正也？天下有义则治，无义则乱，我以此知义之为正也。——《墨子·天志下》

• 曰：义正者何若？曰：大不攻小也，强不侮弱也，众不贼寡也，诈不欺愚也，贵不傲贱也，富不骄贫也，壮不夺老也。——《墨子·天志下》

• 正利而为谓之事。正义而为谓之行。——《荀子·正名》

• 夫义者，所以限禁人之为恶与奸者也。——《荀子·强国》

• 水火有气而无生，草木有生而无知，禽兽有知而无义，人有气、有生、有知，亦且有义，故最为天下贵也。——《荀子·王制》

• 故义胜利者为治世，利克义者为乱世。上重义则义克利，上重利则利克义。——《荀子·大略》

• 故义者，君臣上下之事，父子贵贱之差也，知交朋友之接也，亲疏内外之分也。臣事君宜，下怀上宜，子事父宜，贱敬贵宜，知交朋友之相助也宜，亲者内而疏者外宜。义者，谓其宜也，宜而为之。——《韩非子·解老》

• 所谓义者，为人臣忠，为人子孝，少长有礼，男女有别；非其义也，饿不苟食，死不苟生。——《商君书·画策》

• 义者，人之所宜，赏善罚恶，以立功立事。——黄石公《素书》

• 义之法在正我，不在正人。——董仲舒《春秋繁露》

• 尔好谊（义），则民向仁而俗善；尔好利，则民好邪而俗败。
——《汉书·董仲舒传》

• 义感君子，利动小人。——《晋书·符登传》

• 行一不义，杀一无罪，而得天下，仁者不为也。——《资治通鉴·周纪》

• 生以载义，生可贵；义以立生，生可舍。——王夫之《尚书引义》

• 有一人之正义，有一时之大义，有古今之通义；轻重之衡，公私之辨，三者不可不察，以一人之义，视一时之大义，而一人之义私矣；以一时之义，视古今之通义，而一时之义私矣；公者重，私者轻矣，权衡之所自定也。
——王夫之《读通鉴论》

【赏析】义是孟子思想的核心。孟子认为义就是人走的路，“义，人路也”。能分清善恶、知道羞耻，就是义；“羞恶之心，义也”。具体地讲就是“富贵不能淫，贫贱不能移，威武不能屈”。孔子认为，义是做人的根本，“君子义以为质”，“上好义，则民莫敢不服”。坚守住义这个根本，就可以纵横天

下，“君子之于天下也，无适也，无莫也，义之与比”。

子路说：“不仕无义。”作为臣子，为国尽忠是臣子的基本义务。君臣之义不可废。天下兴亡，匹夫有责。隐居放言是不负责任的表现。即使不能完全实现自己的抱负，也要尽自己的微薄之力。

儒家重义轻利，“君子喻于义，小人喻于利”。西汉史学家司马迁曾经感慨地说：“余读孟子书，至梁惠王问‘何以利吾国’，未尝不废书而叹也。曰：嗟乎，利诚乱之始也！夫子罕言利者，常防其原也。故曰：‘放于利而行，多怨’。自天子至于庶人，好利之弊何以异哉！”

君主坚守义，就能得到百姓的认可和归附，“上好义，则民莫敢不服”。臣下要报答君主的知遇之恩，更要坚守义，因为“忠臣不事二主”。如果君主背离了义，那么臣下便可弃之而去，这叫“良禽择木而栖，贤臣择主而事”。

墨子告诉我们“万事莫贵于义”。他认为“义者，正也”。“天下有义则治，无义则乱。”国君的一言一行，一举一动都是百姓的表率，只有以上率下，才能取得整个社会的长治久安。“无从下之政上，必从上之政下。”“天下有义则生，无义则死，有义则富，无义则贫，有义则治，无义则乱。”

赵氏孤儿的故事讲的是赵氏先祖赵朔遭灭族之灾，为报答赵朔的知遇之恩，公孙杵臼主动承担窝藏赵氏孤儿赵武的罪名，程婴假意告发，背着骂名把赵武抚养成人，后来帮助赵武为家族复仇，重新恢复了赵氏祖业。程婴和公孙杵臼用自己的一生诠释了义的真正内涵。

故事和经典——孟子的义利观

【原文】孟子见梁惠王。王曰：“叟！不远千里而来，亦将有以利吾国乎？”

孟子对曰：“王！何必曰利？亦有仁义而已矣。王曰：‘何以利吾国？’大夫曰：‘何以利吾家？’士庶人曰：‘何以利吾身？’上下交征利，而国危矣！万乘之国，弑其君者必千乘之家；千乘之国，弑其君者必百乘之家。万取千焉，千取百焉，不为不多矣。苟为后义而先利，不夺不餍。未有仁而遗其亲者也，未有义而后其君者也。王亦曰仁义而已矣，何必曰利？”

——《孟子·梁惠王上》

【译文】孟子拜见梁惠王。梁惠王说："老先生，你不远千里而来，一定有对我的国家有利的高见吧？"孟子回答说："大王！为什么要谈利，只需要仁义两个字就够了。大王说：'怎样对我的国家有利？'大夫说：'怎样对我的封地有利？'士人和百姓说：'怎样对我自己有利？'结果是上上下下互相争权夺利，国家就危险了！一个拥有一万辆兵车的国家，杀害国君的人，一定是拥有一千辆兵车的大夫；一个拥有一千辆兵车的国家，杀害国君的人，一定是拥有一百辆兵车的大夫。这些大夫在一万辆兵车的国家中就拥有一千辆，在一千辆兵车的国家中就拥有一百辆，他们的拥有不算不多。可是，如果把义放在后而把利摆在前，他们不夺得国君的地位是永远不会满足的。反过来说，从来没听说以仁为本的人抛弃父母的，从来也没听说以义为本的人抛弃国君的。所以，大王只说需要仁义两个字就够，为什么要谈利？"

故事和经典——赵氏孤儿

赵朔妻，成公姊，有遗腹，走公宫匿。赵朔客曰公孙杵臼，杵臼谓朔友人程婴曰："胡不死？"程婴曰："朔之妇有遗腹，若幸而男，吾奉之；即女也，吾徐死耳。"居无何，而朔妇免身，生男。屠岸贾闻之，索于宫中。夫人置儿绔中，祝曰："赵宗灭乎，若号；即不灭，若无声。"及索，儿竟无声。已脱，程婴谓公孙杵臼曰："今一索不得，后必且复索之，奈何？"公孙杵臼曰："立孤与死孰难？"程婴曰："死易，立孤难耳。"公孙杵臼曰："赵氏先君遇子厚，子强为其难者，吾为其易者，请先死。"乃二人谋取他人婴儿，负之，衣以文葆，匿山中。程婴出，谬谓诸将军曰："婴不肖，不能立赵孤。谁能与我千金，吾告赵氏孤处。"诸将皆喜，许之，发师随程婴攻公孙杵臼。杵臼谬曰："小人哉程婴！昔下宫之难不能死，与我谋匿赵氏孤儿，今又卖我。纵不能立，而忍卖之乎！"抱儿呼曰："天乎！天乎！赵氏孤儿何罪？请活之，独杀杵臼可也。"诸将不许，遂杀杵臼与孤儿。诸将以为赵氏孤儿良已死，皆喜。然赵氏真孤乃反在，程婴卒与俱匿山中。

——《史记·卷四三·赵世家》

故事和经典——宋江仗义疏财

那人姓宋，名江，表字公明，排行第三。祖居郓城县宋家村人氏。为他面黑身矮，人都唤他做黑宋江；又且驰名大孝，为人仗义疏财，人皆称他做孝义黑三郎。上有父亲在堂，母亲早丧；下有一个兄弟，唤做铁扇子宋清，自和他父亲宋太公在村中务农，守些田园过活。这宋江自在郓城县做押司，他刀笔精通，吏道纯熟；更兼爱习枪棒，学得武艺多般，平生只好结识江湖上好汉：但有人来投奔他的，若高若低，无有不纳，便留在庄士馆谷，终日追陪，并无厌倦；若要起身，尽力资助。端的是挥金似土！人问他求钱物，亦不推托；且好做方便，每每排难解纷，只是周全人性命。时常散施棺材药饵，济人贫苦，赒人之急，扶人之困。以此，山东、河北闻名，都称他做及时雨；却把他比做天上下的及时雨一般，能救万物。

——《水浒传》

问题和讨论

1. 除了本文中提到的名言外，关于义的论述，你还知道哪些？尝试把以上名言译成现代汉语。

2. 孔子、孟子、荀子的义利观有何异同？

国学经典之核心价值准则——礼

名　言

- 礼乐不可斯须去身。　——《礼记》

论　述

- 相鼠有体，人而无礼，人而无礼！胡不遄死？　——《诗经·相鼠》
- 礼，国之干也；敬，礼之舆也。　——《左传·僖公十一年》
- 礼，身之干也。　——《左传·成公十三年》
- 君子动则思礼。　——《左传·昭公三十一年》
- 礼，人之干也。无礼，无以立。　——《左传·昭公七年》
- 礼，王之大经也。　——《左传·昭公十五年》
- 是故君子勤礼，小人尽力，勤礼莫如致敬，尽力莫如敦笃。　——《左传·成公十三年》
- 故人之能自曲直以赴礼者，谓之成人。　——《左传·昭公二十五年》
- 礼，经国家，定社稷，序民人，利后嗣者也。　——《左传·隐公十一年》
- 礼，所以守其国，行其政令，无失其民者也。　——《左传·昭公五年》
- 礼，上下之纪，天地之经纬也，民之所以生也。　——《左传·昭公二十五年》
- 夫礼，天之经也，地之义也，民之行也。天地之经，而民实则之。　——《左传·昭公二十五年》
- 礼之可以为国也久矣，与天地并。君令臣共，父慈子孝，兄爱弟敬，夫和妻柔，姑慈妇听，礼也。君令而不违，臣共而不贰；父慈而教，子孝而箴；兄爱而友，弟敬而顺；夫和而义，妻柔而正；姑慈而从，妇听而婉：礼之善

物也。——《左传，昭公二十六年》

● 文王问太公曰："君臣之礼如何？"太公曰："为上唯临，为下唯沉。临而无远，沉而无隐。为上唯周，为下唯定。周则天也，定则地也。或天或地，大礼乃成。"
——《六韬·文韬·大礼》

● 礼义廉耻，国之四维；四维不张，国乃灭亡。——《管子·牧民》

● 故礼出乎义，义出乎理，理因乎宜者也。——《管子·心术上》

● 礼者，因人之情，缘义之理，而为之节文者也。故礼者谓有理也。
——《管子·心术上》

● 不学礼，无以立。——《论语·季氏》

● 上好礼，则民莫敢不敬。——《论语·子路》

● 子曰："上好礼，则民易使也。"——《论语·宪问》

● 子曰："兴于诗，立于礼。成于乐。"——《论语·泰伯》

● 有子曰："信近于义，言可复也。恭近于礼，远耻辱也。因不失其亲，亦可宗也。"——《论语·学而》

● 子贡曰："贫而无谄，富而无骄，何如？"子曰："可也。未若贫而乐，富而好礼者也。"——《论语·学而》

● 道之以德，齐之以礼，有耻且格。——《论语·为政》

● 孟懿子问孝。……子曰："生，事之以礼；死，葬之以礼，祭之以礼。"
——《论语·为政》

● 子曰："人而不仁，如礼何？人而不仁，如乐何？"——《论语·八佾》

● 林放问礼之本。子曰："大哉问！礼，与其奢也，宁俭。丧，与其易也，宁戚。"——《论语·八佾》

● 子入大庙，每事问。或曰："孰谓鄹人之子知礼乎？入大庙，每事问。"子闻之，曰："是礼也。"——《论语·八佾》

● 子贡欲去告朔之饩羊。子曰："赐也！尔爱其羊，我爱其礼。"
——《论语·八佾》

● 子曰："事君尽礼，人以为谄也。"——《论语·八佾》

● 定公问："君使臣，臣事君，如之何？"孔子对曰："君使臣以礼，臣事君以忠。"——《论语·八佾》

● "然则管仲知礼乎？"曰："邦君树塞门，管氏亦树塞门。邦君为两君之好，有反坫，管氏亦有反坫。管氏而知礼，孰不知礼？"——《论语·八佾》

● 子曰："居上不宽，为礼不敬，临丧不哀，吾何以观之哉？"
——《论语·八佾》

●子曰："能以礼让为国乎？何有？不能以礼让为国，如礼何？"

——《论语·里仁》

●子曰："君子博学于文，约之以礼，亦可以弗畔矣夫！"

——《论语·雍也》

●陈司败问："昭公知礼乎？"孔子曰："知礼。"孔子退，揖巫马期而进之，曰："吾闻君子不党，君子亦党乎？君取于吴，为同姓，谓之吴孟子。君而知礼，孰不知礼？"巫马期以告。子曰："丘也幸，苟有过，人必知之。"

——《论语·述而》

●子曰："恭而无礼则劳，慎而无礼则葸，勇而无礼则乱，直而无礼则绞。"

——《论语·泰伯》

●子曰："麻冕，礼也。今也纯，俭，吾从众。拜下，礼也。今拜乎上，泰也。虽违众，吾从下。"

——《论语·子罕》

●颜渊喟然叹曰："……夫子循循然善诱人，博我以文，约我以礼，欲罢不能。"

——《论语·子罕》

●子曰："先进于礼乐，野人也；后进于礼乐，君子也。如用之，则吾从先进。"

——《论语·先进》

●方六七十，如五六十，求也为之，比及三年，可使足民。如其礼乐，以俟君子。

——《论语·先进》

●曰："夫子何哂由也？"曰："为国以礼，其言不让，是故哂之。"

——《论语·先进》

●颜渊曰："请问其目。"子曰："非礼勿视，非礼勿听，非礼勿言，非礼勿动。"

——《论语·颜渊》

●子曰："君子义以为质，礼以行之，孙以出之，信以成之。"

——《论语·卫灵公》

●子曰："知及之，仁能守之，庄以莅之，动之不以礼，未善也。"

——《论语·卫灵公》

●孔子曰："天下有道，则礼乐征伐自天子出；天下无道，则礼乐征伐自诸侯出。"

——《论语·季氏》

●孔子曰："乐节礼乐，乐道人之善，乐多贤友，益矣。"

——《论语·季氏》

●子曰："有恶。恶称人之恶者，恶居下流而讪上者，恶勇而无礼者，恶果敢而窒者。"

——《论语·阳货》

●孔子曰："不知命，无以为君子也。不知礼，无以立也。不知言，无以知人也。"

——《论语·尧曰》

●凡治人之道，莫急于礼。——《礼记·祭统》

●忠信，礼之本也；义理，礼之文也。——《礼记·礼器》

●中正无邪，礼之质也；庄敬恭顺，礼之制也。——《礼记·乐记》

●夫礼者，所以定亲疏，决嫌疑、别同异、明是非也。

——《礼记·曲礼上》

●礼尚往来。往而不来，非礼也；来而不往，亦非礼也。人有礼则安，无礼则危。故曰：礼者不可不学也。——《礼记·曲礼上》

●富贵而知好礼，则不骄不淫；贫贱而知好礼，则志不慑。

——《礼记·曲礼上》

●道德仁义，非礼不成；教训正俗，非礼不备；分争辨讼，非礼不决；君臣上下，父子兄弟，非礼不定；宦学事师，非礼不亲；班朝治军，莅官行法，非礼威严不行；祷祠祭祀，供给鬼神，非礼不诚不庄。是以君子恭敬、撙节，退让以明礼。——《礼记·曲礼上》

●治国不为礼，犹无耜而耕也；为礼不本于义，犹耕而弗种也。

——《礼记·礼运》

●孔子曰："夫礼，先王以承天之道，以治人之情。故失之者死，得之者生。……故圣人以礼示之，故天下国家可得而正也。"——《礼记·礼运》

●故礼义也者，人之大端也，所以讲信修睦，而固人之肌肤之会，筋骸之束也；所以养生送死，事鬼神之大端也；所以达天道，顺人情之大窦也。

——《礼记·礼运》

●非礼无以节事天地之神也，非礼无以辨君臣、上下、长幼之位也，非礼无以别男女、父子、兄弟之亲、昏姻、疏数之交也。——《礼记·哀公问》

●入其国，其教可知也。其为人也，温柔、敦厚，《诗》教也；疏通、知远，《书》教也；广博、易良，《乐》教也；絜静、精微，《易》教也；恭俭、庄敬，《礼》教也；属辞、比事，《春秋》教也。——《礼记·经解》

●民之所以生者，礼为大。非礼则无以节事天地之神焉，非礼则无以辨君臣上下长幼之位焉，非礼则无以别男女父子兄弟婚姻亲族疏数之交焉。

——《孔子家语》

●安上治民，莫善于礼。礼者，敬而已矣。故敬其父，则子悦；敬其兄，则弟悦；敬其君，则臣悦；敬一人，而千万人悦。所敬者寡，而悦者众，此之

谓要道也。——《孝经》

●恻隐之心，仁也；羞恶之心，义也；恭敬之心，礼也；是非之心，智也。——《孟子·告子上》

●恻隐之心，仁之端也；羞恶之心，义之端也；辞让之心，礼之端也；是非之心，智之端也。——《孟子·公孙丑上》

●夫义，路也；礼，门也。惟君子能由是路，出入是门也。

——《孟子·万章下》

●夫遇长不敬，失礼也；见贤不尊，不仁也。——《庄子·渔父》

●故人无礼则不生，事无礼则不成，国家无礼则不宁。

——《荀子·修身》

●《礼》者，法之大分、类之纲纪也。故学至乎《礼》而止矣。夫是之谓道德之极。——《荀子·劝学》

●君人者隆礼尊贤而王，重法爱民而霸，好利多诈而危，权谋倾覆幽险而尽亡矣。——《荀子·天论》

●夫行也者，行礼之谓也。礼也者，贵者敬焉，老者孝焉，长者弟焉，幼者慈焉，贱者惠焉。——《荀子·大略》

●虽王公士大夫之子孙也，不能属于礼义，则归之庶人。虽庶人之子孙也，积文学，正身行，能属于礼义，则归之卿相士大夫。——《荀子·王制》

●礼起于何也？曰：人生而有欲，欲而不得，则不能无求；求而无度量分界，则不能不争；争则乱，乱则穷。先王恶其乱也，故制礼义以分之，以养人之欲，给人之求，使欲必不穷于物，物必不屈于欲，两者相持而长，是礼之所起也。——《荀子·礼论》

●人之所以贵于禽兽者，智虑。智虑之所将者，礼义。礼义成，则名位至矣。——《列子·杨朱》

●礼者，人之所履，夙兴夜寐，以成人伦之序。——黄石公《素书》

●人生有欲，欲而不得则不能无忿，忿而无度量则争，争则乱。先王恶其乱，故制礼义以养人之欲，给人之求，使欲不穷于物，物不屈於欲，二者相待而长，是礼之所起也。——《史记》

●夫礼者禁于将然之前，而法者禁于已然之后。——《汉书·贾谊传》

●礼，履也，所以事神致福也。——《说文解字》

●礼之大本，以防乱也。——柳宗元《驳复仇议》

●礼义，治人之大法。——欧阳修《新五代史·杂传》

• 天子之职莫大于礼，礼莫大于分，分莫大于名。何谓礼？纪纲是也；何谓分？君臣是也，何谓名？公、侯、卿、大夫是也。——《资治通鉴·周纪》

• 夫礼，辨贵贱，序亲疏，裁群物，制庶事。非名不著，非器不形。名以命之，器以别之，然后上下粲然有伦，此礼之大经也。——《资治通鉴·周纪》

• 礼者，因时世、人情为之节文者也。——《资治通鉴·汉纪》

【赏析】礼是做人的基本规范，“礼乐不可斯须去身”。每个人都要学礼，“不学礼，无以立”。人的一言一行，一举一动都要符合礼的要求，“非礼勿视，非礼勿听，非礼勿言，非礼勿动”。国君也要守礼，“天子之职莫大于礼”。国君好礼，则上行下效，百姓臣服，“上好礼，则民莫敢不敬”。礼也是调节君臣关系的重要规范，“君使臣以礼”。君臣各守其礼，社会才能稳定。

管仲告诉我们，礼、义、廉、耻是国家的四项基本原则，缺一不可。“礼、义、廉、耻，国之四维；四维不张，国乃灭亡。”孔子指出治理国家要从“正名”开始。“正名”就是大家严守礼制，“名不正，则言不顺；言不顺，则事不成；事不成，则礼乐不兴；礼乐不兴，则刑罚不中；刑罚不中，则民无所措手足”。季氏违背礼制到泰山封禅，在家演练八八六十四人的八佾，孔子感到忍无可忍：“八佾舞于庭，是可忍也，孰不可忍也？”季、叔、孟三家演奏只有国君才能使用的雍乐，也遭到孔子的严肃批评。孟子说：“孔子成春秋，而乱臣贼子惧。”孔子在《春秋》中为后世制定了一个的标准，这个标准就是礼。司马迁认为：“夫春秋，上明三王之道，下辨人事之纪，别嫌疑，明是非，定犹豫，善善恶恶，贤贤贱不肖，存亡国，继绝世，补敝起废，王道之大者也。”所以，每个人都要读《春秋》，都要守礼。“故有国者不可以不知《春秋》，前有谗而弗见，后有贼而不知。为人臣者不可以不知《春秋》，守经事而不知其宜，遭变事而不知其权。为人君父而不通于《春秋》之义者，必蒙首恶之名。为人臣子而不通于《春秋》之义者，必陷篡弑之诛，死罪之名。……故《春秋》者，礼义之大宗也。”

中国历史上有“三礼”：《仪礼》、《周礼》和《礼记》。《仪礼》记的是冠、婚、丧、祭、饮、射、燕、聘、觐的具体仪式，《周礼》记述300多种职官的职务，《礼记》侧重于阐明礼的作用和意义。近代学者王文锦认为：“几千年来，对中华民族意识形态影响最大的书是儒家的书。从所起作用的大小来估计，《礼记》仅次于《论语》，比肩于《孟子》，而远远超过了《荀子》。西汉以后，《礼记》由一部儒学短篇杂编上升为泱泱大国的一部重要经典，这史实本身就值得注意。”

故事和经典——晏子论礼

【原文】公饮酒数日而乐，释衣冠，自鼓缶，谓左右曰："仁人亦乐是夫？"梁丘据对曰："仁人之耳目，亦犹人也，夫奚为独不乐此也？"公曰："趣驾迎晏子。"晏子朝服以至，受觞再拜。公曰："寡人甚乐此乐，欲与夫子共之，请去礼。"晏子对曰："君之言过矣！群臣皆欲去礼以事君，婴恐君子之不欲也。今齐国五尺之童子，力皆过婴，又能胜君，然而不敢乱者，畏礼也。上若无礼，无以使其下；下若无礼，无以事其上。夫麋鹿维无礼，故父子同麀，人之所以贵于禽兽者，以有礼也。婴闻之，人君无礼，无以临其邦；大夫无礼，官吏不恭；父子无礼，其家必凶；兄弟无礼，不能久同。诗曰：'人而无礼，胡不遄死。'故礼不可去也。"公曰："寡人不敏无良，左右淫蛊寡人，以至于此，请杀之。"晏子曰："左右何罪？君若无礼，则好礼者去，无礼者至；君若好礼，则有礼者至，无礼者去。"公曰："善。请易衣革冠，更受命。"晏子避走，立乎门外。公令人粪洒改席，召衣冠以迎晏子。晏子入门，三让，升阶，用三献焉；嗛酒尝膳，再拜，告餍而出。公下拜，送之门，反，命撤酒去乐，曰："吾以彰晏子之教也。"

——《晏子春秋》

【译文】齐景公连续多日饮酒，十分高兴，脱去衣帽，亲自击缶，对左右之人说："仁人也以此为乐吗？"梁丘据回答说："仁人的耳朵和眼睛跟普通人一样，为什么不以此为乐？"景公说："快用车去接晏子。"晏子身穿朝服赶来，接过酒杯拜了两拜。景公说："我非常高兴，想同先生一同享受，请不要讲究礼节了。"晏子回答说："君王的话不对啊！群臣都不想按礼节侍奉君王，但君子不会这样做。现在齐国五尺高的孩子，力气比我大，也比君王大，他们之所以不敢胡作非为，是因为畏惧礼节。君王如果不讲礼节，就不能够领导臣子；臣子如果不讲礼节，就不能侍奉国君。麋鹿因为不知礼节，才父子同淫母鹿。人之所以比禽兽高贵，就在于讲礼节。我听说，君王不讲礼节，就不能治理他的国家；大夫不讲礼节，官吏就不会恭敬；父子不讲礼节，他们的家庭一定不祥；兄弟不讲礼节，就不能和睦相处。《诗经》说'人若没有礼节，还不如早死。'所以，礼节不能不讲啊。”景公说：“我真糊涂，左右之人蛊惑我，才到了今天这个地步，让我杀了他们。”晏子说：“左右之人有什么罪？君王如果不讲礼节，那么遵礼之人离去，没有礼节的人就会到来；君王若讲礼节，那么有礼节之人就会到来，没有礼节之人就会离去。”景公说：“好。让我整顿衣冠，再听先生教导。”晏子走出去回避，站在门外。景公让人打扫院子，撤换酒席，穿戴得整整齐齐迎接晏子。晏子进门，谦让了三次，登上台阶，行三献之礼。晏子喝了点酒，吃了一点菜，拜了两拜，说自己吃饱了，然后就回去了。景公回礼，送到门口，回去后命令撤去酒席，停止音乐，说：“我以此来证明听从晏子的教导。”

故事和经典——张飞示礼

【原文】先主一见马超，以为平西将军，封都亭侯，超见先主待之厚也，阔略无上下礼，与先主言，常呼字，关羽怒，请杀之，先主不从，张飞曰：“如是，当示之以礼。”明日大会诸将，羽、飞并挟刃立直，超入，顾坐席，不见羽、飞座，见其直也，乃大惊。自后乃尊事先主。

——《智囊全集》

【译文】刘备见到马超很高兴，任命他为平西将军，封都亭侯。马超见刘备对待自己如此优厚，变得傲慢无礼，和刘备讲话时，常常直呼刘备的名字。关羽非常生气，要杀掉马超，刘备不答应。张飞说：“这样吧，用礼节来提醒他。”第二天，刘备会见诸将，关羽、张飞手执兵器侍立刘备两边。马超一到，径直入座，却没看到关羽和张飞的座位，只见二将侍立一旁，非常吃惊。从此以后，马超才恭敬地侍奉刘备。

问题和讨论

1. 除了本文中提到的名言外，关于礼的论述，你还知道哪些？
2. 尝试把以上名言译成现代汉语。

国学经典之核心价值准则——法

名言

- 法者，治之端也。 ——荀子

论述

- 克明德慎罚。 ——《尚书·周书·康诰》
- 朕敬于刑，有德惟刑。 ——《尚书·周书·吕刑》
- 明于五刑，以弼五教。 ——《尚书·虞书·大禹谟》
- 谨权量，审法度，修废官，四方之政行焉。 ——《论语·尧曰》
- 法度者，正（政）之至也。 ——《黄帝四经·君正》
- 法制度量，王者典器也。 ——《管子·侈靡》
- 所谓仁义礼乐者，皆出于法。 ——《管子·任法》
- 法者，天下之程式也，万事之仪表也。 ——《管子·明法解》
- 法者，天下之仪也，所以决疑而明是非也，百姓所县（xuán）命也。 ——《管子·禁藏》
- 以规矩为方圆则成，以尺寸量长短则得，以法数治民则安。 ——《管子·形势解》
- 尺寸也、绳墨也、规矩也、衡石也、斗斛也、角量也，谓之法。 ——《管子·七法》
- 法律政令者，吏民规矩绳墨也。夫矩不正，不可以求方。绳不信，不可以求直。法令者，君臣之所共立也。 ——《管子·七臣七主》
- 赏一人而天下趋之，罚一人而天下畏之。是以至赏不费，至刑不滥。 ——《文子》

● 君人者隆礼尊贤而王，重法爱民而霸，好利多诈而危，权谋倾覆幽险而尽亡矣。——《荀子·天论》

● 罪至重而刑至轻，庸人不知恶矣，乱莫大焉。——《荀子·正论》

● 刑称罪则治，不称罪则乱。故治则刑重，乱则刑轻犯治之罪固重，犯乱之罪固轻也。——《荀子·正论》

● 明主之国，官不敢枉法，吏不敢为私。货赂不行，是境内之事尽如衡石也。——《韩非子·八说》

● 小知不可使谋事，小忠不可使主法。——《韩非子·饰邪》

● 法者，见功而与赏，因能而受官。——《韩非子·外储说左上》

● 无威严之势，赏罚之法，虽尧舜不能以为治。

——《韩非子·奸劫弑臣》

● 故治民无常，唯治为法。法与时转则治，治与世宜则有功。

——《韩非子·心度》

● 国无常强，无常弱。奉法者强，则国强；奉法者弱，则国弱。

——《韩非子·有度》

● 法不阿贵，绳不挠曲。法之所加，智者弗能辞，勇者弗敢争。刑过不避大臣，赏善不遗匹夫。——《韩非子·有度》

● 爱多者则法不立，威寡者则下侵上。是以刑罚不必则禁令不行。

——《韩非子·内储说上·七术》

● 故明主之国，无书简之文，以法为教；无先王之语，以吏为师；无私剑之捍，以斩首为勇。是境内之民，其言谈者必轨于法，动作者归之于功，为勇者尽之于军。——《韩非子·五蠹》

● 法者，国之权衡也。——《商君书·修权》

● 圣人之为国也，壹赏，壹刑，壹教。壹赏则兵无敌，壹刑则令行，壹教则下听上。——《商君书·赏刑》

● 固有道之国，治不听君，民不从官。——《商君书·说民》

● 禁奸止过，莫若重刑，刑重而必得，则民不敢试。

——《商君书·赏刑》

● 刑用于将过，则大邪不生；赏施于告奸，则细过不失。——《商君书》

● 法者，所以爱民也；礼者，所以便事也。是以圣人苟可以强国，不法其故；苟可以利民，不循其礼。——《商君书》

● 国之所以治者三：一曰法，二曰信，三曰权。法者，君臣之所共操也；

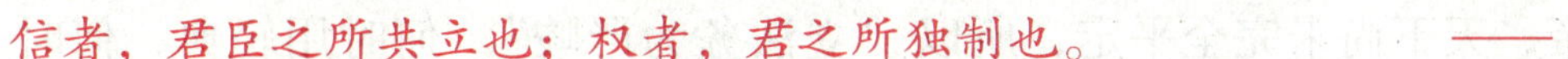

信者，君臣之所共立也；权者，君之所独制也。——《商君书》

- 一曰道，二曰天，三曰地，四曰将，五曰法。——《孙子兵法·计篇》
- 法令行则国治，法令弛则国乱。——王符《潜夫论》
- 死者不可再生，用法务在宽简。——吴兢《贞观政要》
- 法，国之权衡也，时之准绳也。权衡所以定轻重，准绳所以正曲直。——吴兢《贞观政要》
- 法立于上则俗成于下。——苏辙《河南府进士策问》
- 法者天下之公器，惟善持法者，亲疏如一，无所不行，则人莫敢有所恃而犯之也。——《资治通鉴·汉纪》
- 立法务为严峻，而于赃吏尤重绳之。——《明大诰》
- 德礼为政教之本，刑罚为政教之用，犹昏晓阳秋相须而成者也。——《唐律疏议》
- 法令其本在正人心，厚风俗。——顾炎武《日知录》
- 吏人盖以法律为师也。凡学仕者，经史之余，若国朝以来典章文物，亦须备考详观，一旦入官，庶不为俗吏所迂也 。——张养浩《三事忠告》

【赏析】法就是规则，就是制度。法治思想最早可追溯到春秋时期，《尚书》中第一次提出明刑弼教的思想："明于五刑，以弼五教。"意思是用法律晓喻百姓，使人们都知法、畏法从而守法，达到教化所不能达到的效果。孔子主张教化在先，"不教而杀谓之虐"。荀子主张隆礼重法，"隆礼尊贤而王""重法爱民而霸"。荀子认为，法律是国家治理的基础，"法者，治之端也"。荀子还提出罪刑相当的原则："刑称罪，则治；不称罪，则乱。故治则刑重，乱则刑轻。""罪至重而刑至轻，庸人不知恶矣，乱莫大焉。"韩非子提出："无威严之势、赏罚之法，虽尧舜不能以为治。"制定法律的目的："官不敢枉法，吏不敢为私。"商鞅进一步明确了以法治国的思想："固有道之国，治不听君，民不从官。"指出严明法纪的目的是保护百姓，"法者，所以爱民也"；要防患于未然，"刑用于将过，则大邪不生；赏施于告奸，则细过不失"；对以身试法的人要严惩不贷，"禁奸止过，莫若重刑，刑重而必得，则民不敢试"。

法治思想为秦一统天下奠定了良好的基础。《周礼》说："刑新国用轻典，刑平国用中典，刑乱国用重典。"三国时期诸葛亮坚持治乱世须用重典的思想，使蜀国面貌焕然一新。李世民登基，天下基本稳定，所以"用法务在宽简"。

朱元璋称帝，天下尚未完全平定，所以“立法务为严峻”。何时用轻典，何时用重典，还需具体问题具体分析，一切从实际出发。

故事和经典——子产论政

【原文】郑子产有疾，谓于太叔曰：“我死，子必为政。唯有德者能以宽服民，其次莫如猛。夫火烈，民望而畏之，故鲜死焉；水懦弱，民狎而玩之，则多死焉，故宽难。”疾数月而卒。太叔为政，不忍猛而宽。郑国多盗，取人于崔苻之泽。太叔悔之，曰：“吾早从夫子，不及此。”兴徒兵以崔苻之盗，尽杀之，盗少止。

仲尼曰：“善哉！政宽则民慢，慢则纠之以猛；猛则民残，残则施之以宽。宽以济猛，猛以济宽，政是以和。”……及子产卒，仲尼闻之，出涕曰：“古之遗爱也。”

——《左传·昭公二十年》

【译文】郑国的子产病了。他对太叔说：“我死以后，你一定会主政。只有品德高尚的人才能用宽松的政策管理百姓，其次没有比刚猛更有效的了。比如烈火，百姓看见就害怕它，所以很少死在其中；水性柔弱，百姓亲近并在水中嬉戏，很多死在其中，所以宽松的政策难以实施。”子产病数月后死去。太叔执政，不忍心太严厉，而施行宽松的政策。郑国因此出现了很多盗贼，他们在沼泽地招兵买马。太叔后悔了，说：“我早听从子产的话，不会到这个地步。”于是发兵攻打沼泽地的盗贼，把他们全部杀死，匪患稍微缓解。孔子说：“好啊！政策宽松百姓就怠慢，怠慢就用刚猛的政策来纠正。政策刚猛百姓就容易受到伤害，受伤害后就施行宽松的政策。用宽松来调和严厉，用严厉来补充宽松，政治因此而调和。”……等到子产去世，孔子听说了，哭泣道：“子产继承了上古仁爱的遗风啊。”

故事和经典——治乱世须用重典

使诸葛军师定拟治国条例，刑法颇重。法正曰：“昔高祖约法三章，黎民皆感其德。愿军师宽刑省法，以慰民望。”孔明曰：“君知其一，未知其二。秦用法暴虐，万民皆怨，故高祖以宽仁得之。今刘璋暗弱，德政不举，威刑不肃；君臣之道，渐已陵替。宠之以位，位极则残；顺之以恩，恩竭则慢。所以致弊，实由于此。吾今威之以法，法行则知恩；限之以爵，爵加则知荣。恩荣并济，上下有节。为治之道，于斯著矣。”法正拜服。

——《三国演义》

故事和经典——王熙凤协理宁国府

话说宁国府中都总管赖升闻知里面委请了凤姐，因传齐同事人等，说道：“如今请了西府里琏二奶奶管理内事，倘或他来支取东西，或是说话，小心伺候才好。每日大家早来晚散，宁可辛苦这一个月，过后再歇息，别把老脸面扔了。那是个有名的烈货，脸酸心硬，一时恼了不认人的！”众人都道：“说的是。”又有一个笑道：“论理，我们里头也得他来整治整治，都忒不像了。”正说着，只见来旺媳妇拿了对牌来领呈文经文榜纸，票上开着数目。众人连忙让座倒茶，一面命人按数取纸。来旺抱着同来旺媳妇一路来至仪门，方交与来旺媳妇自己抱进去了。

凤姐即命彩明钉造册簿，即时传了赖升媳妇，要家口花名册查看，又限明日一早传齐家人媳妇进府听差。大概点了一点数目单册，问了赖升媳妇几句话，便坐车回家。至次日卯正二刻，便过来了。那宁国府中老婆媳妇早已到齐，只见凤姐和赖升媳妇分派众人执事，不敢擅入，在窗外打听。听见凤姐和赖升媳妇道：“既托了我，我就说不得要讨你们嫌了。我可比不得你们奶奶好

性儿，诸事由得你们。再别说你们‘这府里原是这么样’的话，如今可要依着我行。错我一点儿，管不得谁是有脸的，谁是没脸的，一例清白处治。”说罢，便吩咐彩明念花名册，按名一个一个叫进来看视。一时看完，又吩咐道：“这二十个分作两班，一班十个，每日在内单管亲友来往倒茶，别的事不用管。这二十个也分作两班，每日单管本家亲戚茶饭，也不管别的事。这四十个人也分作两班，单在灵前上香、添油、挂幔、守灵、供饭、供茶、随起举哀，也不管别的事。这四个人专在内茶房收管杯碟茶器，要少了一件，四人分赔。这四个人单管酒饭器皿，少一件也是分赔。这八个人单管收祭礼。这八个单管各处灯油、蜡烛、纸札，我一总支了来，交给你们八个人，然后按我的数儿往各处分派。这二十个每日轮流各处上夜，照管门户，监察火烛，打扫地方。这下剩的按房分开，某人守某处，某处所有桌椅古玩起，至于痰盒掸子等物，一草一苗，或丢或坏，就问这看守的赔补。赖升家的每日揽总查看，或有偷懒的，赌钱吃酒打架拌嘴的，立刻拿了来回我。你要徇情，叫我查出来，三四辈子的老脸，就顾不成了。如今都有了定规，以后那一行乱了，只和那一行算账。素日跟我的人，随身俱有钟表，不论大小事，都有一定的时刻。横竖你们上房里也有时辰钟：卯正二刻我来点卯；巳正吃早饭；凡有领牌回事，只在午初二刻；戌初烧过黄昏纸，我亲到各处查一遍，回来上夜的交明钥匙。第二日还是卯正二刻过来，说不得咱们大家辛苦这几日罢，事完了你们大爷自然赏你们。”

说毕，又吩咐按数发茶叶、油烛、鸡毛掸子、笤帚等物，一面又搬取家伙：桌围、椅搭、坐褥、毡席、痰盒、脚踏之类。一面交发，一面提笔登记，某人管某处，某人领物件，开的十分清楚。众人领了去，也都有了投奔，不似先时只捡便宜的做，剩下苦差没个招揽，各房中也不能趁乱迷失东西。便是人来客往，也都安静了，不比先前紊乱无头绪：一切偷安窃取等弊，一概都蠲了。

凤姐自己威重令行，心中十分得意。因见尤氏犯病，贾珍也过于悲哀，不大进饮食，自己每日从那府中熬了各样细粥，精美小菜，令人送过来。贾珍也另外吩咐每日送上等菜到抱厦内，单预备凤姐。凤姐不畏勤劳，天天按时刻过来，点卯理事，独在抱厦内起坐，不与众妯娌合群，便有女眷来往也不迎送。

这日乃五七正五日上，那应佛僧正开方破狱，传灯照亡，参阎君，拘都鬼，延请地藏王，开金桥，引幢幡；那道士们正伏章申表，朝三清，叩玉帝；神僧们行香，放焰口，拜水忏；又有十二众青年尼僧，搭绣衣，靸（sǎ）红鞋，在灵前默诵接引诸咒：十分热闹。那凤姐知道今日的客不少，寅正便起来梳洗。及收拾完备，更衣盥手，喝了几口奶子，漱口已毕，正是卯正二刻了。来旺媳妇率领众人伺候已久。凤姐出至厅前，上了车，前面一对明角灯，上写“荣国府”三个大字。来至宁府大门首，门灯朗挂，两边一色绰灯，照如白昼，白汪汪穿孝家人两行侍立，请车至正门上，小厮退去，众媳妇上来揭起车帘。凤姐下了车，一手扶着丰儿，两个媳妇执着手把灯照着，撮拥凤姐进来。宁府诸媳妇迎着请安。凤姐款步入会芳园中登仙阁灵前，一见棺材，那眼泪恰似断线之珠，滚将下来。院中多少小厮垂手侍立，伺候烧纸。凤姐吩咐一声：“供茶烧纸。”只听一棒锣鸣，诸乐齐奏，早有人请过一张大圈椅来，放在灵前。凤姐坐下，放声大哭，于是里外上下男女接声嚎哭。

贾珍、尤氏忙令人劝止，凤姐才止住了哭。来旺媳妇倒茶漱口毕，方起身，别了族中诸人，自入抱厦来，按名查点。各项人数，俱已到齐，只有迎送亲友上的一人未到，即令传来。那人惶恐，凤姐冷笑道：“原来是你误了！你比他们有体面，所以不听我的话！”那人回道：“奴才天天都来的早，只有今儿来迟了一步，求奶奶饶过初次。”……

凤姐便说道：“明儿他也来迟了，后儿我也来迟了，将来都没有人了。本来要饶你，只是我头一次宽了，下次就难管别人了，不如开发了好。”登时放下脸来，叫：“带出去打他二十板子！”众人见凤姐动怒，不敢怠慢，拉出去照数打了，进来回覆。凤姐又掷下宁府对牌：“说与赖升，革他一个月的钱粮。”吩咐：“散了罢。”众人方各自办事去了。那被打的也含羞饮泣而去。彼时荣宁两处领牌交牌人往来不绝，凤姐又一一开发了。于是宁府中人才知凤姐利害，自此俱各兢兢业业，不敢偷安，不在话下。

——《红楼梦》

问题和讨论

1. 除了本文中提到的名言外，关于法的论述，你还知道哪些？尝试把以上名言译成现代汉语。

2. 《尚书》上讲“明德慎罚”，商鞅认为“禁奸止过，莫若重刑”，李世民认为“用法务在宽简”，朱元璋认为“立法务为严峻”，你如何看待这个问题？

国学经典之核心价值准则——忠

名言

临患不忘国，忠也。 ——《左传》

论述

- 无私，忠也。 ——《左传·成公九年》
- 忠，德之正也。 ——《左传·文公元年》
- 公家之利，知无不为，忠也。 ——《左传·僖公九年》
- 君薨，不忘增其名，将死，不忘卫社稷，可不谓忠乎？忠，民之望也。 ——《左传·襄公十四年》
- 子以四教：文，行，忠，信。 ——《论语·述而》
- 曾子曰："夫子之道，忠恕而已矣。" ——《论语·里仁》
- 子曰："主忠信，毋友不如己者，过则勿惮改。" ——《论语·子罕》
- 子张问政。子曰："居之无倦，行之以忠。" ——《论语·颜渊》
- 季康子问："使民敬、忠以劝，如之何？"子曰："临之以庄，则敬；孝慈，则忠；举善而教不能，则劝。" ——《论语·为政》
- 定公问："君使臣，臣事君，如之何？"孔子对曰："君使臣以礼，臣事君以忠。" ——《论语·八佾》
- 子张问曰："令尹子文三仕为令尹，无喜色；三已之，无愠色。旧令尹之政，必以告新令尹。何如？"子曰："忠矣。" ——《论语·公冶长》
- 子贡问友。子曰："忠告而善道之，不可则止，毋自辱焉。" ——《论语·颜渊》
- 樊迟问仁。子曰："居处恭，执事敬，与人忠。虽之夷狄，不可弃也。" ——《论语·子路》

- 子曰："爱之，能勿劳乎？忠焉，能勿诲乎？" ——《论语·宪问》
- 子张问行。子曰："言忠信，行笃敬，虽蛮貊之邦，行矣。言不忠信，行不笃敬，虽州里，行乎哉？立则见其参于前也，在舆则见其倚于衡也。夫然后行。"子张书诸绅。 ——《论语·卫灵公》
- 孔子曰："君子有九思：视思明，听思聪，色思温，貌思恭，言思忠，事思敬，疑思问，忿思难，见得思义。" ——《论语·季氏》
- 曾子曰："吾日三省吾身，为人谋而不忠乎？与朋友交而不信乎？传不习乎？" ——《论语·学尔》
- 忠信重禄，所以劝士也。 ——《中庸》
- 君子之事上也，进思尽忠，退思补过，将顺其美，匡救其恶，故上下能相亲也。 ——《孝经》
- 从命而利君谓之顺，从命而不利君谓之谄；逆命而利君谓之忠，逆命而不利君谓之篡。 ——《荀子·臣道》
- 有大忠者，有次忠者，有下忠者，有国贼者。以德覆君而化之，大忠也；以德调君而补之，次忠也；以是谏非而怒之，下忠也；不恤君之荣辱，不恤国之臧否，偷合苟容，以持禄养交而已耳，国贼也。 ——《荀子·臣道》
- 危身奉上曰忠。险不辞难。 ——《逸周书·谥法解》
- 天之所覆，地之所载，人之所覆，莫大乎忠。 ——马融《忠经》
- 忠也者，一其心之谓矣。为国之本，何莫由忠。忠能固君臣，安社稷，感天地，动神明，而况于人乎？夫忠兴于身，著于家，成于国，其行一焉。是故一于其身，忠之始也；一于其家，忠之中也；一于其国，忠之终也。 ——马融《忠经》
- 夫忠而能仁，则国德彰；忠而能智，则国政举；忠而能勇，则国难清，故虽有其能，必由忠而成也。仁而不忠，则私其恩；知而不忠，则文其诈；勇而不忠，则易其乱。是虽有其能，以不忠而败也。 ——马融《忠经》
- 善莫大于作忠，恶莫大于不忠。忠则福禄至焉，不忠则刑罚加焉。 ——马融《忠经》
- 天下尽忠，淳化行也。君子尽忠，则尽其心，小人尽忠，则尽其力。尽力者，则止其身，尽心者，则洪于远。 ——马融《忠经》
- 天下兴亡，匹夫有责。 ——顾炎武《日知录·正姑》
- 鞠躬尽瘁，死而后已。 ——诸葛亮《后出师表》
- 先天下之忧而忧，后天下之乐而乐。 ——范仲淹《岳阳楼记》

- 居庙堂之高则忧其民，处江湖之远则忧其君。——范仲淹《岳阳楼记》
- 位卑未敢忘忧国，事定犹须待阖棺。——陆游《病起书怀》
- 封侯非我意，但愿海波平。——戚继光《韬钤深处》
- 苟利国家生死以，岂因祸福避趋之。——林则徐《赴戍登程口占示家人》
- 忠孝二德，人格最要之件也。二者缺一，时曰非人。……人非父母无自生，非国家无自存。孝于亲，忠于国，皆报恩之大义，而非为一姓之家奴走狗所能冒也。——梁启超《饮冰室合集》

【赏析】曾子把孔子的思想归纳为“忠”和“恕”两个字，“夫子之道，忠恕而已矣”。忠是为人臣子的第一要义，“君使臣以礼，臣事君以忠”。孔子告诉子张，要“居之无倦，行之以忠”。楚国令尹子文三次出任令尹，无喜色；三次被免职，无愠色，并且旧令尹之政必告知新令尹。孔子认为子文做到了忠。君臣之节不可废，不仕无义。人不能与鸟兽同群，隐居放言也不可取，即使不能完全实现自己的理想和抱负，也要尽自己的绵薄之力。

“爱之，能勿劳乎？忠焉，能勿诲乎？”古人常把忠君与爱国联系在一起，因为国君代表的是国家，所以忠君是爱国的重要表现。中国历史上有很多民族英雄，如秦汉时期的蒙恬、卫青、霍去病、李广、班超；宋代的杨业、狄青、宗泽、岳飞、韩世忠、文天祥、陆秀夫、张世杰；明代的徐达、于谦、胡宗宪、戚继光、郑成功；清代的林则徐，近代的赵登禹、佟麟阁、张自忠等，都留下了很多可歌可泣的故事。也有很多人背叛了自己的民族，背叛了自己的国家，像秦桧、吴三桂等，留下了洗脱不去的千古骂名。

故事和经典——正气歌（节选）

天地有正气，杂然赋流形。下则为河岳，上则为日星。于人曰浩然，沛乎塞苍冥。

皇路当清夷，含和吐明庭。时穷节乃见，一一垂丹青。在齐太史简，在晋董狐笔。

在秦张良锥，在汉苏武节。为严将军头，为嵇侍中血。为张睢阳齿，为颜常山舌。

或为辽东帽，清操厉冰雪。或为出师表，鬼神泣壮烈。或为渡江楫，慷慨吞胡羯。

或为击贼笏，逆竖头破裂。是气所磅礴，凛烈万古存。当其贯日月，生死安足论。

地维赖以立，天柱赖以尊。三纲实系命，道义为之根。嗟予遘阳九，隶也实不力。

楚囚缨其冠，传车送穷北。鼎镬甘如饴，求之不可得。阴房阒鬼火，春院閟（bì）天黑。

牛骥同一皂，鸡栖凤凰食。一朝蒙雾露，分作沟中瘠。如此再寒暑，百疠自辟易。

哀哉沮洳场，为我安乐国。岂有他缪巧，阴阳不能贼。顾此耿耿在，仰视浮云白。

悠悠我心悲，苍天曷有极。哲人日已远，典刑在夙昔。风檐展书读，古道照颜色。

【译文】天地之间有一股堂堂正气，它赋予万事万物各种形体。在下表现为山川河岳，在上表现为日月辰星。在人间被称作浩然之气，它充满了天地和寰宇。世道太平的时候，它表现为祥和的气氛。时运艰难的时刻各路义士就会应运而生，他们的光辉形象一一名垂青史。这种正气表现在齐太史刚直不阿的简上，表现在晋董狐秉笔直书的笔端。表现在张良为民除害的铁锥上，表现在苏武赤胆忠心的大汉旌节上。表现在严将军宁死不屈的头颅上，表现在嵇侍中拼死抵抗的热血上。表现在张睢阳誓师杀敌咬碎的牙齿上，表现在颜常山仗义骂贼被割去的舌头上。表现在管宁避乱辽东的白帽上，他那高洁的品格胜过了冰雪。表现在诸葛亮出师北伐光复汉室的决心上，鞠躬尽瘁、死而后已的忠心让鬼神为之感动。表现在祖逖渡江北伐的舟楫上，慷慨激昂发誓要吞灭胡羯。表现在段秀实痛击奸人的朝笏上，逆贼的头颅顿时破裂。这种浩然之气充满宇宙乾坤，凛然不可侵犯并且万古长存。当这种正气直冲霄汉、贯通日月之时，生死根本用不着计较！大地靠它才得以挺立，天庭靠它才得以支撑。三纲靠它才能维持，道义才是它的根本。可叹的是我遭此大难，再无力为国杀贼。穿着朝服却成了阶下囚，被人用驿车送到了穷北。鼎镬之刑早在我意料之中，为国捐躯那是求之不得的事。牢房内闪着点点鬼火，一片静谧。春天到了，院门始终紧闭。骏马和老牛关在一起，凤凰像鸡一样饮食起居。一旦受了风寒染上了疾病，沟壑定会是我的葬身之地。如果这样坚持两年，可能会百病不侵。可叹的是如此阴暗潮湿的地方，竟成了我安身立命的乐土。难道其中有什么奥秘，冷暖寒暑都不能伤害到我的身体？因为我胸中一颗丹心永远存在，功名富贵对于我如同天边的浮云。我心中的痛无边无际，请问苍天什么时候才会到头。先贤们一个个离我而去，他们的榜样铭记在我的心里。屋檐下沐着清风打开书本，古人的光辉照耀我坚定地走下去。

故事和经典——苏武牧羊

【原文】律知武终不可胁，白单于。单于愈益欲降之，乃幽武至大窖（jiào）中，绝不饮食。天雨雪，武卧啮雪与旃（zhān）毛并咽之，数日不死。匈奴以为神，乃徙武北海上无人处，使牧羝（dī），羝乳乃得归。别其官属常惠等，各置他所。

武既至海上，廪（lǐn）食不至，掘野鼠去草实而食之。杖汉节牧羊，卧起操持，节旄（máo）尽落。

——《汉书·苏武传》

【译文】卫律知道最终也无法让苏武屈服，报告了单于。单于越想招降苏武，就把苏武囚禁在一个大地窖里，断绝他的吃喝。天下着雪，苏武躺在地上，把雪与旃毛一起吞下充饥，过了好几天还没有死。匈奴人觉得很神奇，就把苏武流放到北海荒无人烟的地方，让他放牧公羊，声称等到公羊生了小羊才放他归汉。他们还把苏武的随从常惠等人分别囚禁到不同的地方。苏武迁居北海后，匈奴人不再给他提供粮食，他只能掘取野鼠储藏的草籽充饥。他每天拄着汉朝的旄节牧羊，早晚拿在手中，旄节上的毛都掉光了。

故事和经典——颜真卿大义凛然

真卿既抵许州，才与希烈相见，忽有众少年持刀直入，环绕真卿左右，口中呶呶辱骂，手中以刀相示，几乎欲将真卿醢食了事。真卿毫不改容，顾语希烈道：“若辈何为？”希烈乃麾众令退，且谢真卿道：“儿辈无礼，请休介意！”真卿问明众少年，才知皆希烈养子，当下朗声宣敕，希烈听毕，便道：“我岂欲反，只因朝廷不谅，奈何！”乃导真卿入客馆中，逼使代白己冤，真卿不从。

希烈再遣李元平往劝，真卿呵叱道："汝受国家委任，不能致命，我恨无力戮汝，反敢来劝诱我么？"元平怀惭而退，返报希烈。希烈意欲遣归，元平却劝令拘留。会朱滔王武俊田悦李纳四人，复各遣使至许州，上表称臣，腼颜劝进。希烈召真卿入示道："今四王遣使推戴，不约而同，太师看此情势，岂独我为朝廷所忌么？"真卿奋然道："这是四凶，怎得称作四王？相公不自保功业，为唐忠臣，乃反把乱臣贼子，引作同侣，难道是甘心同尽吗？"希烈不悦，令人扶出。越日与四使同宴，又召真卿入座，四使语真卿道："太师德望，中外同钦，今都统将称大号，太师适至，都统欲得宰相，舍太师尚有何人？这乃所谓天赐良相哩。"真卿怒目相视道："汝等亦知有颜杲卿么？杲卿就是我兄，曾骂贼死节，我年八十，但知守节死义，汝等休得胡言！"四使乃不敢复语，真卿乃起身还馆。希烈使甲士十人，环守真卿馆舍，且在庭中掘坎，扬言将坑死真卿。真卿怡然见希烈道："死生有定，亟以一剑授我，便好了公心事，何必多方恫吓，我若怕死，也不来了。"

李希烈自恃兵强，谋即称帝，遣人向颜真卿问仪。真卿道："老夫尝为礼官，只有诸侯朝天子礼，尚是记着，此外非所敢闻呢。"希烈竟称大楚皇帝，改元武成，建置百官，用私党郑贲孙广李缓等为相，以汴州为大梁府，分境内为四节度。希烈遣部将辛景臻语真卿道："不能屈节，何不自焚？"遂在庭中积薪灌油，作威吓状。真卿即令纵火，奋身欲入。景臻慌忙阻住，返报希烈。

嗣闻李希倩伏法，怒不可遏。希倩是希烈亲弟，他为此动怒，遂遣使至蔡州，令杀颜真卿以泄忿。真卿见了使人，问为何事？使人道："有敕赐死。"真卿道："老臣无状，罪固当死，但不知贵使何日发长安？"使人道："我从大梁至此。"真卿接口道："照你说来，乃是贼使，怎得称为敕使呢？"使人遂将他缢死，年七十六。

——《唐史演义》

问题和讨论

1. 除了本文中提到的名言外，关于忠的论述，你还知道哪些？
2. 尝试把以上名言译成现代汉语。

国学经典之核心价值准则——和

名 言

礼之用，和为贵。——有子

论 述

- 百姓昭明，协和万邦。——《尚书·虞书·尧典》
- 人心惟危，道心惟微，惟精惟一，允执厥中。——《尚书·虞书·大禹谟》
- 师克在和，不在众。——《左传·桓公十一年》
- 夫和实生物，同则不继。以他平他谓之和，故能丰长而物归之；若以同裨同，尽乃弃矣。——《国语·郑语》
- 万物负阴而抱阳，冲起以为和。——《道德经》
- 子曰："过犹不及。"——《论语·先进》
- 子曰："君子和而不同，小人同而不和。"——《论语·子路》
- 有子曰："礼之用，和为贵。先王之道，斯为美，小大由之。有所不行，知和而和，不以礼节之，亦不可行也。"——《论语·学而》
- 子曰："中庸之为德也，其至矣乎！民鲜久矣。"——《论语·雍也》
- 孔子曰："丘也闻有国有家者，不患寡而患不均，不患贫而患不安。盖均无贫，和无寡，安无倾。夫如是，故远人不服，则修文德以来之。"——《论语·季氏》
- 子贡曰："夫子之得邦家者，所谓立之斯立，道之斯行，绥之斯来，动之斯和。其生也荣，其死也哀，如之何其可及也。"——《论语·子张》
- 子曰："吾有知乎哉？无知也。有鄙夫问于我，空空如也，我叩其两端

而竭焉。” ——《论语·子罕》

• 尧曰：“咨！尔舜！天之历数在尔躬，允执其中。四海困穷，天禄永终。” ——《论语·尧曰》

• 子曰：“质胜文则野，文胜质则史。文质彬彬，然后君子。” ——《论语·雍也》

• 子曰：“君子惠而不费，劳而不怨，欲而不贪，泰而不骄，威而不猛。” ——《论语·尧曰》

• 君子和而不流，中立而不倚。 ——《礼记·中庸》

• 万物并育而不相害，道并行而不相悖。小德川流，大德敦化，此天地之所以为大也。 ——《礼记·中庸》

• 喜怒哀乐之未发，谓之中；发之皆中节，谓之和。中也者，天下之大本也；和也者，天下之达道也。致中和，天地位焉，万物育焉。 ——《礼记·中庸》

• 舜好问而好察迩言，隐恶而扬善，执其两端，用其中于民。 ——《礼记·中庸》

• 故君子尊德性而道问学，致广大而尽精微，极高明而道中庸。温故而知新，敦厚以崇礼。 ——《礼记·中庸》

• 子曰：“天下、国家、可均也，爵禄可辞也，白刃可蹈也，中庸不可能也。” ——《礼记·中庸》

• 仲尼曰：“君子中庸，小人反中庸。君子之中庸也，君子而时中；小人之反中庸也，小人而无忌惮也。” ——《礼记·中庸》

• 子曰：“道之不行也，我知之矣：知者过之，愚者不及也。道之不明也，我知之矣：贤者过之，不肖者不及也。人莫不饮食也，鲜知其味也。” ——《礼记·中庸》

• 圣人贵中，君子守中。 ——《子华子·执中》

• 礼节民心，乐和民声。 ——《礼记·乐记》

• 故礼以道其志，乐以和其声。 ——《礼记·乐记》

• 礼义立，则贵贱等矣；乐文同，则上下和矣。 ——《礼记·乐记》

• 乐者敦和，率神而从天；礼者别宜，居鬼而从地。 ——《礼记·乐记》

• 乐至则无怨，礼至则不争。揖让而治天下者，礼乐之谓也。 ——《礼记·乐记》

• 大乐与天地同和，大礼与天地同节。和，故百物不失；节，故祀天

祭地。 ——《礼记·乐记》

• 乐者，天地之和也；礼者，天地之序也。和，故百物皆化；序，故群物皆别。 ——《礼记·乐记》

• 是故乐在宗庙之中，君臣上下同听之则莫不和敬；在族长乡里之中，长幼同听之则莫不和顺；在闺门之内，父子兄弟同听之则莫不和亲。

——《礼记·乐记》

• 天时不如地利，地利不如人和。 ——《孟子·公孙丑下》

• 是以圣人和之以是非，而休乎天钧，是之谓两行。

——《庄子，齐物论》

• 天下无二道，圣人无两心。 ——《荀子·解蔽》

• 先王之道，仁之隆也，比中而行之。曷谓中？曰：礼义是也。

——《荀子·儒效》

• 凡事行，有益于理者立之，无益于理者废之，夫是之谓中事。凡知说，有益于理者为之，无益于理者舍之，夫是之谓中说。 ——《荀子·儒效》

• 故义以分则和，和则一，一则多力，多力则强，强则胜物。

——《荀子·王制》

• 夫德莫大于和，而道莫正于中。 ——董仲舒《春秋繁露》

• 中者，天之用；和者，天之功也。举天地之道，而美于和。

——董仲舒《春秋繁露》

• 天地之道，虽有不和者，必归之于和，而所为有功；虽有不中者，必止之于中。 ——董仲舒《春秋繁露》

• 明者处事，莫尚于中，优哉游哉，与道相从。 ——东方朔《诫子书》

• 天地之气，莫大于和。和者，阴阳调，日夜分而生物。

——《淮南子·氾论训》

• 乐者，天地之和也；礼者，天地之序也。和，故百物皆化；序，故群物皆别。 ——《礼记·乐记》

• 曾子曰："狎甚则相简也，庄甚则不亲。是故君子之狎足以交欢；庄，足以成礼而已。" ——刘向《说苑》

• 孔子曰："中人之情，有余则侈，不足则俭，无禁则淫，无度则失，纵欲则败。饮食有量，衣服有节，宫室有度，畜聚有数，车器有限，以防乱之源也。故夫度量不可不明也，善欲不可不听也。" ——刘向《说苑》

• 天地和气，万物自生。 ——王充《论衡·自然》

●福善之门莫美于和睦，患咎之首莫大于内离。

——《汉书·宣元六王传》

●君子心和然其所见各异，故曰不同；小人所嗜好者同，然各争利，故曰不和。——何晏《论语集解》

●有象斯有对，对必反其为；有反斯有仇，仇必和而解。

——张载《正蒙太和篇》

●不偏之谓中，不易之谓庸。中者，天下之正道；庸者，天下之定理。

——《二程遗书》

●君子而时中，无时不中。——《二程遗书》

●中和在我，天人无间。——朱熹《朱子语类》

●和者，无乖戾之心；同者，有阿比之意。——朱熹《四书集注》

●中者，不偏不倚、无过不及之名。庸，平常也。——朱熹《四书集注》

●明道终日坐，如泥塑人，然接人浑是一团和气。

——朱熹《伊洛渊源录》

●夫和者，大则天地，中则帝王，下则匹夫细则昆虫草木，皆不可须臾离者也。——司马光《与范景仁论中和》

●阵而后战，兵法之常；运用之妙，存乎一心。——《宋史·岳飞传》

●疾风怒雨，禽鸟戚戚；霁日光风，草木欣欣。可见天地不可一日无和气，人心不可一日无喜神。——洪应明《菜根谭·概论》

●家人有过不宜暴扬，不宜轻弃。此事难言，借他事而隐讽之。今日不悟，俟来日正警之。如春风之解冻、和气之消冰，才是家庭的型范。

——洪应明《菜根谭·概论》

●和因义起，同由利生。——刘宝楠《论语正义》

●求治不可太速，疾恶不要太严，革弊不可太尽，用人不可太骤，听言不可太轻，处己不可太峻。——张廷玉《澄怀园语》

【赏析】和是儒家十分重要的行为规范，也是我们今天所倡导的和谐社会的重要理论来源。和又称中和、中庸，意思是不偏不倚。“喜怒哀乐之未发，谓之中。发之皆中节，谓之和。”《国语·郑语》上讲：“和实生物。”国家和则政令畅通，上下一体，无往而不胜。家和则人丁兴旺，诸事顺利。

中国历史上蔺相如与廉颇将相和的故事家喻户晓。《国语·周语》载：“夫耳目，心之枢机也，故必听和而视正。听和则聪，视正则明。”孔子告诉我们，“君子和而不同”。和不是和稀泥，当老好人，凡事不讲原则，而是恰到好处，“增之一分则太长，减之一分则太短；著粉则太白，施朱则太赤”。同是不讲原则，为取悦他人放弃自己的立场，就是人云亦云。

中庸就是和这一价值准则的具体表现。孔子非常推崇中庸：“中庸之为德也，其至矣乎。”孔子告诉我们，尧去世前反复告诫舜：允执其中！中庸就是叩其两端而执其中：“隐恶而扬善，执其两端，用其中于民!”北宋程颢、程颐这样评价《中庸》：“善读《中庸》者，只得此一卷书，终身用不尽也。”（《二程集》）《百喻经》上有一个愚人食盐的故事，食物的味道离不开盐，放多少盐应恰到好处，否则就会“食已口爽，反为其患”。

怎样才能做到和呢？古人认为：“礼节民心，乐和民声。”“礼义立，则贵贱等矣；乐文同，则上下和矣。”礼乐还能消弥争端，实现天下太平。“大乐与天地同和，大礼与天地同节”“乐至则无怨，礼至则不争。揖让而治天下者，礼乐之谓也”曲阜孔庙大成殿有一块末代皇帝溥仪题的匾：“中和位育。”“中和位育”意思是按圣人之道治理国家，天地间一切事物可以各得其所，各行其道，从而呈现出勃勃生机。孟子告诉我们：“天时不如地利，地利不如人和。”和也是兵家取胜之道。

故事和经典——愚人食盐喻

【原文】昔有愚人，至于他家。主人与食，嫌淡无味。主人闻已，更为益盐。既得盐美，便自念言：“所以美者，缘有盐故。少有尚尔，况复多也?”愚人无智，便空食盐。食已口爽，反为其患。

——《百喻经》

【译文】从前有个愚蠢的人，到朋友家做客。主人请他吃饭，他嫌菜淡无味。主人得知后，加了点盐。加上盐菜变得可口了，这个人便想：“食物之所以可口，是因为加了盐的缘故。一点盐就这么可口，多加点是不是更好呢?”这个人真是愚蠢，他不吃菜，只吃盐。后来味觉受损，自己深受其害。

故事和经典——晏婴论和与同

【原文】齐侯至自田，晏子侍于遄（chuán）台，子犹驰而造焉。公曰："唯据与我和夫！"晏子对曰："据亦同也，焉得为和？"公曰："和与同异乎？"对曰："异。和如羹焉，水、火、醯（xī）、醢（hǎi）、盐、梅，以烹鱼肉，燀执以薪，宰夫和之，齐之以味，济其不及，以泄其过。君子食之，以平其心。君臣亦然。君所谓可而有否焉，臣献其否以成其可；君所谓否而有可焉，臣献其可以去其否。是以政平而不干，民无争心。故《诗》曰：'亦有和羹，既戒既平。鬷嘏无言，时靡有争。'先王之济五味、和五声也，以平其心，成其政也。声亦如味，一气、二体、三类、四物、五声、六律、七音、八风、九歌，以相成也；清浊、小大，短长、疾徐，哀乐、刚柔，迟速、高下，出入、周疏，以相济也。君子听之，以平其心。心平，德和。故《诗》曰：'德音不瑕。'今据不然。君所谓可，据亦曰可；君所谓否，据亦曰否。若以水济水。谁能食之？若琴瑟之一专，谁能听之？同之不可也如是。"

——《左传·昭公二十年》

【译文】齐景公打猎归来，晏子在遄台随侍，梁丘据也驾着车赶过来。景公说："只有梁丘据与我称得上和啊！"晏子回答说："梁丘据只不过是与君相同而已，哪里称得上和呢？"景公说："和与同有区别吗？"晏子回答说："当然有区别。和就像做肉羹，用水、火、醋、酱、盐、梅来烹调鱼肉，用柴火烧煮。厨师调配味道，使各种味道恰到好处。味道不足就增加调料，味道过重就用水冲淡一下。君子吃了这种肉羹，可以平和心性。国君和大臣的关系也是这样：国君认为可行的，其中也包含不可行的，大臣进言指出不可行的，使可行的更加完备；国君认为不可行的，其中也包含可行的，大臣进言指出可行的，去掉不可行的。因此，政和而不违背礼制，百姓没有争斗之心。所以《诗经》上说：'还有调和的羹汤，五味齐备又适中。敬献神明来享用，上下和睦不相争。'先王使五味相互调和，使五声和谐共鸣，用来修身养性，成就政事。音乐的道理也像味道一样，由一气、二体、三类、四物、五声、六律、七音、八风、九歌各方面相配合而成；由清浊、大小，长短、快慢，哀乐、刚柔，迟速、高下，出入、周疏各方面相调节而成。君子听了这样的音乐，可以修身养性。心情平静，品德调和。所以《诗经》上说：‘美好的音乐没有瑕疵。’现在梁丘据不是这样。国君认为可以的，他也说可以；国君认为不可以的，他也说不可以。如果用水来调和水，谁能吃下去？如果用琴瑟老弹一个音调，谁听得下去？不应当相同的道理，与此完全一致。”

故事和经典——孔伋论治国之道

【原文】卫侯言计非是，而群臣和者如出一口。子思曰：“以吾观卫，所谓‘君不君，臣不臣’者也。”公丘懿子曰：“何乃若是？”子思曰：“人主自臧，则众谋不进。事是而臧之，犹却众谋，况和非以长恶乎！夫不察事之是非而悦人赞己，暗莫甚焉；不度理之所在而阿谀求容，谄莫甚焉。君暗臣谄，以居百姓之上，民不与也。若引不已，国无类矣！”子思言于卫侯曰：“君之国事将日非矣！”公曰：“何故？”对曰：“有由然焉。君出言自以为是，而卿大夫莫敢矫其非；卿大夫出言亦自以为是，而士庶人莫敢矫其非。君臣既自贤矣，而群下同声贤之，贤之则顺而有福，矫之则逆而有祸，如此则善安从生！《诗》曰：‘具曰予圣，谁知乌之雌雄？’抑亦似君之君臣乎？”

——《资治通鉴》

【译文】卫侯做出了一个错误的决策，大臣们却随声附和点头称是。子思说：“我看卫国，真是‘君不像君，臣不像臣’呀！”公丘懿子问道：“怎么会这样？”子思说：“君主自以为是，大家便不会提出不同的意见。事情做对了没有听取众议，也是排斥了众人的意见，何况现在众人附和错误见解助长歪风邪气呢！不考察对错而乐于让别人称赞，是无比的昏暗；不判断是否合理而一味阿谀奉承，是无比的谄媚。君主昏暗而臣下谄媚，这样领导百姓，百姓是不会同心同德的。长此以往，国家就不像样子了。”子思对卫侯说：“你的国家将一天不如一天了。”卫侯问：“为什么？”子思回答说：“事出有因。国君自以为是，卿大夫们没有人敢指出你的错误。于是他们也自以为是，士人、百姓也不敢指出他们的错误。君臣都自以为贤能，下属齐声称

赞，说好话便青云直上，指出错误则会大祸临头，这样，怎么会有好的结果！《诗经》说：‘都称道自己是圣贤，乌鸦雌雄谁能辨？’说的不正是你们这些君臣吗？”

问题和讨论

1. 除了本文中提到的名言外，关于和的论述，你还知道哪些？
2. 尝试把以上名言译成现代汉语。

国学经典之核心价值准则——孝

名　言

• 孝乎惟孝，友于兄弟，施于有政。 ——《尚书》

论　述

• 永言孝思，孝思维则。 ——《诗经·大雅》

• 奉先思孝，接下思恭。 ——《尚书·商书·太甲中》

• 立爱惟亲，立敬惟长。始于家邦，终于四海。 ——《尚书·商书·伊训》

• 孝，礼之始也。 ——《左传·文公二年》

• 为人子者，患不孝，不患无所。 ——《左传·襄公二十三年》

• 子游问孝。子曰："今之孝者，是谓能养。至于犬马，皆能有养。不敬，何以别乎？" ——《论语·为政》

• 孟武伯问孝。子曰："父母唯其疾之忧。" ——《论语·为政》

• 孟懿子问孝。子曰："无违。"樊迟御，子告之曰："孟孙问孝于我，我对曰无违。"樊迟曰："何谓也？"子曰："生，事之以礼；死，葬之以礼，祭之以礼。" ——《论语·为政》

• 子曰："父在，观其志；父没，观其行；三年无改于父之道，可谓孝矣。" ——《论语·学而》

• 曾子曰："吾闻诸夫子：孟庄子之孝也，其他可能也，其不改父之臣，与父之政，是难能也。" ——《论语·子张》

• 子夏问孝。子曰："色难。有事，弟子服其劳；有酒食，先生馔，曾是以为孝乎？" ——《论语·为政》

• 季康子问："使民敬、忠以劝，如之何？"子曰："临之以庄，则敬；孝慈，则忠；举善而教不能，则劝。"
——《论语·为政》

• 子曰："孝哉闵子骞！人不间于其父母昆弟之言。"——《论语·先进》

• 子贡问曰："何如斯可谓之士矣？"子曰："行己有耻，使于四方，不辱君命，可谓士矣。"曰："敢问其次。"曰："宗族称孝焉，乡党称弟焉。"曰："敢问其次。"曰："言必信，行必果，硁硁然小人哉！抑亦可以为次矣。"
——《论语·子路》

• 子曰："弟子入则孝，出则弟，谨而信，泛爱众而亲仁。行有余力，则以学文。"
——《论语·学而》

• 有子曰："其为人也孝弟，而好犯上者，鲜矣；不好犯上，而好作乱者，未之有也。君子务本，本立而道生。孝弟也者，其为仁之本与！"
——《论语·学而》

• 宰我问："三年之丧，期已久矣。君子三年不为礼，礼必坏；三年不为乐，乐必崩。旧谷既没，新谷既升，钻燧改火，期可已矣。"子曰："食夫稻，衣夫锦，于女安乎？"曰："安。""女安，则为之！夫君子之居丧，食旨不甘，闻乐不乐，居处不安，故不为也。今女安，则为之！"宰我出。子曰："予之不仁也！子生三年，然后免于父母之怀。夫三年之丧，天下之通丧也。予也有三年之爱于其父母乎？"
——《论语·阳货》

• 夫孝者，善继人之志，善述人之事者也。——《中庸》

• 众之本教曰孝，其行曰养。——《礼记·祭义》

• 曾子曰："孝有三：大孝尊亲，其次弗辱，其下能养。"
——《礼记·祭义》

• 子曰："从命不忿，微谏不倦，劳而不怨，可谓孝矣。"
——《礼记·坊记》

• 凡为人子之礼，冬温而夏凊，昏定而晨省，在丑、夷不争。
——《礼记·曲礼上》

• 夫为人子者，出必告，反必面；所游必有常，所习必有业。恒言不称老。
——《礼记·曲礼上》

• 居处不庄，非孝也；事君不忠，非孝也；莅官不敬，非孝也；朋友不信，非孝也；战阵无勇，非孝也。——《礼记·祭义》

• 人之行，莫大于孝。——《孝经》

• 教民亲爱，莫善于孝。——《孝经》

• 夫孝，德之本也，教之所由生也。——《孝经》

• 夫孝，天之经也，地之义也，民之行也。——《孝经》

• 爱敬尽于事亲，而德教加于百姓，刑于四海。盖天子之孝也。——《孝经》

• 在上不骄，高而不危；制节谨度，满而不溢。……富贵不离其身，然后能保其社稷，而和其民人。盖诸侯之孝也。——《孝经》

• 用天之道，分地之利，谨身节用，以养父母，此庶人之孝也。——《孝经》

• 身体发肤，受之父母，不敢毁伤，孝之始也。立身行道，扬名于后世，以显父母，孝之终也。夫孝，始于事亲，中于事君，终于立身。——《孝经》

• 子曰："君子之事亲孝，故忠可移于君。事兄悌，故顺可移于长。居家理，故治可移于官。是以行成于内，而名立于后世矣。"——《孝经》

• 父有争子，则身不陷于不义。则子不可以不争于父，臣不可以不争于君；故当不义，则争之。从父之令，又焉得为孝乎！——《孝经》

• 五刑之属三千，而罪莫大于不孝。要君者无上，非圣人者无法，非孝者无亲。此大乱之道也。——《孝经》

• 事亲者，居上不骄，为下不乱，在丑不争。——《孝经》

• 孝子之事亲也，居则致其敬，养则致其乐，病则致其忧，丧则致其哀，祭则致其严。——《孝经》

• 为人父而不明父子之义以教其子而整齐之，则子不知为人子之道以事其父矣。故曰：父不父，则子不子。——《管子·形势解》

• 尧、舜之道，孝弟而已矣。——《孟子·告子下》

• 孝子之至，莫大乎尊亲；尊亲之至，莫大乎以天下养。——《孟子·万章上》

• 谨庠序之教，申之以孝悌之义。——《孟子·梁惠王上》

• 人人亲其亲、长其长，而天下平。——《孟子·离娄上》

• 世俗所谓不孝者五：惰其四支，不顾父母之养，一不孝也；博弈好饮酒，不顾父母之养，二不孝也；好货财，私妻子，不顾父母之养，三不孝也；从耳目之欲，以为父母戮，四不孝也；好勇斗狠，以危父母，五不孝也。——《孟子·离娄下》

• 孝：以亲为芬，而能能利亲，不必得。——《墨子·经说上》

• 入孝出弟，人之小行也；上顺下笃，人之中行也；从道不从君，从义不

从父，人之大行也。——《荀子·子道》

• 孝子所以不从命有三：从命则亲危，不从命则亲安，孝子不从命乃衷；从命则亲辱，不从命则亲荣，孝子不从命乃义；从命则禽兽，不从命则修饰，孝子不从命乃敬。——《荀子·子道》

• 五宗安之曰孝，慈惠爱亲曰孝，协时肇享曰孝，秉德不回曰孝。大虑行节曰考。——《逸周书·谥法解》

• 夫孝者，百行之冠，众善之始也。——范晔《后汉书》

• 就如称某人知孝、某人知弟，必是此人已曾行孝行弟，方可称他知孝知弟，不成只是晓得说些孝弟的话，便可称为知孝弟。——王守仁《传习录》

• 守身，持守其身，使不陷于不义也。一失其身，则亏体辱亲，虽日用三牲之养，亦不足以为孝矣。——朱熹《四书集注》

• 父慈子孝、兄友弟恭，纵做到极处，俱是合当如是，著不得一毫感激的念头。如施者任德，受者怀恩，便是路人，便成市道矣。

——洪应明《菜根谭·概论》

• 凡人尽孝道，欲得父母之欢心者，不在衣食住之奉养也。惟持善心，行合道理，以慰父母而得其欢心，斯可谓真孝者也。——康熙《庭训格言》

• 百善孝为先，万恶淫为源。常存仁孝心，则天下凡不可为者，皆不忍为，所以孝居百行之先；一起邪淫念，则生平极不欲为者，皆不难为，所以淫是万恶之首。——王永彬《围炉夜话》

【赏析】孝是做人的根本，古人云："百善孝为先。"孝也是儒家文化的核心，《孝经》上说："民之行，莫大于孝。"孝敬父母是天经地义的事，"夫孝，天之经也，地之义也，民之行也"。孔子在论语中多次提到孝，概括起来，可以把孝分为以下三重境界。第一，能养。子游问孝。子曰："今之孝者，是谓能养。至于犬马，皆能有养；不敬，何以别乎？"孔子认为，赡养父母是孝最基本的标准，如果连这一点也做不到，那就连犬马也不如了。怎么样才能做到能养呢？子曰："父母唯其疾之忧。"用今天的话说，就是要特别关心父母的健康。人到老年，健康是第一位的，在今天这个医学高度发达的时代尚且如此，2000 多年前的春秋时期就更不言而喻了。孔子还告诉我们："父母在，不远游。游必有方。""父母之年，不可不知也。一则以喜，一则以惧。"提醒我们要时刻关心自己的父母。第二，无违。孟懿子问孝。子曰："无违。"樊迟御，子告之曰："孟孙问孝于我，我对曰'无违'。"樊迟曰："何谓也？"子

曰："生，事之以礼；死，葬之以礼，祭之以礼。"孔子认为，对父母要和颜悦色，态度非常重要。当子夏问孝时，孔子说："色难。有事弟子服其劳，有酒食先生馔，曾是以为孝乎？"特别是当父母做得不对时，要心平气和地劝谏，"事父母几谏。见志不从，又敬不违，劳而不怨"。

那么，孝就是对父母百依百顺吗？荀子告诉我们："孝子所不从命有三：从命则亲危，不从命则亲安，孝子不从命乃衷；从命则亲辱，不从命则亲荣，孝子不从命乃义；从命则禽兽，不从命则修饰，孝子不从命乃敬。"《孝经》上讲"父有争子，则身不陷于不义"。所以"子不可以不争于父，臣不可以不争于君；故当不义，则争之"。晋献公的太子申生、秦始皇的长子扶苏不分是非，不辨真假对父母的命令一味盲从，并不是孝的表现。"德教加于百姓，刑于四海"，才称得上是天子之孝。第三，友于兄弟，施于有政。如果大家都做到了孝，人与人之间就可以和睦相处，这个世界就不会再有烧杀抢掠了，就不会再有战争了，所以孝还能对国家的政治产生深远的影响，这是孝的最高境界。所以当有人问孔子为什么不从政时，孔子说："书云：'孝乎惟孝，友于兄弟，施于有政。'是亦为政，奚其为为政？"到后世演变成这样一种观点：求忠臣必于孝子之门，孝成了从政的必要条件。《孝经》把孝概括为三个阶段，"始于事亲，中于事君，终于立身。"

《三国演义》有一个夏侯惇拔矢啖睛的故事，讲的是夏侯惇在讨伐吕布时左眼中箭，夏侯惇拔箭带出眼球，大呼一声："父精母血，不可弃之！"放进口内啖之。可以肯定，夏侯惇之所以这样做，从小一定接受过孝的教育。孟子认为："尧舜之道，孝弟而已矣。"2000 多年来，儒家文化对中华民族产生了巨大的影响，首先就是孝悌思想。

故事和经典——三年之丧

【原文】宰我问："三年之丧，期已久矣。君子三年不为礼，礼必坏；三年不为乐，乐必崩。旧谷既没，新谷既升，钻燧改火，期可已矣。"

子曰："食夫稻，衣夫锦，于女安乎？"

曰："安。"

"女安，则为之！夫君子之居丧，食旨不甘，闻乐不乐，居处不安，故不为也。今女安，则为之！"

宰我出。子曰："予之不仁也！子生三年，然后免于父母之怀。夫三年之丧，天下之通丧也。予也有三年之爱于其父母乎？"

——《论语·阳货》

【译文】宰予问："守丧三年，时间太长了。君子三年不演习礼仪，礼仪必然荒废；三年不演奏音乐，音乐就会生疏。陈米吃完了，新米上市了，钻燧取火的木头用过了一遍，一年的时间就可以了。"

孔子说："吃上新米，穿上锦缎，你心安吗？"

宰予说："我心安。"

孔子说："既然心安，你就那样去做吧！君子为父母守丧，吃美味不觉得香甜，听音乐不觉得快乐，住在家里不觉得舒服，所以才不那样做。如今你既然觉得心安，你就那样去做好了！"

宰予出去后，孔子说："宰予真是不仁啊！小孩生下来，三岁时才能离开父母的怀抱。守丧三年，这是天下通行的丧礼。难道宰予不能报答父母的三年之爱吗？"

故事和经典——郑庄公掘地见母

却说郑武公夫人，是申侯之女姜氏。所生二子，长曰寤（wù）生，次曰段。为何唤做寤生？原来姜氏夫人分娩之时，不曾坐蓐（rù），在睡梦中产下，醒觉方知。姜氏吃了一惊，以此取名寤生，心中便有不快之意。乃生次子段，长成得一表人才，面如傅粉，唇若涂朱，又且多力善射，武艺高强。姜氏心中偏爱此子："若袭位为君，岂不胜寤生十倍？"屡次向其夫武公称道次子之贤，宜立为嗣。武公曰："长幼有序，不可紊乱。况寤生无过，岂可废长而立幼乎？"遂立寤生为世子。只以小小共（gōng）城，为段之食邑，号曰共叔。姜氏心中愈加不悦。及武公薨，寤生即位，是为郑庄公，仍代父为周卿士。姜氏夫人见共叔无权，心中怏怏。乃谓庄公曰："汝承父位，享地数百里，使同胞之弟，容身蕞（zuì）尔，于心何忍！"庄公曰："惟母所欲。"姜氏曰："何不

以制邑封之?”庄公曰：“制邑岩险著名，先王遗命，不许分封。除此之外，无不奉命。”姜氏曰：“其次则京城亦可。”庄公默然不语。姜氏作色曰：“再若不允，惟有逐之他国，使其别图仕进，以糊口耳。”庄公连声曰：“不敢，不敢!”遂唯唯而退。

次日升殿，即宣共叔段欲封之。大夫祭（zhài）足谏曰：“不可。天无二日，民无二君。京城有百雉之雄，地广民众，与荥（xíng）阳相等。况共叔，夫人之爱子，若封之大邑，是二君也！恃其内宠，恐有后患。”庄公曰：“我母之命，何敢拒之?”遂封共叔于京城。共叔谢恩已毕，入宫来辞姜氏。姜氏屏去左右，私谓段曰：“汝兄不念同胞之情，待汝甚薄。今日之封，我再三恳求，虽则勉从，中心未必和顺。汝到京城，宜聚兵搜乘，阴为准备。倘有机会可乘，我当相约。汝兴袭郑之师，我为内应，国可得也。汝若代了寤生之位，我死无憾矣!”共叔领命，遂往京城居住。自此国人改口，俱称为京城太叔。开府之日，西鄙北鄙之宰，俱来称贺。太叔段谓二宰曰：“汝二人所掌之地，如今属我封土，自今贡税，俱要到我处交纳，兵车俱要听我征调，不可违误。”二宰久知太叔为国母爱子，有嗣位之望。今日见他丰采昂昂，人才出众，不敢违抗，且自应承。

太叔托名射猎，逐日出城训练士卒，并收二鄙之众，一齐造入军册。又假出猎为由，袭取鄢（yān）及廪（lǐn）延。两处邑宰逃入郑国，遂将太叔引兵取邑之事，备细奏闻庄公。庄公微笑不言。班中有一位官员，高声叫曰：“段可诛也!”庄公抬头观看，乃是上卿公子吕。庄公曰：“子封有何高论?”公子吕奏曰：“臣闻‘人臣无将，将则必诛。’今太叔内挟母后之宠，外恃京城之固，日夜训兵讲武，其志不篡夺不已。主公假臣偏师，直造京城，缚段而归，方绝后患。”庄公曰：“段恶未著，安可加诛。”子封曰：“今两鄙被收，直至廪延，先君土地岂容日割?”庄公笑曰：“段乃姜氏之爱子，寡人之爱弟。寡人宁可失地，岂可伤兄弟之情，拂国母之意乎!”公子吕又奏曰：“臣非虑失地，实虑失国也，今人心惶惶，见太叔势大力强，尽怀观望。不久都城之民，亦将贰心。主公今日能容太叔，恐异日太叔不能容主公，悔之何及?”庄公曰：“卿勿妄言，寡人当思之。”

公子吕出外，谓正卿祭足曰：“主公以宫闱之私情，而忽社稷之大计，吾甚忧之!”祭足曰：“主公才智兼人，此事必非坐视，只因大庭耳目之地，不便泄露。子贵戚之卿也，若私叩之，必有定见。”公子吕依言，直叩宫门，再请庄公求见。庄公曰：“卿此来何意?”公子吕曰：“主公嗣位，非国母之意也。万一中外合谋，变生肘腋，郑国非主公之有矣。臣寝食不宁，是以再请！”庄公曰：“此事干碍国母。”公子吕曰：“主公岂不闻周公诛管、蔡之事乎？当断不断，反受其乱。望早早决计。”庄公曰：“寡人筹之熟矣！段虽不道，尚未显然叛逆。我若加诛，姜氏必从中阻挠，徒惹外人议论，不惟说我不友，又说我不孝。我今置之度外，任其所为。彼恃宠得志，肆无忌惮。待其造逆，那时明正其罪，则国人必不敢助，而姜氏亦无辞矣。”公子吕曰：“主公远见，非臣所及。但恐日复一日，养成势大，如蔓草不可芟（shān）除，可奈何？主公若必欲俟其先发，宜挑之速来。”庄公曰：“计将安出？”公子吕曰：“主公久不入朝，无非为太叔故也。今声言如周，大叔必谓国内空虚，兴兵争郑。臣预先引兵伏于京城近处，乘其出城，入而据之。主公从廪延一路杀来，腹背受敌，太叔虽有冲天之翼，能飞去乎？”庄公曰：“卿计甚善，慎毋泄之他人。”公子吕辞出宫门，叹曰：“祭足料事，可谓如神矣。”

次日早朝，庄公假传一令，使大夫祭足监国，自己要周朝面君辅政。姜氏闻知此信，心中大喜曰：“段有福为君矣！”遂写密信一通，遣心腹送到京城，约太叔五月初旬，兴兵袭郑。时四月下旬事也。公子吕预先差人伏于要路，获住赍（jī）书之人，登时杀了，将书密送庄公。庄公启缄看毕，重加封固，别遣人假作姜氏所差，送达太叔。索有回书，以五月初五日为期，要立白旗一面于城楼，便知接应之处。庄公得书，喜曰：“段之供招在此，姜氏岂能庇护耶！”遂入宫辞别姜氏，只说往周，却望廪延一路徐徐而进。公子吕率车二百乘，于京城邻近埋伏。自不必说。

却说太叔接了母夫人姜氏密信，与其子公孙滑商议，使滑往卫国借兵，许以重赂。自家尽率京城二鄙之众，托言奉郑伯之命，使段监国，祭纛（dào）犒军，扬扬出城。公子吕预遣兵车十乘，扮作商贾模样，潜入京城。只等太叔兵动，便于城楼放火。公子吕望见火光，即便杀来。城中之人，开门纳之，不劳余力，得了京城。即时出榜安民，榜中备说庄公孝友，太叔背义忘恩之事，满城人都说太叔不是。

再说太叔出兵，不上二日，就闻了京城失事之信。心下慌忙，星夜回辕。屯扎城外，打点攻城，只见手下士卒纷纷耳语。原来军伍中有人接了城中家信，说庄公如此厚德，太叔不仁不义。一人传十，十传百，都道：“我等背正从逆，天理难容。”哄然而散。太叔点兵，去其大半，知人心已变，急望鄢邑奔走，再欲聚众。不道庄公已在鄢。乃曰：“共吾故封也。”于是走入共城，闭门自守。庄公引兵攻之。那共城区区小邑，怎挡得两路大军？如泰山压卵一

般，须臾攻破。太叔闻庄公将至，叹曰："姜氏误我矣！何面目见吾兄乎！"道自刎而亡。胡曾先生有诗曰：宠弟多才占大封，况兼内应在宫中。谁知公论难容逆，生在京城死在共。又有诗说庄公养成段恶，以塞姜氏之口，真千古奸雄也。诗曰：子弟全凭教育功，养成稔恶陷灾凶。一从京邑分封日，太叔先操掌握中。庄公抚段之尸，大哭一场，曰："痴儿何至如此！"遂简其行装，姜氏所寄之书尚在。将太叔回书，总作一封，使人驰至郑国，教祭足呈与姜氏观看。即命将姜氏送去颍地安置，遗以誓言曰："不及黄泉，无相见也！"姜氏见了二书，羞惭无措，自家亦无颜与庄公相见，即时离了宫门，出居颍地。庄公回至国都，目中不见姜氏，不觉良心顿萌，叹曰："吾不得已而杀弟，何忍又离其母？诚天伦之罪人矣！"

却说颍谷封人，名曰颍考叔，为人正直无私，素有孝友之誉。见庄公安置姜氏于颍，谓人曰："母虽不母，子不可以不子，主公此举，伤化极矣！"乃觅鸮（xiāo）鸟数头，假以献野味为名，来见庄公。庄公问曰："此何鸟也？"颍考叔对曰："此鸟名鸮，昼不见泰山，夜能察秋毫，明于细而暗于大也。小时其母哺之，既长乃啄食其母，此乃不孝之鸟，故捕而食之。"庄公默然。适宰夫进蒸羊，庄公命割一肩，赐考叔食之。考叔只拣好肉，肉纸包裹，藏之袖内。庄公怪而问之。考叔对曰："小臣家有老母，小臣家贫，每日取野味以悦其口，未尝享此厚味。今君赐及小臣，而老母不沾一脔之惠，小臣念及老母，何能下咽？故此携归，欲作羹以进母耳。"庄公曰："卿可谓孝子矣！"言罢，不觉凄然长叹。考叔问曰："主公何为而叹？"庄公曰："你有母奉养，得尽人子之心。寡人贵为诸侯，反不如你！"考叔佯为不知，又问曰："姜夫人在堂无恙，何为无母？"庄公将姜氏与太叔共谋袭郑，及安置颍邑之事，细述一遍："已设下黄泉之誓，悔之无及！"考叔对曰："太叔已亡，姜夫人止存主公一子，又不奉养，与鸮鸟何异？倘以黄泉相见为歉，臣有一计，可以解之。"庄公问："何计可解？"考叔对曰："掘地见泉，建一地室，先迎姜夫人在内居住。告以主公想念之情，料夫人念子，不减主公之念母。主公在地室中相见，于及泉之誓，未尝违也。"庄公大喜，遂命考叔发壮士五百人，于曲洧牛脾山下，掘地深十余丈，泉水涌出，因于泉侧架木为室。室成，设下长梯一座，考叔往见武姜，曲道庄公悔恨之意，如今欲迎归孝养。武姜且悲且喜。考叔先奉武姜至牛脾山地室中。庄公乘舆亦至，从梯而下，拜倒在地，口称："寤生不孝，久缺定省，求国母恕罪！"武姜曰："此乃老身之罪，与汝无与。"用手扶起，母子抱头大哭。遂升梯出穴，庄公亲扶武姜登辇，自己执辔随侍。国人见

庄公母子同归，无不以手加额，称庄公之孝。

——《东周列国志》

故事和经典——夏侯惇拔矢啖睛

且说夏侯惇（dūn）引兵五万，前至徐州界。高顺知许都救军至，慌报吕布。吕布先发侯成、郝萌、曹性三将，引二百余骑来接应。高顺离沛城三十余里，去迎操军。玄德见高顺退去，知是操军来到，引关、张各提军出城，只留孙乾守城，糜竺、糜芳守家。玄德在高顺后下了三个寨子：玄德左，关公右，张飞前。先说夏侯惇挺枪出马搦（nuò）吕布战。高顺出马大骂夏侯惇，惇大怒，两马相交，战四五十合，高顺败走。惇纵马赶去，顺不敢入阵，绕阵而走。惇不舍，尽力追之。阵中曹性看见，纵马出阵，拈弓搭箭，夏侯惇将近，性一箭正中惇左目。惇拔箭，带出眼睛。惇大呼曰："父精母血，不可弃之！"于口内啖（dàn）之，不赶高顺，只取曹性，一枪搠透面门，死于马下。史官赞夏侯惇拔矢啖睛诗曰：开疆展土夏侯惇，枪戟丛中敌万军。拔矢去眸枯一目，啖睛忿气唤双亲。忠心力把黎民救，雪恨平将逆贼吞。孤月独明勘比伦，至今功迹照乾坤。

——《三国演义》

问题和讨论

1. 除了本文中提到的名言外，关于孝的论述，你还知道哪些？
2. 尝试把以上名言译成现代汉语。

国学经典之核心价值准则——悌

名言

• 兄道友，弟道恭。 ——《弟子规》

论述

• 子曰："弟子入则孝，出则弟，谨而信，泛爱众而亲仁。行有余力，则以学文。" ——《论语·学而》

• 有子曰："其为人也孝弟，而好犯上者，鲜矣；不好犯上，而好作乱者，未之有也。君子务本，本立而道生。孝弟也者，其为仁之本与！" ——《论语·学而》

• 子贡问曰："何如斯可谓之士矣？"子曰："行己有耻，使于四方，不辱君命，可谓士矣。"曰："敢问其次。"曰："宗族称孝焉，乡党称弟焉。"曰："敢问其次。"曰："言必信，行必果，硁硁然小人哉！抑亦可以为次矣。" ——《论语·子路》

• 原壤夷俟。子曰："幼而不孙弟，长而无述焉，老而不死，是为贼！"以杖叩其胫。 ——《论语·宪问》

• 石碏谏曰："臣闻爱子，教之以义方，弗纳于邪。骄、奢、淫、佚，所自邪也。"四者之来，宠禄过也。 ——《左传·隐公三年》

• 年长以倍，则父事之；十年以长，则兄事之；五年以长，则肩随之。 ——《礼记·曲礼上》

• 教民礼顺，莫善于悌。 ——《孝经》

• 善父母为孝，善兄弟为友。 ——《尔雅·释训》

• 先生施教，弟子是则。温恭自虚，所受是极。见善从之，闻义则服。温

柔孝悌，毋骄恃力。志毋虚邪，行必正直。游居有常，必就有德。颜色整齐，中心必式。夙兴夜寐，衣带必饰；朝益暮习，小心翼翼。一此不解，是谓学则。

——《弟子职》

• 为人母者，不患不慈，患于知爱而不知教也。古人有言曰："慈母败子。"爱而不教，使沦于不肖，陷于大恶，入于刑辟，归于乱亡。非他人败之也，母败之也。

——司马光《温公家训》

• 兄道友，弟道恭，兄弟睦，孝在中。财物轻，怨何生，言语忍，忿自泯。或饮食，或坐走，长者先，幼者后。长呼人，即代叫，人不在，己即到。称尊长，勿呼名。对尊长，勿见能。路遇长，疾趋揖，长无言，退恭立。骑下马，乘下车，过犹待，百步余。长者立，幼勿坐，长者坐，命乃坐。尊长前，声要低，低不闻，却非宜。进必趋，退必迟，问起对，视勿移。事诸父，如事父，事诸兄，如事兄。

——李毓秀《弟子规》

【赏析】悌的左边是个竖"心"，右边是个"弟"，意思是用心对待自己的兄弟姐妹。与自己的兄弟姐妹、亲朋好友和睦相处就叫悌。兄弟和睦，父母也会高兴，所以悌也是孝的组成部分。那么怎样才能做到悌呢？《弟子规》上解释得很清楚，那就是兄友弟恭。

有一个成语叫管鲍之交，说是的春秋时期齐国大夫管仲和鲍叔牙的故事，管仲年轻时家境贫困，和鲍叔牙做生意，自己分得多，鲍叔不认为管仲贪心。管仲三次做官三次被罢免，鲍叔不认为管仲无能。管仲带兵打仗，三战三亡，鲍叔不认为管仲怕死。管仲辅佐公子纠，公子纠死了，管仲没有殉死，鲍叔牙认为管仲不拘小节。管仲感慨："生我者父母，知我者鲍子也。"二人成了生死之交，他们的故事也成了千古美谈。

工作中，对自己的下属要以礼相待，不能因为自己身居高位就颐指气使、盛气凌人。俗话说，待要好，大敬小。国君能甘居下位，以大事小，必能赢得天下人的归附。如果唯我独尊，以大欺小，只会得到天下人的反对，甚至带来杀身之祸。年轻人血气方刚，有时因为鸡毛蒜皮的小事各不相让，一言不合就大打出手，事后往往追悔莫及。所以孔子告诫我们："一朝之忿，忘其身，以及其亲，非惑与？"这跟当下流行的"忍一时风平浪静，退一步海阔天空"的处世方法是一致的。

故事和经典——管鲍之交

却说管夷吾字仲，生得相貌魁梧，精神俊爽，博通坟典，淹贯古今，有经天纬地之才，济世匡时之略。与鲍叔牙同贾，至分金时，夷吾多取一倍。鲍叔之从人心怀不平，鲍叔曰："仲非贪此区区之金，因家贫不给，我自愿让之耳。"又曾领兵随征，每至战阵，辄居后队，及还兵之日，又为先驱。多有笑其怯者。鲍叔曰："仲有老母在堂。留身奉养，岂真怯斗耶?"又数与鲍叔计事，往往相左。鲍叔曰："人固有遇不遇，使仲遇其时，定当百不失一矣。"夷吾闻之，叹曰："生我者父母，知我者鲍叔哉!"遂结为生死之交。

——《东周列国志》

却说齐桓公修援立之功，高国世卿，皆加采邑。欲拜鲍叔牙为上卿，任以国政，鲍叔牙曰："君加惠于臣，使不冻馁，则君之赐也！至于治国家，则非臣之所能也。"桓公曰："寡人知卿，卿不可辞。"鲍叔牙曰："所谓知臣者，小心敬慎，循礼守法而已。此具臣之事，非治国家之才也。夫治国家者，内安百姓，外抚四夷，勋加于王室，泽布于诸侯，国有泰山之安，君享无疆之福，功垂金石，名播千秋。此帝臣王佐之任，臣何以堪之?"桓公不觉欣然动色，促膝而前曰："如卿所言，当今亦有其人否?"鲍叔牙曰："君不求其人则已，必求其人，其管夷吾乎？臣所不若夷吾者有五：宽柔惠民，弗若也；治国家不失其柄，弗若也；忠信可结于百姓，弗若也；制礼义可施于四方，弗若也；执枹鼓立于军门，使百姓敢战无退，弗若也。"桓公曰："卿试与来，寡人将叩其所学。"鲍叔牙曰："臣闻：'贱不能临贵，贫不能役富，疏不能制亲。'君欲用夷吾，非置之相位，厚其禄入，隆以父兄之礼不可。夫相者，君之亚也，相而召之，是轻之也。相轻则君亦轻。夫非常之人，必待以非常之礼，君其卜日而郊迎之。四方闻君之尊贤礼士而不计私仇，谁不思效用于齐者?"桓公曰："寡人听子。"乃命太卜择吉日，郊迎管子。

鲍叔牙仍送管夷吾于郊外公馆之中。至期，三浴而三衅之。衣冠袍笏，比于上大夫。桓公亲自出郊迎之，与之同载入朝。百姓观者如堵，无不骇然。……

——《东周列国志》

话说管仲于病中，嘱桓公斥远易牙、竖刁、开方三人，荐隰（xí）朋为政。左右有闻其言者，以告易牙。易牙见鲍叔牙谓曰："仲父之相，叔所荐也。今仲病，君往问之，乃言叔不可以为政，而荐隰朋，吾意甚不平焉。"鲍叔牙笑曰："是乃牙之所以荐仲也。仲忠于为国，不私其友。夫使牙为司寇，驱逐佞人，则有馀矣。若使当国为政，即尔等何所容身乎？"易牙大惭而退。

——《东周列国志》

故事和经典——病榻论相

是冬，管仲病，桓公亲往问之。见其瘠甚，乃执其手曰："仲父之疾甚矣。不幸而不起，寡人将委政于何人？"时宁戚、宾须无先后俱卒。管仲叹曰："惜哉乎，宁戚也！"桓公曰："宁戚之外，岂无人乎？吾欲任鲍叔牙，何如？"仲对曰："鲍叔牙，君子也。虽然，不可以为政。其人善恶过于分明。夫好善可也，恶恶已甚，人谁堪之？鲍叔牙见人之一恶，终身不忘，是其短也。"桓公曰："隰朋何如？"仲对曰："庶乎可矣。隰朋不耻下问，居其家不忘公门。"言毕，喟然叹曰："天生隰朋，以为夷吾舌也。身死，舌安得独存？恐君之用隰朋不能久耳！"桓公曰："然则易牙何如？"仲对曰："君即不问，臣亦将言之。彼易牙、竖刁、开方三人，必不可近也！"桓公曰："易牙烹其子，以适寡人之口，是爱寡人胜于爱子，尚可疑耶？"仲对曰："人情莫爱于子，其子且忍之，何有于君？"桓公曰："竖刁自宫以事寡人，是爱寡人胜于爱身，尚可疑耶？"仲对曰："人情莫重于身，其身且忍之，何有于君？"桓公曰："卫公子开方，去其千乘之太子，而臣于寡人，以寡人之爱幸之也。父母死不奔丧，是爱寡人胜于父母，无可疑矣。"仲对曰："人情莫亲于父母，其父母且忍之，又何有于君？且千乘之封，人之大欲也，弃千乘而就君，其所望有过于千乘者矣。君必去之勿近，近必乱国！"桓公曰："此三人者，事寡人久矣。仲父平日何不闻一言乎？"仲对曰："臣之不言，将以适君之意也。譬之于水，臣为之堤防焉，勿令泛滥。今堤防去矣，将有横流之患，君必远之！"桓公默然而退。

——《东周列国志》

故事和经典——琅琊王的故事

【原文】齐武成帝子琅琊王，太子母弟也。生而聪慧，帝及后并笃爱之，衣服饮食，与东宫相准。帝每面称之曰："此黠儿也，当有所成"。及太子即位，王居别宫，礼数优僭，不与诸王等。太后犹谓不足，常以为言。年十许岁，骄恣无节，器服玩好，必拟乘舆。常朝南殿，见典御进新冰，钩盾献早李，还索不得，遂大怒，诟曰："至尊已有，我何意无?"不知分齐，率皆如此。识者多有叔段、州吁之讥。后嫌宰相，遂矫诏斩之，又惧有救，乃勒麾下军士，防守殿门；既无反心，受劳而罢，后竟坐此幽薨。

人之爱子，罕亦能均；自古即今，此弊多矣。贤俊者自可赏爱，顽鲁者亦当矜怜，有偏宠者，虽欲以厚之，更所以祸之。

——《颜氏家训》

【译文】齐武成帝的儿子琅琊王，是太子的同母弟弟，他天生聪慧，武成帝和皇后都非常喜欢他，吃穿都与太子一样。武成帝经常当面称赞他说："这是个聪明的孩子，将来一定大有作为。"等太子即位当了皇帝，琅琊王搬到别宫居住，他的待遇仍然十分优厚，超过其他诸侯王。即使如此，太后还认为不够好，常常在皇帝面前提到这件事。琅琊王十来岁的时候，就骄横恣意，毫无节制，吃穿用住等方面必须要和皇帝看齐。有一次，琅琊王去南殿朝拜，见典御官向皇帝进献刚从地窖里取出的冰块，钩盾官进献早熟的李子，他回府后就派人去索取，结果没有要到，他大发雷霆，骂道："皇帝有的东西，为什么我没有?"他不知分寸竟然到了这个程度。当时的一些有识之士指责他好像古代的共叔段、州吁一样。后来，琅琊王和宰相不和，就假传圣旨，把宰相杀了。行刑时，他担心有人来救宰相，竟然命令手下的军士守住皇宫的大门。他虽然没有反叛的想法，皇帝还是因为这件事把他抓了起来，后来虽然被释放，最终还是被皇帝秘密处决了。

人们喜爱自己的子女，很少能够做到一视同仁，从古至今，这样的例子很多。德才兼备的孩子固然值得赏识和喜欢，那些愚蠢迟钝的孩子也应当得到怜惜和爱护。被父母偏爱的孩子，虽然父母想厚待他，其实却害了他。

问题和讨论

1. 除了本文中提到的名言外，关于悌的论述，你还知道哪些？
2. 尝试把以上名言译成现代汉语。

国学经典之核心价值准则——谨

名　言

战战兢兢，如临深渊，如履薄冰。——《诗经·小雅》

论　述

- 不矜细行，终累大德。——《尚书·旅獒》
- 君子所其无逸。先知稼穑之艰难，乃逸则知小民之依。——《尚书·无逸》
- 战战栗栗，日谨一日。人莫踬（zhì）于山，而踬于垤（dié）。——《尧戒》
- 君子以慎言语，节饮食。——《周易·颐卦》
- 君子终日乾乾，夕惕，若厉，无咎。——《周易·文言》
- 一命而偻，再命而伛，三命而俯。——《左传·昭公七年》
- 危邦不入，乱邦不居。——《论语·泰伯》
- 子之所慎：齐，战，疾。——《论语·述而》
- 曾子曰："慎终追远，民德归厚矣。"——《论语·学而》
- 子曰："弟子入则孝，出则弟，谨而信，泛爱众而亲仁。行有余力，则以学文。"——《论语·学而》
- 子曰："君子食无求饱，居无求安，敏于事而慎于言，就有道而正焉，可谓好学也已。"——《论语·学而》
- 子张学干禄。子曰："多闻阙疑，慎言其余，则寡尤；多见阙殆，慎行其余，则寡悔。言寡尤，行寡悔，禄在其中矣。"——《论语·为政》
- 子曰："恭而无礼则劳，慎而无礼则葸，勇而无礼则乱，直而无礼则绞。

君子笃于亲，则民兴于仁；故旧不遗，则民不偷。” ——《论语·泰伯》

●孔子于乡党，恂恂如也，似不能言者。其在宗庙朝廷，便便言，唯谨尔。 ——《论语·乡党》

●谨权量，审法度，修废官，四方之政行焉。兴灭国，继绝世，举逸民，天下之民归心焉。 ——《论语·尧曰》

●孔子曰：“侍于君子有三愆：言未及之而言谓之躁，言及之而不言谓之隐，未见颜色而言谓之瞽。” ——《论语·季氏》

●孔子曰：“君子有三戒：少之时，血气未定，戒之在色；及其壮也，血气方刚，戒之在斗；及其老也，血气既衰，戒之在得。” ——《论语·季氏》

●孔子曰：“君子有三畏：畏天命，畏大人，畏圣人之言。小人不知天命而不畏也，狎大人，侮圣人之言。” ——《论语·季氏》

●陈子禽谓子贡曰：“子为恭也，仲尼岂贤于子乎？”子贡曰：“君子一言以为知，一言以为不知，言不可不慎也。夫子之不可及也，犹天之不可阶而升也。夫子之得邦家者，所谓立之斯立，道之斯行，绥之斯来，动之斯和。其生也荣，其死也哀，如之何其可及也。” ——《论语·子张》

●定公问：“一言而可以兴邦，有诸？”孔子对曰：“言不可以若是其几也。人之言曰：‘为君难，为臣不易。’如知为君之难也，不几乎一言而兴邦乎？”曰：“一言而丧邦，有诸？”孔子对曰：“言不可以若是其几也。人之言曰：‘予无乐乎为君，唯其言而莫予违也。’如其善而莫之违也，不亦善乎？如不善而莫之违也，不几乎一言而丧邦乎？” ——《论语·子路》

●是故恶言不出于口，忿言不反于身。 ——《礼记·祭义》

●君子有三患：未之闻，患弗得闻也。既闻之，患弗得学也。既学之，患弗能行也。 ——《礼记·杂记下》

●莫见乎隐，莫显乎微；故君子慎其独也。 ——《中庸》

●毋大而肆，毋富而骄，毋众而嚣。 ——中山王方壶铭文

●君之所审者三：一曰德不当其位，二曰功不当其禄，三曰能不当其官。此三本者，治乱之原也。 ——《管子·立政》

●君之所慎者四：一曰大德不至仁，不可以授国柄；二曰见贤不能让，不可与尊位；三曰罚避亲贵，不可使主兵；四曰不好本事，不务地利，而轻赋敛，不可与都邑。此四务者，安危之本也。 ——《管子·立政》

●立事者，谨守令以行赏罚，计事致令，复赏罚之所加。

——《管子·立政》

●是故其所谨者小，则其所立亦小。其所谨者大，则其所立亦大。

——《管子·形势解》

●是故知命者不立乎岩墙之下。——《孟子·尽心上》

●天下有三危：少德而多宠，一危也；才下而位高，二危也；身无大功而受厚禄，三危也。——《淮南子·人间训》

●轻者重之端，小者大之源。故堤溃蚁孔，气泄针芒，是以明者慎微，智者识几。——陈忠《清盗源疏》

●好船者溺，好骑者堕，君子各以所好为祸。

——袁康《越绝书·外传记吴王占梦》

●乐不可极，极乐成哀；欲不可纵，纵欲成灾。——吴兢《贞观政要》

●胆欲大而心欲小，智欲圆而行欲方。——刘昫《旧唐书·孙思邈列传》

●贤而多财，则损其志；愚而多财，则益其过。且夫富者众之怨也，吾既无以教化子孙，不欲益其过而生怨。——《资治通鉴·汉纪》

●责其所难，则其易者不劳而正；补其所短，则其长者不功而遂。

——《资治通鉴·汉纪》

●闻其过者，过日消而福臻；闻其誉者，誉日损而祸至。

——《资治通鉴·晋纪》

●骄奢生于富贵，祸乱生于疏忽。——《资治通鉴·唐纪》

●惟以改过为能，不以无过为贵。——《资治通鉴·唐纪》

●知过非难，改过为难；言善非难，行善为难。——《资治通鉴·唐纪》

●后生才锐者，最易坏事。若有之，父兄当以为忧，不可以为喜也。切须常加简束，令熟读经学，训以宽厚恭谨，勿令与浮薄者相处，自此十许年，志趣自成。——《陆游家训》

●一念之欲不能制，而祸流于滔天。——《二程遗书》

●不责人小过，不发人阴私，不念人旧恶。三者可以养德，亦可以远害。

——洪应明《菜根谭·概论》

●一言而伤天地之和，一事而酿子孙之祸者，最易切戒。

——洪应明《菜根谭·概论》

●大人不可不畏，畏大人则无放逸之心；小民亦不可不畏，畏小民则无豪横之名。——洪应明《菜根谭·概论》

●“害人之心不可有，防人之心不可无”，此戒疏于虑也；“宁受人之欺，毋逆人之诈”，此警伤于察者。二语并存，精明浑厚矣。

——洪应明《菜根谭·概论》

• 善人未能急亲，不宜预扬，恐来谗谮之奸；恶人未能轻去，不宜先发，恐招媒蘖之祸。

——洪应明《菜根谭·概论》

• 肝受病则目不能视，肾受病则耳不能听。病受于人所不见，必发于人所共见。故君子欲无得罪于昭昭，先无得罪于冥冥。

——洪应明《菜根谭·概论》

• 凡人于事务之来，无论大小，必审之又审，方无遗虑。

——爱新觉罗·玄烨《庭训格言》

• 与其于放言高论中求乐境，何如于谨言慎行中求乐境耶？

——张廷玉《澄怀园语》

• 有才必韬藏，如浑金璞玉，暗然而日章也。 ——《围炉夜话》

【赏析】什么是谨呢？用《诗经》上的话讲，就是“战战兢兢，如临深渊，如履薄冰”。孔子主张少说多做，“敏于事而慎于言”。俗话说，小心驶得万年船。谨也是做官的秘诀，小心谨慎才能保持长盛不衰。据《史记》记载，孔子的祖先正考父先后辅佐宋戴公、宋武公和宋宣公，他先后三次被任命为宋国上卿，一次比一次更恭敬。后人在他的鼎文上写道：“一命而偻，再命而伛，三命而俯。”孔子告诉鲁定公，为君难，为臣不易，君无戏言，一言可以兴邦。国君言出必行，臣民唯国君之言是从，如果明知不对也强令执行，“如不善而莫之违也”，一言可以丧邦。《后汉书》记载了一个“大树将军”的故事，讲的是冯异为人谦虚谨慎，行军时与其他将领相遇，总是把马车驶开避让，宿营时其他将领坐在一起讨论功劳，冯异经常独自退避到树下，所以军中称他为“大树将军”，深受光武帝刘秀的器重。三国时期刘备临终前在白帝城把刘禅托付给诸葛亮，也是看中了诸葛亮为人谨慎，正如后人评价的“诸葛一生唯谨慎”。反面的案例也有很多，齐国有一个叫华士的人，他不臣服于国君，不结交诸侯，姜太公三次派人请华士出山，华士拒不从命，姜太公只好把给杀了。少正卯是鲁国的闻人，他心达而险、行僻而坚、言伪而辩、记丑而博、顺非而泽，孔子诛少正卯以正视听。蓝玉是明初的大将，朱元璋称赞蓝玉可比汉之卫青、唐之李靖。后来“蓝玉自恃有功，专恣横暴，所为多不法，举止傲慢，无人臣礼”。最终被朱元璋以谋反罪灭族。年羹尧是清朝雍正年间的将领，他曾率大军平定叛乱，立下赫赫战功，成为雍正的心腹大臣，后来终因狂妄自大和结党营私而家破人亡。能力越大，地位越高，面临的风险也会越大。诗人陆游特别告诫他的子孙：“后生才锐者，最易坏。若有之，父兄当以为忧，不可以

为喜也。切须常加简束，令熟读经学，训以宽厚恭谨，勿令与浮薄者游处。”

故事和经典——萧夫人登台笑客

却说鲁宣公以齐惠公定位之故，奉事惟谨，朝聘俱有常期。至顷公无野嗣立，犹循旧规，未曾缺礼。郤克至鲁修聘，礼毕，辞欲往齐，鲁宣公亦当聘齐之期，乃使上卿季孙行父同郤克一齐启行。方及齐郊，只见卫上卿孙良夫、曹大夫公子首、也为聘齐来到。四人相见，各道来由，不期而会，足见同志了。四位大夫下了客馆，次日朝见，各致主君之意。礼毕，齐顷公看见四位大夫容貌，暗暗称怪，道：“大夫请暂归公馆，即容设飨相待。”四位大夫退出朝门。

顷公入宫，见其母萧太夫人，忍笑不住。太夫人乃萧君之女，嫁于齐惠公。自惠公薨后，萧夫人日夜悲泣。顷公事母至孝，每事求悦其意，即闾巷中有可笑之事，亦必形容称述，博其一启颜也。是日，顷公含笑，不言其故。萧太夫人问曰：“外面有何乐事，而欢笑如此？”顷公对曰：“外面别无乐事，乃见一怪事耳！今有晋、鲁、卫、曹四国各遣大夫来聘。晋大夫郤克，是个瞎子，只有一只眼光着看人；鲁大夫季孙行父，是个秃子，没一根毛发；卫大夫孙良夫，是个跛子，两脚高低的；曹公子首，是个驼背，两眼观地。吾想生人抱疾，五形四体，不全者有之，但四人各占一病，又同时至于吾国，堂上聚着一班鬼怪，岂不可笑？”萧太夫人不信曰：“吾欲一观之可乎？”顷公曰：“使臣至国，公宴后，例有私享，来日儿命设宴于后苑，诸大夫赴宴必从崇台之下经过。母亲登于台上，张帷而窃观之，有何难哉？”

话中略过公宴不题，单说私宴。萧太夫人已在崇台之上了。旧例：使臣来到，凡车马仆从，都是主国供应，以暂息客人之劳。顷公主意，专欲发其母之一笑，乃于国中密选眇者、秃者、跛者、驼者各一人，使分御四位大夫之车。郤克眇，即用眇者为御；行父秃，即用秃者为御；孙良夫跛，即用跛者为御；公子首驼，即用驼者为御。齐上卿国佐谏曰：“朝聘，国之大事。宾主主敬，敬以成礼，不可戏也。”顷公不听。车中两眇，两秃，双驼，双跛，行过台下，萧夫人启帷望见，不觉大笑。左右侍女，无不掩口，笑声直达于外。

郤克初见御者眇目，亦认为偶然，不以为怪，及闻台上有妇女嬉笑之声，心中大疑。草草数杯，即忙起身，回至馆舍，使人诘问：“台上何人？”“乃国母萧太夫人也。”须臾，鲁、卫、曹三国使臣，皆来告诉郤克，言：“齐国故意使执鞭之人，戏弄我等，以供妇人观笑，是何道理？”郤克曰：“我等好意修聘，反被其辱，若不报此仇，非丈夫也！”行父等三人齐声曰：“大夫若兴师伐齐，我等奏过寡君，当倾国相助。”郤克曰：“众大夫果有同心，便当歃血为盟。伐齐之日，有不竭力共事者，明神殛之！”四位大夫聚于一处，竟夜商量，直至天明，不辞齐侯，竟自登车，命御人星驰，各还本国而去。国佐叹曰：“齐患自此始矣！”

——《东周列国志》

故事和经典——年羹尧之死

抚远大将军年羹尧，本是雍正帝的心腹臣子，青海一役，受封一等公；其父遐龄，亦封一等公爵，加太傅衔，赐缎九十匹；长子斌封子爵；次子富亦封一等男，古人说得好：“位不期骄，禄不期侈”，年羹尧得此宠遇，未免骄侈起来。况他又是雍正帝少年朋友，并有拥戴大功，自思有这个靠山，断不至有意外情事，因此愈加骄纵。平时待兵役仆隶，非常严峻，稍一违忤，立即斩首。

只年将军总是这般脾气，喜怒无常，杀戮任性，起居饮食，与大内无二，督抚提镇，视同走狗，在西宁时，见蒙古贝勒七信的女儿，姿色可人，遂不由分说，着兵役抬回取乐，一面令提督吹角守夜，提督军门，总道他得了娇娃，无暇巡察，差了一个参将，权代守夜。谁知这位年大将军，精神正好，上了一次舞台。又起身出营巡逻，见守夜的乃是参将，并不是提督，遂即回营，把提督参将，一齐传到，喝令斩决示众。但他既残忍异常，如何军心这般畏服？他杀人原是厉害，他的赏赐，也比众不同，一赐千万，毫不吝惜，所以兵士绝不谋变。唯这赏钱从哪里得来？未免纳贿营私，冒销滥报。雍正帝未除允禩允禟等人，虽闻他种种不法，还是隐忍涵容，等到允禩允禟，已经拘禁，他索性把同与秘谋的人，也一律处罪，免得日后泄露。手段真辣。一日下谕，调年羹尧为杭州将军，王大臣默窥上意，料知雍正帝要收拾羹尧，便合词劾奏。雍正帝大怒，连降羹尧十八级，罚他看守城门。他在城门里面，守得格外严密，任你王孙公子，丝毫不肯容情，因此挟怨的人，愈沿愈多。王大臣把他前后行为，一一参劾，有几条是真凭实据，有几条是周内深文，共成九十二大罪，请即凌迟处死。还是雍正帝记念前劳，只令自尽，父子等俱革职了事。

——《清史演义》

问题和讨论

1. 除了本文中提到的名言外，关于谨的论述，你还知道哪些？
2. 尝试把以上名言译成现代汉语。

国学经典之核心价值准则——信（诚）

名言

- 诚信者，天下之结也。 ——管仲

论述

- 鬼神无常享，享于克诚。 ——《尚书·太甲下》
- 周仁之谓信。 ——《左传·哀公十六年》
- 信，德之固也。 ——《左传·文公元年》
- 忠信，礼之器也。 ——《左传·昭公二年》
- 信者，言之瑞也，善之主也。 ——《左传·襄公九年》
- 信，国之宝也，民之所庇也。 ——《左传·僖公二十五年》
- 志以发言，言以出信，信以立志，参以定之。 ——《左传·襄公二十七年》
- 人之所以为人者，言也，人而不能言，何以为人？言之所以为言者，信也。言而不信，何以为言？ ——《春秋穀梁传》
- 人之所助者，信也。 ——《周易·系辞上》
- 言必信，行必果。硁硁然小人哉。 ——《论语·子路》
- 子以四教：文，行，忠，信。 ——《论语·述而》
- 宽则得众，信则民任焉，敏则有功，公则说。 ——《论语·尧曰》
- 子曰："主忠信，毋友不如己者，过则勿惮改。" ——《论语·子罕》
- 子曰："人而无信，不知其可也。大车无輗，小车无軏，其何以行之哉！" ——《论语·为政》

• 子曰："君子义以为质，礼以行之，孙以出之，信以成之。君子哉！"

——《论语·卫灵公》

• 子曰："道千乘之国，敬事而信，节用而爱人，使民以时。"

——《论语·学而》

• 子夏曰："君子信而后劳其民；未信则以为厉己也。信而后谏；未信，则以为谤己也。" ——《论语·子张》

• 子贡问政。子曰："足食，足兵，民信之矣。"子贡曰："必不得已而去，于斯三者何先？"曰："去兵。"子贡曰："必不得已而去，于斯二者何先？"曰："去食。自古皆有死，民无信不立。" ——《论语·颜渊》

• 子曰："弟子入则孝，出则弟，谨而信，泛爱众而亲仁。行有余力，则以学文。" ——《论语·学而》

• 子曰："老者安之，朋友信之，少者怀之。" ——《论语·公冶长》

• 子曰："述而不作，信而好古，窃比于我老彭。" ——《论语·述而》

• 曾子言曰："君子所贵乎道者三：动容貌，斯远暴慢矣；正颜色，斯近信矣；出辞气，斯远鄙倍矣。" ——《论语·泰伯》

• 子曰："笃信好学，守死善道。危邦不入，乱邦不居。天下有道则见，无道则隐。邦有道，贫且贱焉，耻也；邦无道，富且贵焉，耻也。"

——《论语·泰伯》

• 子曰："狂而不直，侗而不愿，悾悾而不信，吾不知之矣。"

——《论语·泰伯》

• 子张问崇德辨惑。子曰："主忠信，徙义，崇德也。爱之欲其生，恶之欲其死。既欲其生，又欲其死，是惑也。" ——《论语·颜渊》

• 子曰："上好信，则民莫敢不用情。" ——《论语·子路》

• 子曰："不逆诈，不亿不信。抑亦先觉者，是贤乎！"

——《论语·宪问》

• 子张问行。子曰："言忠信，行笃敬，虽蛮貊之邦，行矣。言不忠信，行不笃敬，虽州里，行乎哉？立则见其参于前也，在舆则见其倚于衡也。夫然后行。"子张书诸绅。 ——《论语·卫灵公》

• 子曰："由也，女闻六言六蔽矣乎？"对曰："未也。""居！吾语女。好仁不好学，其蔽也愚。好知不好学，其蔽也荡。好信不好学，其蔽也贼。好直不好学，其蔽也绞。好勇不好学，其蔽也乱。好刚不好学，其蔽也狂。"

——《论语·阳货》

- 曾子曰："吾日三省吾身：为人谋而不忠乎？与朋友交而不信乎？传不习乎？"
——《论语·学而》

- 子夏曰："贤贤易色；事父母，能竭其力；事君，能致其身；与朋友交，言而有信。虽曰未学，吾必谓之学矣。"
——《论语·学而》

- 有子曰："信近于义，言可复也。恭近于礼，远耻辱也。因不失其亲，亦可宗也。"
——《论语·学而》

- 子张曰："执德不弘，信道不笃，焉能为有？焉能为亡？"
——《论语·子张》

- 儒有不宝金玉，而忠信以为宝。——《礼记·儒行》

- 欲正其心者，先诚其意，意诚而后心正。——《大学》

- 唯天下至诚，为能经纶天下之大经，立天下之大本，知天地之化育。
——《中庸》

- 诚者，天之道也。诚之者，人之道也。诚者，不勉而中不思而得。从容中道，圣人也。诚之者，择善而固执之者也。——《中庸》

- 唯天下至诚为能尽其性。能尽其性，则能尽人之性。能尽人之性，则能尽物之性。能尽物之性，则可以赞天地之化育。可以赞天地之化育，则可以与天地参矣。
——《中庸》

- 唯天下至诚为能化。至诚之道，可以前知。国家将兴，必有祯祥；国家将亡，必有妖孽。……故至诚如神。诚者自成也，而道自道也。诚者物之终始，不诚无物。是故君子诚之为贵。
——《中庸》

- 诚信者，天下之结也。——《管子·枢言》

- 诚身有道，不明乎善，不诚其身矣。——《孟子·离娄上》

- 是故诚者，天之道也；思诚者，人之道也。至诚而不动者，未之有也；不诚，未有能动者也。
——《孟子·离娄上》

- 圣人有忧之，使契为司徒，教以人伦，父子有亲，君臣有义，夫妇有别，长幼有叙，朋友有信。
——《孟子·滕文公上》

- 真者，精诚之至也。不精不诚，不能动人。——《庄子·渔父》

- 政令信者强，政令不信者弱。——《荀子·议兵》

- 君子养心莫善于诚，致诚则无它事矣。唯仁之为守，唯义之为行。
——《荀子·不苟》

- 夫诚者，君子之所守也，而政事之本也。唯所居以其类至。操之则得之，舍之则失之。
——《荀子·不苟》

- 巧诈不如拙诚。 ——《韩非子·说林上》
- 小信成则大信立，故明主积于信。 ——《韩非子·外储说左上》
- 君臣不信，则百姓诽谤，社稷不宁；处官不信，则少不畏长，贵贱相轻；赏罚不信，则民易犯法，不可使令；交友不信，则离散郁怨，不能相亲；百工不信，则器械苦伪，丹漆染色不贞。 ——《吕氏春秋》
- 自疑不信人，自信不疑人。 ——黄石公《素书》
- 马先驯而后求良，人先信而后求能。 ——《淮南子》
- 智而用私，不如愚而用公，故曰巧伪不如拙诚。
  ——刘向《说苑·谈丛》
- 人倍信则名不达。 ——刘向《说苑·谈丛》
- 精诚所至，金石为开。 ——王充《论衡·感虚篇》
- 以信接人，天下信人；不以信接人，妻子疑之。 ——杨泉《物理论》
- 君子立身，虽云百行，唯诚与孝最为其首。
  ——魏徵《隋书·帝纪·卷二》
- 然则德礼诚信，国之大纲，在于君臣父子，不可斯须而废也。
  ——吴兢《贞观政要》
- 文子曰："同言而信，信在言前；同令而行，诚在令外。"然而言而不信，言无信也；令而不从，令无诚也。不信之言，无诚之令，为上则败德，为下则危身，虽在颠沛之中，君子之所不为也。 ——吴兢《贞观政要》
- 夫君能尽礼，臣得竭忠，必在于内外无私，上下相信。上不信则无以使下，下不信则无以事上，信之为道大矣！ ——吴兢《贞观政要》
- 不信不立，不诚不行。 ——晁说之《晁氏客语》
- 夫信者，人君之大宝也。国保于民，民保于信；非信无以使民，非民无以守国。是故古之王者不欺四海，霸者不欺四邻，善为国者不欺其民，善为家者不欺其亲。不善者反之。 ——《资治通鉴·周纪》
- 诚者，真实无妄之谓，天之道也。此言天理至实而无妄，指理而言也。
  ——朱熹《朱子语类》
- 凡人所以立身行己，应事接物，莫大乎诚敬。诚者何？不自欺、不妄之谓也。敬者何？不怠慢、不放荡之谓也。 ——朱熹《朱子语类》
- 诚意，只是表里如一。若外面白，里面黑，便非诚意。今人须于静坐时见得表里不如一，方是有工夫。如小人见见君子一言则掩其不善，已是第二番过失。 ——朱熹《朱子语类》

• 作人无一点真恳的念头，便成个花子，事事皆虚；涉世无一段圆活的机趣，便是个木人，处处有碍。——洪应明《菜根谭·概论》

• 公因论待君子小人之际，曰："一当以诚。但知其为小人，则浅与之接耳。"——张廷玉《澄怀园语》

• 唯天下之至诚能胜天下之至伪；唯天下之至拙能胜天下之至巧。——《曾国藩家书》

• 惟诚可以破天下之伪，惟实可以破天下之虚。——蔡锷《曾胡治兵语录》

【赏析】信是孔门四科之一。孔子说，"人而无信，不知其可也"。信就是说到做到，"一言既出，驷马难追"。讲话一定要慎重，不能轻易许诺，"古者言之不出，耻躬之不逮也"。

周成王小时候与弟弟叔虞一起玩耍，削桐叶为圭以赠叔虞，"余以此封女"。史官如实记录下来。成王说："我和他开玩笑呢。"史官说："天子无戏言。"最终封叔虞于晋。齐国向鲁国索要国宝谗鼎，鲁国送了个赝品过去。齐国人怀疑是假的，让鲁国的乐正子春出来做证。乐正子春爱惜自己的信誉，即使国君出面也不肯做假证。季扎奉命出使晋国，路过徐国时，他觉得徐国国君十分喜欢自己的佩剑，因为尚未完成出使任务就没有马上送给他。等季扎再回到徐国时，徐国国君已经死了，于是他解下佩剑，挂在徐国国君墓前的树上，了却了自己的心愿。"民无信不立。"平原君的美人嘲笑打水的跛子，一言失信门客日渐引去，践行诺言门客复聚如初。商鞅通过徙木立信得到秦国百姓的信任，因此，变法取得成功。田穰苴杀庄贾得到三军将士的信任，从而大败晋燕之军。魏文侯与一介虞人尚且言而有信，能得到李悝、田文、吴起、子夏、段干木、田子方相助就不足为怪了。季布一生从不失信于人，留下"得黄金百斤，不如得季布一诺"的佳话。

对一个国家而言，兵可以不强，食可以不足，但国不可无信。国君取信于民，就可以以小胜大、以弱胜强。俗话说用人不疑，疑人不用。秦假道韩、魏以攻齐，齐威王派匡章迎战秦军。匡章与秦军互通书信，齐威王不疑匡章，得以战胜秦国。唐太宗把诚信作为治国大纲，"德礼诚信，国之大纲"，开创了贞观盛世。君臣互信，上下无猜，"夫君能尽礼，臣得竭忠，必在于内外无私，上下相信，上不信，则无以使下，下不信，则无以事上，信之为道大矣"。怎样判断下属对自己诚信与否？有人给唐太宗出了一个主意："请陛下佯怒以试群臣，若能不畏雷霆，直言进谏，则是正人，阿旨顺情，则是佞人。”唐太宗听了大怒：君自以为诈，何以责臣子之直乎？为政最忌朝令夕改，出尔反尔。国君失信于民，就会国破家亡。齐襄公是中国历史上的昏君，他荒淫无道，昏庸无能，杀害妹夫鲁桓公。他派遣连称、管至父驻守葵丘，约定第二年瓜熟时节换防。第二年连称、管至父请求换防时，齐襄公却要求延长一年，连称和管至父趁机发动叛乱，将齐襄公杀死。李存勖是五代时期后唐开国皇帝，他英勇善战，长于谋略，开启后唐中兴霸业，连他的死敌梁太祖朱温都不得不感叹“生子当如李亚子”，世人论五代诸帝皆以庄宗李存勖武功为最盛。令人遗憾的是晚年李存勖宠幸伶人，重用宦官，吝啬钱财，不懂抚恤士兵，最终失信于天下，兵变被杀，亡国之速，亦是罕见。

故事和经典——晋文公伐原

再说文公同赵衰略地至原。原伯贯给其下曰：“晋兵围阳樊，尽屠其民矣！”原人恐惧，共誓死守，晋兵围之。赵衰曰：“民所以不服晋者，不信故也。君示之以信，将不攻而下矣。”文公曰：“示信若何？”赵衰对曰：“请下令，军士各持三日之粮，若三日攻原不下，即当解围而去。”文公依其言。到第三日，军吏告禀：“军中只有今日之粮了！”文公不答。是日夜半，有原民缒城而下，言：“城中已探知阳樊之民，未尝遭戮，相约于明晚献门。”文公曰：“寡人原约攻城以三日为期，三日不下，解围去之。今满三日矣，寡人明早退师。尔百姓自尽守城之事，不必又怀二念。”军吏请曰：“原民约明晚献门，主公何不暂留一日，拔一城而归？即使粮尽，阳樊去此不远，可驰取也。”文公曰：“信，国之宝也，民之所凭也。三日之令，谁不闻之？若复留一日，是失信矣！得原而失信，民尚何凭于寡人？”黎明，即解原围。原民相顾曰：“晋侯宁失城，不失信，此有道之君！”乃争建降旗于城楼，缒城以追文公之军者，纷纷不绝。原伯贯不能禁止，只得开城出降。

——《东周列国志》

故事和经典——乐正子春不欺

【原文】齐伐鲁，索谗鼎，鲁以其雁往。齐人曰：“雁也。”鲁人曰：“真也。”齐曰：“使乐正子春来，吾将听子。”鲁君请乐正子春，乐正子春曰：“胡不以其真往也？”君曰：“我爱之。”答曰：“臣亦爱臣之信。”

——《韩非子·说林下》

【译文】齐国讨伐鲁国，索要谗鼎，鲁国送去一个赝品。齐国人说：“这是假的。”鲁国人说：“是真的。”齐国人说：“叫乐正子春来证明，我就相信你。”鲁国国君请求乐正子春出面做证，乐正子春说：“为什么不把真的送去？”鲁国国君说：“我喜爱谗鼎。”乐正子春回答说：“我也爱惜自己的名誉。”

故事和经典——文侯与虞人期猎

文侯尝与虞人期定午时猎于郊外。其日早朝，值天雨，寒甚，赐群臣酒。君臣各饮，方在浃洽之际，文侯问左右曰：“时及午乎？”答曰：“时午矣。”文侯遽命撤酒，促舆人速速驾车适野。左右曰：“雨，不可猎矣，何必虚此一出乎？”文侯曰：“吾与虞人有约，彼必相候于郊，虽不猎，敢不亲往以践约哉？”国人见文侯冒雨而出，咸以为怪，及闻赴虞人之约，皆相顾语曰：“我君之不失信于人如此。”于是凡有政教，朝令夕行，无敢违者。

——《东周列国志》

问题和讨论

1. 除了本文中提到的名言外，关于信的论述，你还知道哪些？尝试把以上名言译成现代汉语。

2. 阅读《贞观政要·诚信》，分析贞观之治与诚信的关系。

国学经典之核心价值准则——温

名言

• 主不可以怒而兴师，将不可以愠而致战。——孙武

论述

• 温温恭人，惟德之基。——《诗经·大雅》

• 君子以惩忿窒欲。——《周易·象传下》

• 轻则失根，躁则失君。——《道德经》

• 善为士者，不武；善战者，不怒。——《道德经》

• 子温而厉，威而不猛，恭而安。——《论语·述而》

• 有颜回者好学，不迁怒，不贰过。——《论语·雍也》

• 子夏曰："君子有三变，望之俨然，即之也温，听其言也厉。"

——《论语·子张》

• 孔子曰："君子有九思：视思明，听思聪，色思温，貌思恭，言思忠，事思敬，疑思问，忿思难，见得思义。"——《论语·季氏》

• 子禽问于子贡曰："夫子至于是邦也，必闻其政，求之与？抑与之与？"子贡曰："夫子温、良、恭、俭、让以得之。夫子之求之也，其诸异乎人之求之与？"

——《论语·学而》

• 樊迟从游于舞雩之下，曰："敢问崇德，修慝，辨惑。"子曰："善哉问！先事后得，非崇德与？攻其恶，无攻人之恶，非修慝与？一朝之忿，忘其身，以及其亲，非惑与？"——《论语·颜渊》

• 知止而后有定，定而后能静，静而后能安，安而后能虑，虑而后能得。

——《大学》

• 勿烦勿乱，和乃自成。 ——《管子·内业》

• 能正能静，然后能定。 ——《管子·内业》

• 执一不失，能君万物。 ——《管子·内业》

• 是故止怒莫若诗，去忧莫若乐，节乐莫若礼，守礼莫若敬，守敬莫若静，内静外敬，能反其性，性将大定。 ——《管子·内业》

• 公孙丑曰：“夫子加齐之卿相，得行道焉，虽由此霸王，不异矣。如此，则动心否乎？”孟子曰：“否，我四十不动心。”曰：“若是，则夫子过孟贲远矣。”曰：“是不难，告子先我不动心。” ——《孟子·公孙丑上》

• 不谴是非，以与世俗处。 ——《庄子·天下》

• 夫虚静、恬淡、寂漠、无为者，万物之本也。 ——《庄子·天道》

• 夫君子之行，静以修身，俭以养德。非淡泊无以明志，非宁静无以致远。 ——诸葛亮《诫子书》

• 虚竹幽兰生静气，和风朗月喻天怀。 ——《兰亭集序》

• 王戎云：“与嵇康居二十年，未尝见其喜愠之色。” ——刘义庆《世说新语》

• 敦美润泽谓之温，行不犯物谓之良，和从不逆谓之恭，去奢从约谓之俭，推人后己谓之让。 ——皇侃《论语义疏》

• 万物静观皆自得，四时佳兴与人同。 ——程颢《秋日偶成》

• 为将之道，当先治心。泰山崩于前而色不变，麋鹿兴于左而目不瞬，然后可以制利害，可以待敌。 ——苏洵《心术》

• 羽扇纶巾，谈笑间，樯橹灰飞烟灭。 ——苏轼《念奴娇·赤壁怀古》

• 至于临大事，决大议，垂绅正笏，不动声色，而措天下于泰山之安：可谓社稷之臣矣！ ——欧阳修《相州昼锦堂记》

• 日间功夫，觉纷扰，则静坐。 ——王守仁《传习录》

• 深沉厚重是第一等资质，磊落豪雄是第二等资质，聪明才辩是第三等资质。 ——吕坤《呻吟语》

• 不合时宜，遇事触忿，此亦一病，多读书则能消之。 ——吴麟征《家诫要言》

• 建功立业者，多虚圆之士；偾事失机者，必执拗之人。 ——洪应明《菜根谭·概论》

• 宠辱不惊，闲看庭前花开花落；去留无意，漫随天外云卷云舒。 ——洪应明《菜根谭·概论》

•淡薄之士，必为浓艳者所疑；检饬之人，多为放肆者所忌。君子处此，固不可少变其操履，亦不可露其锋芒！——洪应明《菜根谭·概论》

•人生必厚重沉静，而后为载福之器。敦厚谦谨，慎言守礼，不可与寒士同一般感慨欷嘘，放言高论，怨天尤人，庶不为造物鬼神所呵责也。

——张英《聪训斋语》

•天下有学问、有识见、有福泽之人未有不静者。

——张廷玉《澄怀园语》

•求静是初学收心之法，若只在静上用工，久之习成骄惰，遇事便不可耐。孟子四十不动心，正是从人情物理是非毁誉中磨炼出来，到得无动非静，乃真静矣。——《曾国藩家书》

•每临大事有静气，不信今时无古贤。——翁同龢联

【赏析】温就是和蔼可亲，平易近人。孔子告诉我们，“色思温”，意思是说待人接物态度一定要温和。温非常重要，“有才而性缓定属大才，有智而气和斯为大智”。温是淡泊，也是宁静，“非淡泊无以明志，非宁静无以致远”。温就是把名誉和地位看得淡一点，得意时不忘形，失意时不消沉。论语上讲：“子温而厉，威而不猛，恭而安。”什么叫温而厉？孔子的学生子夏解释道：“望之俨然，即之也温，听其言也厉。”君子态度温和，庄重不容侵犯，自然让人望而生威。君子遇事沉着冷静，不慌不乱，“泰山崩于前而色不变，麋鹿兴于左而目不瞬”。指点江山，“谈笑间樯橹灰飞烟灭”。温是一种气魄，“敌军围困万千重，我自岿然不动”“不管风吹浪打，胜似闲庭信步”。温就是喜怒不形于色。

《三国志》记载：先主“少语言，善下人，喜怒不形于色”。魏晋名士，同为竹林七贤的王戎说：“与嵇康居二十年，未尝见其喜愠之色。”后来嵇康临刑东市，神气不变。一曲广陵散弹罢，视死如归！温就是心平气和，在生死存亡的危急关头泰然处之。荆轲与秦武阳只身入强秦，秦武阳色变振恐，而荆轲面不改色。刘备去世，曹丕纠集五路大军伐蜀，诸葛亮倚杖观鱼，从容退去五路大军。马谡兵败街亭，魏军兵临城下，诸葛亮一曲琴声吓退了司马懿十五万大军。温就是以静制动，任凭风吹浪打，我自岿然不动。秦兵大举伐赵，廉颇坚守不战，以逸待劳，后来赵括主动出击终致全军覆没。诸葛亮六出祁山，司马懿坚守不战，蜀兵百般挑衅，司马懿坦然处之，最终战胜了蜀军。

有一个成语叫静水流深，胸有成竹才能做到静。温就是能控制自己的情

绪，“察人之过，不扬于他；施人之惠，不记于心。觉人之诈，不愤于言；受人之侮，不动于色”。温就是没有脾气。金庸先生在《书剑恩仇录》中有一句话，说的也是这个意思：“情深不寿，强极则辱，谦谦君子，温润如玉。”

故事和经典——善战者不怒

【原文】纪渻（省 shěng）子为王养斗鸡。十日而问：“鸡已乎？”曰：“未也，方虚憍（jiāo）而恃气。”十日又问，曰：“未也，犹应向景。”十日又问，曰：“未也，犹疾视而盛气。”十日又问，曰：“几矣。鸡虽有鸣者，已无变矣，望之似木鸡矣，其德全矣，异鸡无敢应者，反走矣。”

——《庄子·达生》

【译文】纪渻子为周宣王训练斗鸡。过了10天，周宣王问：“鸡训好了吗？”纪渻子回答说：“不行，正处在骄矜浮躁自以为是的阶段。”10天后周宣王又问，纪渻子回答说：“不行，一听见其他鸡的响声、看见其他鸡的影子就容易冲动。”10天后周宣王又问，纪渻子回答说：“看见其他东西反应敏捷，意气正盛。”又过了10天周宣王问，纪渻子回答说：“差不多了。听见别的鸡打鸣，它也没有什么反应，看上去像木鸡一样。它的品德已经完备了，别的鸡没有敢挑战的，看见它就掉头逃跑了。”

故事和经典——林则徐选女婿

林则徐是中国的禁烟英雄，也是文武双全的国家栋梁之材。由于他胆识过人，所以在选女婿的问题上也眼光独到。中国近代军工业创始人之一的沈葆桢就是林则徐选的乘龙快婿，说起林则徐选女婿，颇耐人寻味。

那还是林则徐任两江巡抚期间的一个除夕夜，林则徐为检查值班人员是否尽职尽责，照例到巡抚署衙内去走走看看。因为是除夕，署衙内静悄悄的，成

了家的人早就回家过年去了，没成家的单身汉也被那喧天的锣鼓和炫目的花灯吸引到街上看热闹去了，只有一间房屋还亮着灯。林则徐便推门进去，只见是年轻的秀才沈葆桢正在埋头看书写字。林则徐便问道："今天是除夕，你怎么还待在这里？"沈葆桢毕恭毕敬地回答说："公务未毕，不敢回家。"林则徐听后满意地点点头。这时，他突然看见沈葆桢的案头有一本未看完的介绍西洋风土人情的画册，沉吟片刻，便对沈葆桢说："正好，我有一份奏章，今天必须誊发，你就帮我誊完再走吧。"沈葆桢自然允诺。

直到三更时分，沈葆桢才把这份长达数千言的奏章誊抄完毕，他仔仔细细检查了一遍，确认没有错误之后，便送到林则徐的书房里。林则徐草草地看了几眼，不满地说："字迹潦草，拿去重抄！"便把奏章一下子丢给了沈葆桢。沈葆桢原以为交差完毕就可以回家过年，却没想到上司要他重抄一遍，心里感到委屈，但一声没吭，接过奏章就退了出去。

一直忙到天亮时分，巡抚署的属吏纷纷前来贺岁的时候，沈葆桢才把奏章重新抄完，又恭恭敬敬地呈在林则徐的书案上。林则徐看完奏章，微笑着点了点头，然后当众向大家介绍了沈葆桢重抄奏章的经过，并赞扬沈葆桢说："公务未毕不回家过年，说明他能坚守岗位；字迹端正，墨色浓淡一致，说明他性格平和；遇冤不怒，顾全大局，说明他少年持重；奏章原稿上有明显的错字，誊抄两遍都改正过来，说明他既尊重上级，又敢于坚持自己的意见。年轻人能有这样的作为，堪成大器！"不久，林则徐便选沈葆桢为婿，把女儿嫁给了他。

沈葆桢被林则徐招为女婿之后，不久考中进士，后又历任翰林院编修、江西巡抚、两江总督、南洋通商大臣等要职，是以前瞻、务实、廉洁著称的官员。他和林则徐的女儿林普晴婚后琴瑟和谐、夫妻恩爱、白头偕老。

林则徐选人独具慧眼，他为女儿挑选夫婿的故事成为后世流传的一段佳话。

问题和讨论

1. 除了本文中提到的名言外，关于温的论述，你还知道哪些？
2. 尝试把以上名言译成现代汉语。

国学经典之核心价值准则——良（善）

名言

积善之家，必有余庆；积不善之家，必有余殃。——《周易》

论述

- 见善则迁，有过则改。——《周易·象传下》
- 善不积不足以成名，恶不积不足以灭身。——《周易·系辞下》
- 人谁无过，过而能改，善莫大焉。——《左传·宣公二年》
- 从善如登，从恶如崩。——《国语·周语》
- 天道无亲，常与善人。——《道德经》
- 善者吾善之，不善者吾亦善之，德善。——《道德经》
- 季康子问："使民敬、忠以劝，如之何？"子曰："临之以庄，则敬；孝慈，则忠；举善而教不能，则劝。"——《论语·为政》
- 子曰："盖有不知而作之者，我无是也。多闻，择其善者而从之；多见而识之；知之次也。"——《论语·述而》
- 子曰："笃信好学，守死善道。危邦不入，乱邦不居。天下有道则见，无道则隐。邦有道，贫且贱焉，耻也；邦无道，富且贵焉，耻也。"——《论语·泰伯》
- 子张问善人之道。子曰："不践迹，亦不入于室。"——《论语·先进》
- 季康子问政于孔子曰："如杀无道，以就有道，何如？"孔子对曰："子为政，焉用杀？子欲善而民善矣。君子之德风，小人之德草。草上之风，必偃。"——《论语·颜渊》
- 曰："一言而丧邦，有诸？"孔子对曰："言不可以若是其几也。人之言

曰：‘予无乐乎为君，唯其言而莫予违也。’如其善而莫之违也，不亦善乎？如不善而莫之违也，不几乎一言而丧邦乎？”——《论语·子路》

• 子贡问曰：“乡人皆好之，何如？”子曰：“未可也。”“乡人皆恶之，何如？”子曰：“未可也。不如乡人之善者好之，其不善者恶之。”

——《论语·子路》

• 子曰：“知及之，仁不能守之，虽得之，必失之。知及之，仁能守之。不庄以莅之，则民不敬。知及之，仁能守之，庄以莅之，动之不以礼，未善也。”——《论语·卫灵公》

• 孔子曰：“见善如不及，见不善如探汤。吾见其人矣，吾闻其语矣。隐居以求其志，行义以达其道。吾闻其语矣，未见其人也。”——《论语·季氏》

• 子夏之门人问交于子张。子张曰：“子夏云何？”对曰：“子夏曰：‘可者与之，其不可者拒之。’”子张曰：“异乎吾所闻。君子尊贤而容众，嘉善而矜不能。我之大贤与，于人何所不容？我之不贤与，人将拒我，如之何其拒人也？”——《论语·子张》

• 善不由外来兮，名不可以虚作。——《九章》

• 爱而知其恶，憎而知其善。——《礼记·曲礼上》

• 大学之道，在明明德，在亲民，在止于至善。——《大学》

• 诚身有道，不明乎善，不诚其身矣。——《孟子·离娄上》

• 取诸人以为善，是与人为善者，君子莫大乎与人为善。

——《孟子·公孙丑上》

• 人性之善也，犹水之就下也。人无有不善，水无有不下。

——《孟子·告子上》

• 人之所不学而能者，其良能也；所不虑而知者，其良知也。

——《孟子·尽心上》

• 孟子曰：“以善服人者，未有能服人者也；以善养人，然后能服天下。天下不心服而王者，未之有也。”——《孟子·离娄下》

• 恻隐之心，人皆有之；羞恶之心，人皆有之；恭敬之心，人皆有之；是非之心，人皆有之。恻隐之心，仁也；羞恶之心，义也；恭敬之心，礼也；是非之心，智也。仁、义、礼、智，非由外铄（shuò）我也，我固有之也，弗思耳矣。——《孟子·告子上》

• 恻隐之心，仁之端也；羞恶之心，义之端也；辞让之心，礼之端也；是非之心，智之端也。人之有是四端也，犹其有四体也。

——《孟子·公孙丑上》

- 孟子曰："人皆有不忍人之心。先王有不忍人之心，斯有不忍人之政矣。以不忍人之心，行不忍人之政，治天下可运之掌上。所以'谓人皆有不忍人之心'者，今人乍见孺子将入于井，皆有怵惕恻隐之心，非所以内交于孺子之父母也，非所以要誉于乡党朋友也，非恶其声而然也。"——《孟子·公孙丑上》

- 见善，修然必以自存也；见不善，愀然必以自省也。善在身，介然必以自好也；不善在身，菑然必以自恶也。——《荀子·修身》

- 扁善之度，以治气养生则后彭祖，以修身自名则配尧、禹。

——《荀子·修身》

- 以善先人者谓之教，以善和人者谓之顺；以不善先人者谓之谄，以不善和人者谓之谀。——《荀子·修身》

- 是故国有贤良之士众，则国家之治厚；贤良之士寡，则国家之治薄。

——《墨子·尚贤上》

- 温良好乐曰良。——《逸周书·谥法解》

- 夫《春秋》，上明三王之道，下辨人事之纪，别嫌疑，明是非，定犹豫，善善恶恶，贤贤贱不肖，存亡国，继绝世，补弊起废，王道之大者也。

——《史记》

- 夫心起于善，善虽未为，而吉神已随之。或心起于恶，恶虽未为，而凶神已随之。——《太上感应篇》

【赏析】良，也作善，意思是善良。孟子认为，"人皆有不忍人之心"，善是人的天性。仁、义、礼、智称作四端，是每个人都应该具备的四种基本品德，"恻隐之心，仁之端也；羞恶之心，义之端也；辞让之心，礼之端也；是非之心，智之端也"。四端每个人天生就有，而不是外力强加的。"恻隐之心，人皆有之；羞恶之心，人皆有之；恭敬之心，人皆有之；是非之心，人皆有之。恻隐之心，仁也；羞恶之心，义也；恭敬之心，礼也；是非之心，智也。仁、义、礼、智，非由外铄我也，我固有之也。"

善是儒家修身的重要行为规范，也是齐家的重要准则，"积善之家，必有余庆；积不善之家，必有余殃"。法国作家雨果有一句名言："善良是历史中稀有的珍珠，善良的人几乎优于伟大的人。"孔子成春秋，而乱臣贼子惧。司马迁认为孔子作《春秋》的目的就是善善恶恶，惩恶而扬善。管仲告诉齐桓公，要想称霸诸侯，首先要知人善任："不知贤，害霸；知贤而不用，害霸；用而不任，害霸；任而复以小人参之，害霸。"用一贤人则天下群贤毕至，燕

昭王拜郭隗为师，构筑黄金台，乐毅、邹衍、剧辛纷至沓来。“从善如登，从恶如崩。”能完全做到善也不是一件不容易的事。孟子主张性善，“人之所不学而能者，其良能也；所不虑而知者，其良知也”。所以要“求其放心”，就是把丢失的善心找回来。荀子主张性恶，“人之性恶，其善者伪也”。人天生有好利之心，“从人之性，顺人之情，必出于争夺，合于犯分乱理，而归于暴”。所以要加强个人修养，“化性起伪”，通过礼法进行教化，从而达到善的境界。二者同归而殊途，一致而百虑。

故事和经典——性善论

【原文】孟子曰：“人皆有不忍人之心。先王有不忍人之心，斯有不忍人之政矣。以不忍人之心，行不忍人之政，治天下可运之掌上。所以谓人‘皆有不忍人之心’者，今人乍见孺子将入于井，皆有怵惕恻隐之心，非所以内交于孺子之父母也，非所以要誉于乡党朋友也，非恶其声而然也。由是观之，无恻隐之心，非人也；无羞恶之心，非人也；无辞让之心，非人也；无是非之心，非人也。恻隐之心，仁之端也；羞恶之心，义之端也；辞让之心，礼之端也；是非之心，智之端也。人之有是四端也，犹其有四体也。有是四端而自谓不能者，自贼者也。谓其君不能者，贼其君者也。凡有四端于我者，知皆扩而充之矣，若火之始然，泉之始达。苟能充之，足以保四海；苟不充之，不足以事父母。”

——《孟子·公孙丑上》

【译文】孟子说：“每个人都有怜悯体恤别人的品德。古代圣王具有怜悯体恤别人的品德，所以会有怜悯体恤百姓的政策。用怜悯体恤别人的品德，实行怜悯体恤百姓的政策，治理天下就易如反掌了。之所以说每个人都有怜悯体恤别人的品德，打个比方，有人看见一个小孩走到井边，必然会产生同情心——他不是因为要去和这孩子的父母拉关系，不是因为要在邻里乡间博取名声，也不是因为厌恶这孩子的哭声才产生这种同情心的。由此看来，没有同情心，简直不是人；没有羞耻心，简直不是人；没有谦让心，简直不是人；没有是非心，简直不是人。同情心是仁的源头，羞耻心是义的源头，谦让心是礼的源头，是非心是智的源头。人有这四端，就像有四肢一样。有了这四端却不把

自己当回事的，是自暴自弃的人；不把君主当回事的，是欺君背主之人。凡是有这四端的人，都要发扬和光大它们，就像火苗刚刚开始燃烧，泉水刚刚开始流淌。如果能够好好培养它们，便足以安定天下；如果不能够培养它们，连赡养父母都成问题。”

【原文】公都子曰：“告子曰：‘性无善无不善也。’或曰：‘性可以为善，可以为不善。是故文、武兴，则民好善；幽、厉兴，则民好暴。’或曰：‘有性善，有性不善。是故以尧为君而有象，以瞽瞍为父而有舜，以纣为兄之子且以为君，而有微子启、王子比干。’今曰‘性善’，然则彼皆非与？”

孟子曰：“乃若其情，则可以为善矣，乃所谓善也。若夫为不善，非才之罪也。恻隐之心，人皆有之；羞恶之心，人皆有之；恭敬之心，人皆有之；是非之心，人皆有之。恻隐之心，仁也；羞恶之心，义也；恭敬之心，礼也；是非之心，智也。仁、义、礼、智，非由外铄我也，我固有之也，弗思耳矣。故曰：‘求则得之，舍则失之。’或相倍蓰而无算者，不能尽其才者也。诗曰：‘天生蒸民，有物有则。民之秉夷，好是懿德。’孔子曰：‘为此诗者，其知道乎！故有物必有则，民之秉夷也，故好是懿德。’”

——《孟子·告子上》

【译文】公都子说：“告子说：‘一个人的本性没有好坏之分。’又有人说：‘人的本性可以表现为善良，也可以表现为不善。所以周文王、周武王当朝，老百姓就善良；周幽王、周厉王当朝，老百姓就残暴。’也有人说：‘有的人本性善良，有的人本性不善良。所以虽然有尧做天子，也有像这样不善良的臣民；虽然有瞽瞍做父亲，却有舜这样善良的儿子；虽然有殷纣王这样不善良的侄儿，并且做了天子，却也有微子启、王子比干这样善良的长辈和贤臣。’如今老师说‘人性本善’，那么他们都说错了吗？”

孟子说：“从根本上来说，他们的本性都是好的，这就是我说的人性本善的意思。至于说有些人不善良，那不能归罪于天生的资质。同情心，人人都有；羞耻心，人人都有；恭敬心，人人都有；是非心，人人都有。同情心属于仁，羞耻心属于义，恭敬心属于礼，是非心属于智。仁、义、礼、智的品德不是由外在的因素强加给我们的，而是我们自己天生就有的，只不过平时我们没有发现它罢了。所以说：‘追求就可以得到，放弃便会失去。’人与人之间的差距有一倍、五倍甚至无数倍，是因为我们没有充分发挥这种潜在的品质所致。《诗经》上说：‘上天生育了人类，万事万物都有自己的法则。老百姓掌握了这些法则，就会养成高尚的品德。’孔子说：‘写这首诗的人真懂道理啊！

凡事都有自己的法则，老百姓掌握了这些法则，所以崇尚美好的品德。’”

故事和经典——性恶论

【原文】人之性恶，其善者伪也。——今人之性，生而有好利焉，顺是，故争夺生而辞让亡焉；生而有疾恶焉，顺是，故残贼生而忠信亡焉；生而有耳目之欲，有好声色焉，顺是，故淫乱生而礼义文理亡焉。然则从人之性，顺人之情，必出于争夺，合于犯分乱理，而归于暴。故必将有师法之化，礼义之道，然后出于辞让，合于文理，而归于治。用此观之，人之性恶明矣，其善者伪也。

——《荀子》

【译文】人的本性是恶的，那些善良的行为是人为的。人一生下来就有好利之心，遵循这种本性，人与人之间就会产生争夺，也就不再谦让了；人生下来就有忌妒仇恨之心，遵循这种本性，就会发生残害他人的事情，这样忠信诚实就丧失了；人生来就有爱好声色的本能，喜欢好听的，喜欢好看的，遵循这种本性，就会发生淫乱的事情，礼仪制度和道德规范就丧失了。既然这样，放纵人的本性，顺应人的情欲，就一定会产生争夺，就会产生违法乱纪的事，从而引起暴乱。所以，一定要有师长和法制的教化和礼义的引导，然后才会产生谦让，才能确立合乎礼义制度的正常秩序，从而实现社会的稳定。所以，人性本恶的道理已经很清楚了，那些善良的行为是人为的。

故事和经典——善善恶恶

【原文】昔齐桓公出，见一故墟而问之。或对曰：“郭氏之墟也。”复问：“郭氏曷为墟？”曰：“善善而恶恶焉。”桓公曰：“善善恶恶乃所以为存，而反为墟，何也？”曰：“善善而不能用，恶恶而不能去。彼善人知其贵己而不用，则怨之；恶人见其贱己而不好，则仇之。夫与善人为怨、恶人为仇，欲毋亡而

得乎？”

——《新论》

【译文】从前齐桓公外出，看见一个废墟，就问是怎么回事。有人告诉他说：“这是郭氏的废墟！”齐桓公又问：“郭氏一家是怎么没落的？”那人回答说：“称赞好人，痛恨坏人罢了。”齐桓公说：“称赞好人，痛恨坏人是做人的原则，为什么反而家道中落了？”那人回答道：“称赞好人却不能大胆任用，痛恨坏人却不能完全铲除。那些好人知道他看重自己却不能被任用，就会产生怨恨；坏人知道他看不起自己，态度不友好，就会仇视他。与好人结怨，与恶人结仇，想不灭亡，行吗？”

问题和讨论

1. 除了本文中提到的名言外，关于良（善）的论述，你还知道哪些？尝试把以上名言译成现代汉语。

2. 仔细体会“学问之道无他，求其放心而已矣”与“菩提自性，本自清静。但用此心，直了成佛”二者有何异曲同工之妙。

国学经典之核心价值准则——俭

名言

• 克勤于邦，克俭于家。 ——《尚书》

论述

• 俭，德之共也；侈，恶之大也。 ——《左传》

• 位不期骄，禄不期侈，恭俭惟德，无载尔伪。

——《尚书·周书·周官》

• 我有三宝，持而保之。一曰慈，二曰俭，三曰不敢为天下先。

——《道德经》

• 子曰："奢则不孙，俭则固。与其不孙也，宁固。" ——《论语·述而》

• 林放问礼之本。子曰："大哉问！礼，与其奢也，宁俭。丧，与其易也，宁戚。" ——《论语·八佾》

• 子禽问于子贡曰："夫子至于是邦也，必闻其政，求之与？抑与之与？"子贡曰："夫子温、良、恭、俭、让以得之。夫子之求之也，其诸异乎人之求之与？" ——《论语·学而》

• 子曰："士志于道，而耻恶衣恶食者，未足与议也。"

——《论语·里仁》

• 子曰："麻冕，礼也。今也纯，俭，吾从众。拜下，礼也。今拜乎上，泰也。虽违众，吾从下。" ——《论语·子罕》

• 颜渊死，门人欲厚葬之。子曰："不可。"门人厚葬之。子曰："回也视予犹父也，予不得视犹子也。非我也，夫二三子也。" ——《论语·先进》

• 子曰："臧文仲居蔡，山节藻棁，何如其知也？" ——《论语·公冶长》

• 人惰而侈则贫，力而俭则富。——《管子·形势解》

• 俭节则昌，淫佚则亡。——《墨子·辞过》

• 强本而节用，则天不能贫；养备而动时，则天不能病；修道而不贰，则天不能祸。故水旱不能使之饥渴，寒暑不能使之疾，祆怪不能使之凶。本荒而用侈，则天不能使之富；养略而动罕，则天不能使之全；倍道而妄行，则天不能使之吉。——《荀子·天论》

• 勤俭是治家之本。——《萧氏兰陵堂训》

• 静以修身，俭以养德。——《诸葛亮诫子书》

• 若臣死之日，不使内有余帛，外有赢财，以负陛下。——《诸葛亮传》

• 然则可俭而不可吝已。俭者，省约为礼之谓也；吝者，穷急不恤之谓也。今有施则奢，俭则吝；如能施而不奢，俭而不吝，可已。

——《颜氏家训》

• 不勤不俭，无以为人上也。——王通《中说·关朗》

• 以欲从人者昌，以人乐己者亡。——吴兢《贞观政要》

• 上之所好，下必有甚，竞为无限，遂至灭亡。——吴兢《贞观政要》

• 君者，俭以养性，静以修身。俭则人不劳，静则下不扰。人劳则怨起，下扰则政乖。——李世民《帝范》

• 圣世之君，存乎节俭。富贵广大，守之以约；睿智聪明，守之以愚。不以身尊而骄人，不以德厚而矜物。——李世民《帝范》

• 骄出于志，不节则志倾；欲生于心，不遏则身丧。——李世民《帝范》

• 三代之兴，无不抑损情欲；三季之衰，无不肆其侈靡。

——魏徵《群书治要·晋书》

• 夫地力之生物有大数，人力之成物有大限。取之有度，用之有节，则常足；取之无度，用之无节，则常不足。——陆贽《陆宣公奏议》

• 历览前贤国与家，成由勤俭破由奢。——李商隐《咏史》

• 不念居安思危，戒奢以俭，斯亦伐根以求木茂，塞源而欲流长也。

——刘昫《旧唐书·魏徵传》

• 奢靡之始，危亡之渐也。——欧阳修《新唐书·褚遂良传》

• 君子制俗以俭，其弊为奢。——王安石《风俗》

• 以俭立名，以侈自败。——司马光《训俭示康》

• 由俭入奢易，由奢入俭难。——司马光《训俭示康》

• 众人皆以奢靡为荣，吾心独以俭素为美。——司马光《训俭示康》

• 俭则寡欲。君子寡欲，则不役于物，可以直道而行。小人寡欲，则能谨身节用，远罪丰家。侈则多欲。君子多欲则贪慕富贵，枉道速祸。小人多欲则多求妄用，败家丧身，是以居官必贿，居乡必盗。——司马光《训俭示康》

• 于物淡然无所好，于学无所不通……恶衣菲食，以终其身。

——《宋史·司马光传》

• 俭为德之恭，侈为恶之大。——令狐德棻《周书·韦孝宽传》

• 上节下俭者则用足，本重末轻者天下太平。——林逋《省心录》

• 节俭朴素，人之美德；奢侈华丽，人之大恶。——薛瑄《读书录》

• 自奉必须俭约，宴客切勿留连。——朱柏庐《治家格言》

• 一粥一饭，当思来处不易；半丝半缕，恒念物力维艰。

——朱柏庐《治家格言》

• 惟俭养德，惟侈荡心。——夏燮《明通鉴》

• 无论大家小家、士农工商，勤苦俭约，未有不兴，骄奢倦怠，未有不败。——《曾国藩家书》

【赏析】俭是一种美德。墨子说：“俭节则昌，淫佚则亡。”俭是要慎所好、慎所欲，谨慎对待自己的爱好。周王子颓好牛，饲以五谷，被以文绣，号称“文兽”。卫懿公好鹤，苑囿宫廷，处处养鹤，赐以品位俸禄，号称“鹤将军”。二人最终因此亡国。国君爱好什么，百姓一定会百方罗致，“上有好者，下必有甚焉者矣”。魏徵告诉唐太宗，隋朝灭亡的原因就是：“上之所好，下必有甚，竞为无限，遂至灭亡。”作为国君，要“节用而爱人，使民以时”。秦始皇和隋炀帝，一个修建了西起临洮东止辽东的万里长城，一个挖通了南起余杭北到涿郡的京杭大运河，他们的王朝都因过度使用民力而灭亡。

很多人认为儒家礼节烦琐，不注重节俭，这是错误的。《论语》中记载，颜回早逝，有棺而没有椁，颜回的父亲颜路看到孔子非常喜欢颜回，就提了一个过分的要求，请孔子当掉车子给颜回置办棺椁，孔子告诉颜路，自己的儿子孔鲤去世时也没有椁，所以没有答应。孔子告诉林放：“礼，与其奢也，宁俭。”据史料记载，孔子的母亲去世以后，孔子把父母合葬在一个叫作防的地方，“防墓不坟”，不封不树，甚至没有起土为坟。古时国家富强，社会安定，百姓的生活条件好了，难免会兴起奢靡之风，所以为政者要移风易俗，正确引导，不可等闲视之，因为这是攸关国计民生的大事。

故事和经典——管仲破厚葬

【原文】齐国好厚葬，布帛尽于衣衾，材木尽于棺椁。桓公患之，以告管仲曰：“布帛尽则无以为蔽，材木尽则无以为守备，而人厚葬之不休，禁之奈何？”管仲对曰：“凡人之有为也，非名之，则利之也。”于是乃下令曰：“棺椁过度者戮其尸，罪夫当丧者。”夫戮死，无名；罪当丧者，无利。人何故为之也？

——《韩非子·内储说上七术》

【译文】齐国人喜欢厚葬，布帛都为死人做了衣服，木材都做了棺材。齐桓公很担忧，告诉管仲说：“布帛用完了，就没有东西做遮体的衣服；木材用完了，就没有东西构筑防御工事。可人们还是不停地厚葬，如何加以禁止？”管仲回答说：“但凡人的作为，不是图名，就是图利。”于是下令说：“棺材超过标准的就刑戮尸体，处罚主丧的人。”尸体遭到刑戮，厚葬的死者得不到认可；主丧的人被处罚，也得不到任何好处。人们难道还会厚葬吗？

故事和经典——叔向贺贫

【原文】叔向见韩宣子，宣子忧贫，叔向贺之。宣子曰：“吾有卿之名，而无其实，无以从二三子，吾是以忧，子贺我何故？”对曰：“昔栾武子无一卒之田，其宫不备其宗器，宣其德行，顺其宪则，使越于诸侯。诸侯亲之，戎、狄怀之，以正晋国，行刑不疚，以免于难。及桓子骄泰奢侈，贪欲无艺，略则行志，假货居贿，宜及于难，而赖武之德，以没其身。及怀子改桓之行，而修武之德，可以免于难，而离桓之罪，以亡于楚。夫郤昭子，其富半公室，其家半三军，恃其富宠，以泰于国。其身尸于朝，其宗灭于绛。不然，夫八郤，五大夫三卿，其宠大矣，一朝而灭，莫之哀也，唯无德也。今吾子有栾武

子之贫，吾以为能其德矣，是以贺。若不忧德之不建，而患货之不足，将吊不暇，何贺之有？”宣子拜稽首焉，曰：“起也将亡，赖子存之，非起也敢专承之，其自桓叔以下嘉吾子之赐。”

——《国语·晋语八》

【译文】叔向拜见韩宣子，韩宣子正为贫困发愁，叔向向他表示祝贺。韩宣子说：“我有卿大夫的官职，却没有卿大夫的财富，无法与其他卿大夫们交往，我正为此发愁，你却祝贺我，这是什么原因？”叔向回答说：“从前栾武子没有一百顷田，家里穷得连祭祀的器具都不齐全。可是他传播德行，严守法制，名闻于诸侯各国。各诸侯国都亲近他，戎、狄都感念他，因此使晋国安定下来。严格守法，因而避免了灾难。传到桓子时，他骄傲自大，奢侈无度，贪得无厌，胡作非为，放利聚财，该当遭遇厄难，但依赖他父亲栾武子的余德，才得以善终。传到栾怀子时，怀子改变他父亲栾桓子的行为，学习他祖父栾武子的德行，本来可以免除灾难，可是受到他父亲的连累，最后逃亡到楚国。郤昭子的财产抵得上晋国公室的一半，他的家人抵得上三军的一半，他倚仗自己的财产和势力，在晋国过着极其奢侈的生活。最后他的尸体在朝堂上示众，在绛这个地方被灭族。如果他稍加收敛，郤姓八人中有五个担任大夫，三个担任卿，还不是权倾朝野！然而一朝被诛灭，没有一个人同情他们，只是因为没有德行的缘故！现在你有栾武子的清贫，我认为你能够继承他的德行，所以表示祝贺。如果不担忧德行的建立，却只为财产不足而发愁，我表示哀悼还来不及，哪里还能够祝贺呢？”韩宣子下拜，并叩头说：“在生死迷茫的关头，全靠你拯救了我。你的恩德不敢独自承受，恐怕从我的祖宗桓叔以下的子孙，都要感谢您的恩赐。”

故事和经典——季文子相宣成

【原文】季文子相宣、成，无衣帛之妾，无食粟之马。仲孙它谏曰：“子为鲁上卿，相二君矣，妾不衣帛，马不食粟，人其以子为爱，且不华国乎！”文子曰：“吾亦愿之。然吾观国人，其父兄之食粗而衣恶者犹多矣，吾是以不敢。人之父兄食粗衣恶，而我美妾与马，无乃非相人者乎！且吾闻以德荣为国华，不闻以妾与马。”文子以告孟献子，献子囚之七日。自是，子服之妾衣不过七升之布，马饩不过稂莠。文子闻之，曰：“过而能改者，民之上也。”使为上大夫。

——《国语·鲁语上》

【译文】季文子担任鲁宣公、鲁成公两朝国相，婢女不穿豪华的衣服，马不吃精细饲料。仲孙它进谏说：“您是鲁国的上卿，做了两代君王的国相。您的婢女不穿豪华的衣服，马不吃精细饲料，人们都认为您是一个小气的人，给我们鲁国丢脸。”季文子说：“我也很愿意大方一些，然而我看见我们的国人，父老乡亲吃糠咽菜、衣不遮体的还大有人在，因此我不敢这样做。父老乡亲吃糠咽菜、衣不遮体，而我却把婢女和马打扮得华丽无比，恐怕不像辅佐国君的人。况且我只听说以高尚的品德为国家争光，没有听说过靠婢女和马的打扮来为国争光的。”季文子把这一切告诉孟献子，孟献子关了仲孙它七天禁闭。从此以后，仲孙它的婢女也只穿粗布衣服，他的马也只吃杂草了。季文子听说了这些，说：“有过错却能改正的人，是百姓的榜样。”任命仲孙它做上大夫。

问题和讨论

1. 除了本文中提到的名言外，关于俭的论述，你还知道哪些？
2. 尝试把以上名言译成现代汉语。

国学经典之核心价值准则——让（谦）

名言

- 临财莫过乎让。 ——王祥

论述

- 劳谦君子，万民服也。 ——《周易·象传上》
- 谦谦君子，卑以自牧也。 ——《周易·谦卦》
- 天道亏盈而益谦，地道变盈而流谦，鬼神害盈而福谦，人道恶盈而好谦。 ——《周易·象传上》
- 满招损，谦受益，时乃天道。 ——《尚书·大禹谟》
- 位不期骄，禄不期侈，恭俭惟德，无载尔伪。 ——《尚书·周官》
- 上善若水，水善利万物而不争。 ——《道德经》
- 天之道，利而不害。圣人之道，为而不争。 ——《道德经》
- 天地所以能长且久者，以其不自生，故能长生。 ——《道德经》
- 自见者不明，自是者不彰，自伐者无功，自矜者不长。 ——《道德经》
- 不自见，故明；不自是，故彰；不自伐，故有功；不自矜；故长。夫唯不争，故天下莫能与之争。 ——《道德经》
- 居善地，心善渊，与善仁，言善信，政善治，事善能，动善时。夫唯不争，故无尤。 ——《道德经》
- 江海之所以能为百谷王者，以其善下之，故能为百谷王。是以欲上民，必以言下之；欲先民，必以身后之。是以圣人处上而民不重，处前而民不害。是以天下乐推而不厌。以其不争，故天下莫能与之争。 ——《道德经》

●子曰："能以礼让为国乎？何有？不能以礼让为国，如礼何？"

——《论语·里仁》

●子曰："泰伯，其可谓至德也已矣。三以天下让，民无得而称焉。"

——《论语·泰伯》

●子曰："当仁，不让于师。" ——《论语·卫灵公》

●子禽问于子贡曰："夫子至于是邦也，必闻其政。求之与？抑与之与？"子贡曰："夫子温、良、恭、俭、让以得之。夫子之求之也，其诸异乎人之求之与？" ——《论语·学而》

●子曰："君子无所争。必也射乎！揖让而升，下而饮。其争也君子。"

——《论语·八佾》

●子路、曾皙、冉有、公西华侍坐。子曰："以吾一日长乎尔，毋吾以也。居则曰：'不吾知也！'如或知尔，则何以哉？"子路率尔而对曰："千乘之国，摄乎大国之间，加之以师旅，因之以饥馑，由也为之，比及三年，可使有勇，且知方也。"夫子哂之。……曰："夫子何哂由也？"曰："为国以礼，其言不让，是故哂之。" ——《论语·先进》

●子曰："君子义以为质，礼以行之，孙以出之，信以成之。君子哉！"

——《论语·卫灵公》

●君子有大道，必忠信以得之，骄泰以失之。 ——《大学》

●敖不可长，欲不可从，志不可满，乐不可极。 ——《礼记·曲礼上》

●儒有衣冠中，动作顺，其大让如慢，小让如伪。大则如威，小则如愧，难进而易退，粥粥（yù）若无能也。 ——《孔子家语》

●凡论人有要：矜物之人，无大士焉。彼矜者，满也。满者，虚也。满虚在物，在物为制也。矜者，细之属也。 ——《管子·法法》

●德行宽裕，守之以恭者，荣；土地广大，守之以俭者，安；禄位尊盛，守之以卑者，贵；人众兵强，守之以畏者，胜；聪明睿智，守之以愚者，哲；博闻强记，守之以浅者，智。夫此六者，皆谦德也。 ——《周公诫子书》

●是故，事者生于虑，成于务，失于傲。不虑则不生，不务则不成，不傲则不失。 ——《管子·乘马》

●人能虚己以游世，其孰能害之。 ——《庄子·山木》

●木秀于林，风必摧之；堆出于岸，流必湍之；行高于人，众必非之。

——李康《运命论》

●人生大病，只是一"傲"字。 ——王守仁《传习录》

● 千罪百恶，皆从“傲”上来。傲则自高自是，不肯屈下人。故为子而傲，必不能孝；为弟而傲，必不能弟。——王守仁《王阳明家书·书正宪扇》

● 径路窄处，留一步与人行；滋味浓的，减三分让人嗜。此是涉世一极乐法。——洪应明《菜根谭·概论》

● 处世让一步为高，退步即进步的张本；待人宽一分是福，利人实利己的根基。——洪应明《菜根谭·概论》

● 人情反覆，世路崎岖。行不去，须知退一步之法；行得去，务加让三分之功。——洪应明《菜根谭·概论》

● 完名美节，不宜独任，分些与人，可以远害全身；辱行污名，不宜全推，引些归己，可以韬光养德。——洪应明《菜根谭·概论》

● 事事要留个有余不尽的意思，便造物不能忌我，鬼神不能损我。若业必求满，功必求盈者，不生内变，必召外忧。——洪应明《菜根谭·概论》

● 争先的径路窄，退后一步自宽平一步；浓艳的滋味短，清淡一分自悠长一分。——洪应明《菜根谭·概论》

● 天下古今之才人，皆以一傲字致败。——《曾国藩家书》

● 不与君子争名，不与小人争利，不与天争高。——《曾国藩家书》

● 古来言凶德致败者约两端：曰长傲，曰多言。丹朱之不肖，曰傲曰嚚讼，即多言也。历观名公巨卿，多以此二端败家丧生。——《曾国藩家书》

【赏析】让又称谦。财产面前要让，“临财莫过乎让”；荣誉和地位面前也要让，泰伯三让天下，延陵季子弃室而耕，他们的故事千古流传。汉献帝逊位，曹丕虽期待已久，仍不得不三让。《易经》上讲：“劳谦，君子有终，吉。”孔颖达说：“谦者，屈躬下物，先人后己，以此待物，则所在皆通，故曰亨。”谦就是以大事小，以弱事强，所以能畅行天下。曾子告诉我们，谦就是“以能问于不能，以多问于寡；有若无，实若虚，犯而不校”。周公告诉他的儿子伯禽：“德行宽裕，要守之以恭；土地广大，李守之以俭；禄位尊盛，要守之以卑；人众兵强，要守之以畏；聪明睿智，要守之以愚；博闻强记，要守之以浅者。”与谦让之对应的是争，是傲。争什么呢？孔子告诉我们：“君子无所争，必也射乎！揖让而升，下而饮，其争也君子。”应该争的不是财产，不是地位，也不是荣誉。卫庄公蒯聩父子争位，君子不齿。当今社会是一个竞争的社会，竞争无处不在。有一句话说得好，不要全力以赴和自己的同事竞争，你应该在乎的是，你比以前的自己更强。竞争的对象不是别人，而是自己。要与自己争，与自己的命运争，与自己的过去争，通过争使自己变

得更强大。老子告诉我们，不争才是争的最高境界：“不自见，故明；不自是，故彰；不自伐，故有功；不自矜；故长。夫唯不争，故天下莫能与之争。”曾国藩有一句名言：“不与君子争名，不与小人争利，不与天争高。”与谦对应的是骄，是傲。人不可骄，兵更不可骄，自古骄兵必败。秦伐赵，廉颇坚守不战。赵括自以为熟读兵书，天下莫能当，改守为攻，一战送上了四十万赵军的性命。赵国元气大伤，从此一蹶不振。杨修恃才傲物，不识时务，终为曹操所杀，连自己都认为罪责难逃：“我固自以死之晚也。”张松到许昌献地图，恰逢曹操刚刚平定了马超，志得意满，盛气凌人，见张松相貌丑陋，言语冒犯，将张松乱棍打出。刘备盛情款待，礼敬有加，张松转手相送地图，刘备白捡了一份大礼。马谡骄傲自大，听不进下属的建议，从而痛失街亭。古往今来，多少人毁在一个“傲”字上。三国时期有一狂人，名叫祢衡，自称“大儿孔文举，小儿杨德祖”。他击鼓骂曹，目空一切，终为黄祖所杀。王阳明说：“人生大病，只是一‘傲’字。”“千罪百恶，皆从‘傲’上来。傲则自高自是，不肯屈下人。故为子而傲，必不能孝；为弟而傲，必不能弟。”曾国藩在他的家书中也反复告诫自己的弟弟和儿子：“天下古今之才人，皆以一傲字致败。”当然，谦让也要有原则，国君之位一定要让给有德之人。例如，燕王哙受鹿毛寿蛊惑把国君之位让给子之从而招致天下大乱。也不能出尔反尔，朝令夕改。赵武灵王是战国时期的一位霸主，他推行胡服骑射，开疆拓土，使赵国走上了富国强兵的道路。后来赵武灵王壮年退位，废长子章立幼子何，引起章何争位，自己活活饿死在沙丘宫中。谦让也不能对自己的敌人心慈手软，宋襄公“不鼓不成列”“不擒二毛”的说法只能被天下人耻笑。

故事和经典——延陵季子弃室而耕

【原文】寿梦有子四人，长曰诸樊，次曰馀祭（zhài），次曰馀眛（mèi），次曰季札。季札贤，而寿梦欲立之，季札让不可，於是乃立长子诸樊，摄行事当国。王诸樊元年，诸樊已除丧，让位季札。季札谢曰：“曹宣公之卒也，诸侯与曹人不义曹君，将立子臧，子臧去之，以成曹君，君子曰‘能守节矣’。君义嗣，谁敢干君！有国，非吾节也。札虽不材，原附於子臧之义。”吴人固立季札，季札弃其室而耕，乃舍之。十三年，王诸樊卒。有命授弟馀祭，欲传以次，必致国於季札而

止，以称先王寿梦之意，且嘉季札之义，兄弟皆欲致国，令以渐至焉。季札封於延陵，故号曰延陵季子。十七年，王馀祭卒，弟馀眜立。四年，王馀眜卒，欲授弟季札。季札让，逃去。於是吴人曰："先王有命，兄卒弟代立，必致季子。季子今逃位，则王馀眜后立。今卒，其子当代。"乃立王馀眜之子僚为王。

——《史记·吴泰伯世家》

【译文】吴王寿梦有四个儿子：长子叫诸樊，次子叫馀祭，三子叫馀眛，四子叫季札。季札最有才能，寿梦生前想让他继位，但季札坚辞不受，于是让长子诸樊继位，总理各种事务，执掌国政。诸樊元年，诸樊服丧期满，想把君位让给季札。季札推辞说："曹宣公死后，各国诸侯和曹国人都认为新立的曹君不义，想另立子臧为曹君，子臧离开曹国，以成全曹君之位。君子评论子臧说他'能遵守节义'。您作为长子是合理的继承人，谁敢抢您的君位！当国君不是我的事。我虽无能，也崇拜子臧那样的义举。"吴国人坚持要立季札，他弃家而去，耕田为生，吴人只好放弃了这个打算。诸樊十三年，诸樊死。留下遗命把君位传给其弟馀祭，目的是想按次序以兄传弟，一定要把国位最后传给季札，满足先王寿梦的遗愿。因为兄弟们都赞赏季札让国的高风亮节，大家都想把国君之位让给别人，这样就能依次传到季札身上了。季札被分封在延陵，因此称为延陵季子。馀祭十七年，馀祭死，其弟馀眛继位。馀眛四年，馀眛死，想传位于其弟季札。季札不受，逃走了。于是吴人说："先王有令，兄死弟继位，一定传国给季子。现在季子逃走了，馀眛是兄弟中最后一个当国君的人。现在他死了，其子应代其为王。"于是立馀眛的儿子僚为吴王。

故事和经典——学让国燕哙召兵

燕相国子之身长八尺，腰大十围，肌肥肉重，面阔口方，手绰飞禽，走及奔马，自燕易王时，已执国柄。及燕王哙嗣位，荒于酒色，但贪逸乐，不肯临朝听政，子之遂有篡燕之意。苏代、苏厉与子之相厚，每对诸侯使者，扬其贤名。燕王哙使苏代如齐，问候质子，事毕归燕。燕王哙问曰："闻齐有孟尝君，天下之大贤也，齐王有此贤臣，遂可以霸天下乎？"代对曰："不能。"哙问曰："何故不能？"代对曰："知孟尝君之贤而任之不专，安能成霸？"哙曰：

“寡人独不得孟尝君为臣耳，何难专任哉！”苏代曰：“今相国子之，明习政事，是即燕之孟尝君也。”哙乃使子之专决国事。忽一日，哙问于大夫鹿毛寿曰：“古之人君多矣，何以独称尧、舜？”鹿毛寿亦是子之之党，遂对曰：“尧、舜所以称圣者，以尧能让天下下于舜，舜能让天于禹也。”哙曰：“然则禹何为独传于子？”鹿毛寿曰：“禹亦尝让于天下益，但使代理政事，而未尝废其太子。故禹崩之后，太子启竟夺益之天下。至今论者谓禹德衰，不及尧、舜，以此之故。”燕王曰：“寡人欲以国让于子之，事可行否？”鹿毛寿曰：“王如行之，与尧、舜何以异哉？”哙遂大集群臣，废太子平，而禅国于子之。子之佯为谦逊，至于再三，然后敢受。乃郊天祭地，服衮冕，执圭，南面称王，略无惭色。哙反北面列于臣位，出就别宫居住。苏代、鹿毛寿俱拜上卿。将军市被心中不忿，乃帅本部军士，往攻子之，百姓亦多从之。两下连战十余日，杀伤数万人，市被终不胜，为子之所杀。鹿毛寿言于子之曰：“市被所以作乱者，以故太子平在也。”子之因欲收太子平。太傅郭隗与平微服共逃于无终山避难。平之庶弟公子职，出奔朝国。国人无不怨愤。

——《东周列国志》

故事和经典——李白的悲剧

【原文】李白名播海内，玄宗于便殿召见。神气高朗，轩轩然若霞举。上不觉忘万乘之尊，因命纳履。白遂展足与高力士曰：“去靴”。力士失势，遽为脱之。及出，上指白谓力士曰：“此人固穷相。”

——《酉阳杂俎》

【译文】李白名扬天下，唐玄宗在便殿召见他。李白神采飞扬，风度翩翩。唐玄宗不知不觉地忘记了自己九五之尊的身份，让李白穿鞋子上殿。李白忘乎所以，伸出脚来对高力士说：“给我脱去靴子。”这时高力士失势了，马上替他脱掉靴子。李白走了以后，唐玄宗指着李白对高力士说：“这个人天生一副穷样！”

问题和讨论

1. 除了本文中提到的名言外，关于让（谦）的论述，你还知道哪些？
2. 尝试把以上名言译成现代汉语。

国学经典之核心价值准则——恭

名　言

- 居处恭，执事敬。——孔子

论　述

- 祇若兹，往敬用治！——《尚书·周书·君奭》
- 朕及笃敬，恭承民命。——《尚书·商书·盘庚下》
- 为人上者，奈何不敬？——《尚书·夏书·五子之歌》
- 敬，身之基也。——《左传·成公十三年》
- 敬，民之主也。——《左传·襄公二十八年》
- 敬慎威仪，惟民之则。——《左传·襄公三十一年》
- 敬，礼之舆也。不敬，则礼不行，礼不行，则上下昏，何以长世？——《左传·僖公十一年》
- 敬，德之聚也。能敬必有德。——《左传·僖公三十三年》
- 敬，德之恪也。恪于德以临事，其何不济？——《国语·晋语》
- 君子敬以直内，义以方外。——《周易·文言》
- 恭则不侮。——《论语·阳货》
- 子温而厉，威而不猛，恭而安。——《论语·述而》
- 子曰："居处恭，执事敬，与人忠。虽之夷狄，不可弃也。"——《论语·子路》
- 孔子曰："君子有九思：视思明，听思聪，色思温，貌思恭，言思忠，事思敬，疑思问，忿思难，见得思义。"——《论语·季氏》
- 有子曰："信近于义，言可复也。恭近于礼，远耻辱也。因不失其亲，

亦可宗也。”——《论语·学而》

•子谓子产，“有君子之道四焉：其行己也恭，其事上也敬，其养民也惠，其使民也义。”——《论语·公冶长》

•恭而无礼则劳。——《论语·泰伯》

•君子敬而无失，与人恭而有礼。——《论语·颜渊》

•子曰：“巧言、令色、足恭，左丘明耻之，丘亦耻之。”——《论语·公冶长》

•《曲礼》曰：毋不敬，俨若思，安定辞。安民哉！——《礼记·曲礼上》

•君子庄敬日强，安肆日偷。——《礼记·表记》

•君子言不过辞，动不过则，百姓不命而敬恭。如是，则能敬其身，能敬其身，则能成其亲矣。——《礼记·哀公问》

•妻也者，亲之主也，敢不敬与？子也者，亲之后也，敢不敬与？君子无不敬也，敬身为大。身也者，亲之枝也，敢不敬与？不能敬其身，是伤其亲；伤其亲，是伤其本；伤其本，枝从而亡。——《礼记·哀公问》

•恭敬之心，礼也。——《孟子·告子上》

•恭者不侮人，俭者不夺人。——《孟子·离娄上》

•用下敬上，谓之贵贵；用上敬下，谓之尊贤。贵贵、尊贤，其义一也。——《孟子·万章下》

•孟子曰：“食而弗爱，豕交之也；爱而不敬，兽畜之也。恭敬者，币之未将者也。恭敬而无实，君子不可虚拘。”——《孟子·尽心上》

•凡百事之成也必在敬之，其败也必在慢之。故敬胜怠则吉，怠胜敬则灭；计胜欲则从，欲胜计则凶。——《荀子·议兵》

•帝者与师处，王者与友处，霸者与臣处，亡国与役处。——《战国策》

•夙夜警戒曰敬，夙夜恭事曰敬，象方益平曰敬，善合法典曰敬。——《逸周书·谥法解》

•敬事供上曰恭，尊贤贵义曰恭，尊贤敬让曰恭，既过能改曰恭，执事坚固曰恭，爱民长弟曰恭，执礼御宾曰恭，芘亲之阙曰恭，尊贤让善曰恭，渊源流通曰恭。——《逸周书·谥法解》

•所谓恭者，内不敢傲于室家，外不敢慢于士大夫；见贱如贵，视少如长；其礼先入，其言后出；恩意无不答，礼敬无不报；睹贤不居其上，与人推让；事处其劳，居从其陋，位安其卑，养甘其薄。——王符《潜夫论》

• 主一之谓敬，无适之谓一。——程颢、程颐《二程粹言》

• 敬者主一无适之谓。——朱熹《论语集注》

• “敬”字工夫，乃圣门第一义，彻头彻尾，不可顷刻间断。……无事时敬在里面，有事时敬在事上。有事无事，吾之敬未尝间断。

——朱熹《朱子语类》

• 一曰慎独则心安，二曰主敬则身强，三曰求仁则人悦，四曰习劳则神钦。——《曾国藩诫子书》

• 谦虚谨慎自矜其智非智也，谦让之智斯为大智；自矜其勇非勇也，谦让之勇斯为大勇。——胡达源《弟子箴言》

【赏析】恭，也称敬，意思是恭敬、敬业。敬是立身之道，《周易·文言》中有一句名言：“君子敬以直内，义以方外。”认认真真做事，踏踏实实做人就是敬。种瓜得瓜，种豆得豆，有果必有因。一个人以什么样的人生态度处世，就会获得什么样的回报。《礼记》中讲：“君子庄敬日强，安肆日偷。”孔子告诉樊迟：“居处恭，执事敬，与人忠。虽之夷狄，不可弃也。”

恭（敬）和忠一样重要，是放之四海而皆准的价值规范。怎样才能做到恭呢？首先，要自重，自己看得起自己。孔子告诉我们：“恭则不侮。”其次，要尊重他人，尊重他人才能获得他人的尊重。“恭近于礼，远耻辱也。”反过来，一个不自重的人肯定会受到别人轻视，“人必自侮，然后人侮之”。最后，恭就是态度虔诚，爱岗敬业。“胆愈大而心愈小，智愈圆而行愈方”就是恭。史料记载，孔子的先祖正考父多次听任国政，他“一命而偻，再命而伛，三命而俯”，官做得越大待人处事越加小心谨慎，不敢怠慢，这就是恭。

后世学者特别推崇敬，程颐认为，敬就是一心一意，“主一之谓敬”。敬就是心无旁骛，“敬者主一无适之谓”。朱熹认为：“‘敬’字工夫，乃圣门第一义，彻头彻尾，不可顷刻间断。”“无事时敬在里面，有事时敬在事上。有事无事，吾之敬未尝间断。”

故事和经典——燕昭王求贤

燕昭王仍归燕都，修理宗庙，志复齐仇，乃卑身厚币，欲以招来贤士，谓

相国郭隗曰："先王之耻，孤早夜在心。若得贤士，可与共图齐事者，孤愿以身事之，惟先生为孤择其人。"郭隗曰："古之人君，有以千金使涓人求千里之马。途遇死马，旁人皆环而叹息，涓人问其故，答曰：'此马生时，日行千里，今死，是以惜之。'涓人乃以五百金买其骨，囊负而归。君大怒曰：'此死骨何用，而废弃吾多金耶？'涓人答曰：'所以费五百金者，为千里马之骨故也。此奇事，人将竞传，必曰："死马且得重价，况活马乎？"马今至矣。'不期年，得千里之马三匹。今王欲致天下贤士，请以隗为马骨，况贤于隗者，谁不求价而至哉？"于是昭王特为郭隗筑宫，执弟子之礼，北面听教，亲供饮食，极其恭敬。复于易水之旁，筑起高台，积黄金于台上，以奉四方贤士，名曰招贤台，亦曰黄金台。于是燕王好士，传布远近。剧辛自赵往，苏代自周往，邹衍自齐往，屈景自卫往。昭王悉拜为客卿，与谋国事。

——《东周列国志》

故事和经典——宋闵公与南宫长万

时周庄王十三年之春。齐师败归，桓公怒曰："兵出无功，何以服诸侯乎？"鲍叔牙曰："齐、鲁皆千乘之国，势不相下，以主客为强弱。昔乾时之战，我为主，是以胜鲁。今长勺之战，鲁为主，是以败于鲁。臣愿以君命乞师于宋，齐、宋同兵，可以得志。"桓公许之。乃遣使行聘于宋，请出宋师。宋闵公捷，自齐襄公时，两国时常共事。今闻小白即位，正欲通好，遂订师期，以夏六月初旬，兵至郎城相会。

至期，宋使南宫长万为将，猛获副之。齐使鲍叔牙为将，仲孙湫副之。各统大兵，集于郎城。齐军于东北，宋军于东南。鲁庄公曰："鲍叔牙挟忿而来，加以宋助，南宫长万有触山举鼎之力，吾国无其对手，两军并峙，互为犄角，何以御之？"大夫公子偃进曰："容臣自出觇（chān）其军。"还报曰："鲍叔牙有戒心，军容甚整。南宫长万自恃其勇，以为无敌，其行伍杂乱。倘自雩（yú）门窃出，掩其不备，宋可败也。宋败，齐不能独留矣。"庄公曰："汝非长万敌也。"公子偃曰："臣请试之。"庄公曰："寡人自为接应。"公子偃乃以虎皮百余，冒于马上，乘月色朦胧，偃旗息鼓，开雩门而出。将近宋营，宋兵全然不觉。公子偃命军中举火，一时金鼓喧天，直前冲突。火光之下，遥见一队猛虎咆哮，宋营人马，无不股栗，四下惊皇，争先驰奔。南宫长万虽勇，争奈车徒先散，只得驱车而退。鲁庄公后队已到，合兵一处，连夜追逐。到乘邱地方，南宫长万谓猛获曰："今日必须死战，不然不免。"猛获应声而出，刚遇公子偃，两下对杀。南宫长万挺着长戟，直撞入鲁侯大军，逢人便刺。鲁兵惧其骁勇，无敢近前。庄公谓戎右歂（chuǎn）孙生曰："汝素以力闻，能与长万决一胜负乎？"歂孙生亦挺大戟，径寻长万交锋。庄公登轼望之，见歂孙生战长万不下，顾左右曰："取我金仆姑来！"金仆姑者，鲁军府之劲矢也。左右捧矢以进，庄公搭上弓弦，觑得长万亲切，飕的一箭，正中右肩，深入于骨。长万用手拔箭，歂孙生乘其手慢，复尽力一戟，刺透左股。长万倒撞于地，急欲挣扎，被歂孙生跳下车来，双手紧紧按定，众军一拥上前擒住。猛获见主将被擒，弃车而逃。鲁庄公大获全胜，鸣金收军。歂孙生解长万献功。长万肩股被创，尚能挺立，毫无痛楚之态。庄公爱其勇，厚礼待之。鲍叔牙知宋师失利，全军而返。

是年，齐桓公遣大行隰（xí）朋，告即位于周，且求婚焉。明年，周使鲁庄公主婚，将王姬下嫁于齐。徐、蔡、卫各以其女来媵（yìng）。因鲁有主婚之劳，故此齐、鲁复通，各捐两败之辱，约为兄弟。其秋，宋大水，鲁庄公曰："齐既通好，何恶于宋？"使人吊之。宋感鲁恤灾之情，亦遣人来谢，因请南宫长万。鲁庄公释之归国。自此三国和好，各消前隙。……

却说南宫长万归宋，宋闵公戏之曰："始吾敬子，今子鲁囚也，吾弗敬子矣。"长万大惭而退。大夫仇牧私谏闵公曰："君臣之间，以礼相交，不可戏也。戏则不敬，不敬则慢；慢而无礼，悖逆将生，君必戒之！"闵公曰："孤与长万习狎，无伤也。"

再说周庄王十五年，王有疾，崩。太子胡齐立，是为僖王。讣告至宋。时宋闵公与宫人游于蒙泽，使南宫长万掷戟为戏。原来长万有一绝技，能掷戟于空中，高数丈，以手接之，百不失一。宫人欲观其技，所以闵公召长万同游。长万奉命要弄了一回，宫人都夸奖不已。闵公微有妒恨之意，命内侍取博局与长万决赌，以大金斗盛酒为罚。这博戏却是闵公所长，长万连负五局，罚酒五斗，已醉到八九分地位了，心中不服，再请覆局。闵公曰："囚乃常败之家，安敢复与寡人赌胜？"长万心怀惭忿，嘿嘿无言。忽宫侍报道："周王有使命到。"闵公问其来意，乃是报庄王之丧，且告立新王。闵公曰："周已更立新王，即当遣使吊贺。"长万奏曰："臣未睹王都之盛，愿奉使一往！"闵公笑曰："宋国即无人，何至以囚奉使?"宫人皆大笑。长万面颊发赤，羞变成怒，兼乘酒醉，一时性起，不顾君臣之分，大骂曰："无道昏君！汝知囚能杀人乎?"闵公亦怒曰："贼囚怎敢无礼!"便去抢长万之戟，欲以刺之。长万也不来夺戟，径提博局，把闵公打倒。再复挥拳，呜呼哀哉，闵公死于长万拳下。宫人惊散。长万怒气犹勃勃未息，提戟步行，及于朝门，遇大夫仇牧，问主公何在，长万曰："昏君无礼，吾已杀之矣。"仇牧笑曰："将军醉耶?"长万曰："吾非醉，乃实话也。"遂以手中血污示之。仇牧勃然变色，大骂："弑逆之贼，天理不容!"便举笏来击长万。怎当得长万有力如虎，掷戟于地，以手来迎。左手将笏打落，右手一挥，正中其头，头如齑粉。齿折，随手跃去，嵌入门内三寸。真绝力也！仇牧已死，长万乃拾起画戟，缓步登车，旁若无人。宋闵公即位共十年，只因一句戏言，遂遭逆臣毒手。春秋世乱，视弑君不啻（chì）割鸡，可叹，可叹！

——《东周列国志》

故事和经典——公子宋尝鼋构逆

郑灵公夷元年，公子宋与归生相约早起，将入见灵公。公子宋之食指，忽然翕（xī）翕自动，何谓食指，第一指曰拇指，第三指曰中指，第四指曰无名指，第五指曰小指，惟第二指，大凡取食必用着他，故曰食指。公子宋将食指跳动之状，与归生观看，归生异之。公子宋曰："无他。我每常若跳动，是日必尝异味。前使晋食石花鱼，后使楚一食天鹅，一食合欢橘，指皆预动，无次不验。不知今日尝何味耶?"将入朝门，内侍传命，唤宰夫甚急。公子宋问之曰："汝唤宰夫何事?"内侍曰："有郑客从汉江来，得一大鼋，重二百余斤，献于主公，主公受而赏之。今缚于堂下，使我召宰夫割烹，欲以享诸大夫也。"公子宋曰："异味在此，吾食指岂虚动耶?"既入朝，见堂柱缚鼋甚大，二人相视而笑，谒见之际，余笑尚在。灵公问曰："卿二人今日何得有喜容?"公子归生对曰："宋与臣入朝时，其食指忽动，言'每常如此，必得异味而尝之。'今见堂下有巨鼋，度主公烹食，必将波及诸臣，食指有验，所以笑耳。"灵公戏之曰："验与不验，权尚在寡人也!"二人既退，归生谓宋曰："异味虽有，倘君不召子，如何？”宋曰：“既享众，能独遗我乎？”

至日晡，内侍果遍召诸大夫。公子宋欣然而入，见归生笑曰：“吾固知君之不得不召我也。”已而，诸臣毕集，灵公命布席叙坐，谓曰：“鼋乃水族佳味，寡人不敢独享，愿与诸卿共之。”诸臣合词谢曰：“主公一食不忘，臣等何以为报？”坐定，宰夫告鼋味已调，乃先献灵公，公尝而美之。命人赐鼋羹一鼎，象箸一双，自下席派起，至于上席，恰到第一第二席，只剩得一鼎，宰夫禀道：“羹已尽矣，只有一鼎，请命赐与何人？”灵公曰：“赐子家。”宰夫将羹致归生之前。灵公大笑曰：“寡人命遍赐诸卿，而偏缺子公。是子公数不当食鼋也！食指何尝验耶？”原来灵公故意吩咐庖人，缺此一鼎，欲使宋之食指不验，以为笑端。却不知公子宋已在归生面前说了满话，今日百官俱得赐食，己独不与，羞变成怒，径趋至灵公面前，以指探其鼎，取鼋肉一块啖之，曰：“臣已得尝矣！食指何尝不验也？”言毕，直趋而出。灵公亦怒，投箸曰：“宋不逊，乃欺寡人！岂以郑无尺寸之刃，不能斩其头耶？”归生等俱下席俯伏曰：“宋恃肺腑之爱，欲均沾君惠，聊以为戏，何敢行无礼于君乎？愿君恕之！”灵公恨恨不已，君臣皆不乐而散。归生即趋至公子宋之家，告以君怒之意，“明日可入朝谢罪”。公子宋曰：“吾闻‘慢人者，人亦慢之。’君先慢我，乃不自责而责我耶？”归生曰：“虽然如此，君臣之间不可不谢。”

次日，二人一同入朝。公子宋随班行礼，全无觳（hú）觫（sù）伏罪之语，倒是归生心上不安，奏曰：“宋惧主公责其染指之失，特来告罪，战兢不能措辞，望主公宽容之！”灵公曰：“寡人恐得罪子公，子公岂惧寡人耶？”拂衣而起。公子宋出朝，邀归生至家，密语曰：“主公怒我甚矣，恐见诛，不如先作难，事成可以免死。”归生掩耳曰：“六畜岁久，犹不忍杀之，况一国之君，敢轻言弑逆乎？”公子宋曰：“吾戏言，子勿泄也。”归生辞去。公子宋探知归生与灵公之弟公子去疾相厚，数有往来，乃扬言于朝曰：“子家与子良早夜相聚，不知所谋何事，恐不利于社稷也。”归生急牵宋之臂，至于静处，谓曰：“是何言与？”公子宋曰：“子不与我协谋，吾必使子先我一日而死！”归生素性懦弱，不能决断，闻宋之言，大惧曰：“汝意欲何如？”公子宋曰：“主上无道之端，已见于分鼋。若行大事，吾与子共扶子良为君，以亲昵于晋，郑国可保数年之安矣。”归生想了一回，徐答曰：“任子所为，吾不汝泄也。”公子宋乃阴聚家众，乘灵公秋祭斋宿，用重赂结其左右，夜半潜入斋宫，以土囊压灵公而杀之，托言“中魇（yǎn）暴薨”。归生知其事而不敢言。按孔子作

《春秋》，书：“郑公子归生弑其君夷。”释公子宋而罪归生，以其身为执政，惧谮从逆，所谓“任重者，责亦重”也。圣人书法，垂戒人臣，可不畏哉！

——《东周列国志》

问题和讨论

1. 除了本文中提到的名言外，关于恭（敬）的论述，你还知道哪些？
2. 尝试把以上名言译成现代汉语。

国学经典之核心价值准则——恕（宽）

名言

己所不欲，勿施于人。 ——孔子

论述

- 临下以简，御众以宽。 ——《尚书·虞书·大禹谟》
- 地势坤，君子以厚德载物。 ——《周易·象传上》
- 君子学以聚之，问以辩之，宽以居之，仁以行之。 ——《周易·文言》
- 江海之所以能为百谷王者，以其善下之，故能为百谷王。 ——《道德经》
- 子贡问曰："有一言而可以终身行之者乎？"子曰："其恕乎！己所不欲，勿施于人。" ——《论语·卫灵公》
- 子曰："参乎！吾道一以贯之。"曾子曰："唯。"子出。门人问曰："何谓也？"曾子曰："夫子之道，忠恕而已矣。" ——《论语·里仁》
- 子贡曰："我不欲人之加诸我也，吾亦欲无加诸人。" ——《论语·公冶长》
- 子曰："居上不宽，为礼不敬，临丧不哀，吾何以观之哉？" ——《论语·八佾》
- 宽则得众，信则民任焉，敏则有功，公则说。 ——《论语·尧曰》
- 子曰："君子求诸己，小人求诸人。" ——《论语·卫灵公》
- 子曰："躬自厚而薄责于人，则远怨矣。" ——《论语·卫灵公》
- 人不知而不愠，不亦君子乎？ ——《论语·学而》
- 子曰："不患人之不己知，患不知人也。" ——《论语·学而》

●子曰："不患人之不己知，患其不能也。" ——《论语·宪问》

●子曰："不患无位，患所以立。不患莫己知，求为可知也。"

——《论语·里仁》

●宽裕温柔，足以有容也。 ——《中庸》

●所恶于上，毋以使下；所恶于下，毋以事上；所恶于前，毋以先后；所恶于后，毋以从前；所恶于右，毋以交于左；所恶于左，毋以交于右。此之谓絜（xié）矩之道。 ——《大学》

●孔子曰："君子有三恕，有君不能事，有臣而求其使，非恕也；有亲不能孝，有子而求其报，非恕也；有兄不能敬，有弟而求其顺，非恕也。士能明于三恕之本，则可谓端身矣。" ——《孔子家语》

●强恕而行，求仁莫近焉。 ——《孟子·尽心上》

●故君子之度己则以绳，接人则用抴（yì）。度己以绳，故足以为天下法则矣。接人用抴，故能宽容，因求以成天下之大事矣。故君子贤而能容罢，知而能容愚，博而能容浅，粹而能容杂，夫是之谓兼术。 ——《荀子·非相》

●泰山不让土壤，故能成其大；河海不择细流，故能就其深；王者不却众庶，故能明其德。 ——李斯《谏逐客书》

●近恕笃行，所以接人。 ——黄石公《素书》

●建大事者，不忌小怨。 ——《后汉书·冯岑贾列传》

●所谓恕者，君子之人，论彼恕于我，动作消息于心。己之所无，不以责下。我之所有，不以讥彼。感己之好敬也，故接士以礼。感己之好爱也，故遇人有恩。己欲立而立人，己欲达而达人。善人之忧我也，故先劳人。恶人之忘我也，故常念人。凡品则不然，论人不恕己，动作不思心。无之己而责之人，有之我而讥之彼。己无礼而责人敬，己无恩而责人爱。贫贱则非人初不我忧也，富贵则是我之不忧人也。行己若此，难以称仁矣。 ——王符《潜夫论》

●古之君子，其责己也重以周，其待人也轻以约。重以周，故不怠；轻以约，故人乐为善。 ——韩愈《原毁》

●取其一，不责其二；即其新，不究其旧；恐恐然惟惧其人之不得为善之利。 ——韩愈《原毁》

●尽己之谓忠，推己之谓恕。 ——程颢、程颐《二程集》

●尽己之心为忠，推己及人为恕。 ——朱熹《论语集注》

●维能强恕以求仁，然后副吾置吏为民之意。

——王安石《王任试大理评事充节推知县制》

● 攻人之恶毋太严，要思其堪受；教人之善毋过高，当使其可从。

——洪应明《菜根谭·概论》

● 人之过误宜恕，而在己则不可恕；己之困辱宜忍，而在人则不可忍。

——洪应明《菜根谭·概论》

● 不责人小过，不发人阴私，不念人旧恶。三者可以养德，亦可以远害。

——洪应明《菜根谭·概论》

● 面前的田地要放得宽，使人无不平之叹；身后的惠泽要流得长，使人有不匮之思。——洪应明《菜根谭·概论》

● 遇欺诈的人，以诚心感动之；遇暴戾的人，以和气薰蒸之；遇倾邪私曲的人，以名义气节激砺之，天下无不入我陶镕中矣。

——洪应明《菜根谭·概论》

● 此心常看的圆满，天下自无缺陷之世界；此心常放的宽平，天下自无险侧之人情。——洪应明《菜根谭·概论》

● 凡人持身处世，惟当以恕存心。见人有得意事，便当生欢喜心；见人有失意事，便当生怜悯心。此皆自己实受用处。若夫忌人之成，乐人之败，何与人事？徒自坏心术耳。古语云："见人之得，如己之得；见人之失，如己之失。"如是存心，天必佑之。

——康熙皇帝《庭训格言》

● 问：古人之言天理，何谓也？曰：理者也，情之不爽失也；未有情不得而理得者也。凡有所施于人，反躬而静思之："人以此施于我，能受之乎？"凡有所责于人，反躬而静思之："人以此责我，能尽之乎？"以我絜之人，则理明。天理云者，言乎自然之分理也；自然之分理，以我之情絜人之情，而无不得其平是也。

——戴震《孟子字义疏证》

● 至于做人之道，圣贤千言万语，大抵不外"敬恕"二字。

——《曾文正公文集》

● 孔言"欲立立人，欲达达人"；孟言"行有不得，反求诸己"。"以仁存心，以礼存心"，"有终身之忧，无一朝之患"。是皆言恕之最好下手者。

——《曾文正公文集》

【赏析】恕的意思是宽恕、谅解、原谅。人非圣贤，孰能无过。要学会原谅别人，原谅做错事情、犯了错误的人，原谅对不住自己的人，甚至原谅自己的敌人。恕是能容，恕也是能忍。古往今来，做大事的人一定要有容人之量。管仲为帮助公子纠早日回到齐国，曾经差一点一箭射死齐桓公，但是齐桓公原谅了管仲，从而成就了千古霸业。竖头须虽然携款而逃，只一句“国君而仇匹夫，惧者众矣”，即刻得到晋文公的召见。晋文公原谅了寺人披，从而避免了吕饴甥、郤芮之难。

《三国志》记载：“先主之弘毅宽厚，知人待士，盖有高祖之风，英雄之器焉。”刘备有容人之量，所以三分天下有其一。陆逊一生出将入相，被赞为社稷之臣。淳于式向孙权告状，陆逊反而推荐淳于式，所以说陆逊有容人之量。蒋琬是蜀汉宰相，诸葛亮亲自培养的接班人，属下杨戏与他谈话“时不应答”，杨敏评价他“作事愦愦”，他不治人罪，所以说蒋琬有容人之量。

《资治通鉴》记载，娄师德“宽厚清慎，犯而不校”，对别人的冒犯视而不见。他告诉自己的弟弟别人把痰吐到自己的脸上，不要去擦，要任其自干。此外，娄师德有容人之量，能容得下疾恶如仇的狄仁杰。王旦知人善任，颇受宋真宗赏识。王旦有容人之量，能容得下刚直不阿的寇准。吕蒙正宽厚正直，敢说真话，不计人过，连宋太宗都认为：“蒙正气量，我不如。”恕是儒家思想中特有的规范。孔子告诉子贡，“己所不欲，勿施于人”就是恕。意思是要求别人之前先扪心自问：我愿意做吗？我做得到吗？不论年龄大小，职位高低，这是每个人一生都要坚守的价值准则。

故事和经典——娄师德雅量

师德字宗仁，郑州原武人。身长八尺，方口博唇，生平与人无争，遇事辄让。尝因弟出守代州，教他耐事，弟谓：“遇人唾面，由自己舐干，总好算是忍耐。”师德道：“唾面须待自干，若必欲拭净，尚是违拂人意呢。”时人闻言，皆服他器量。

仁杰入相，追溯由来，实是纳言娄师德所荐引，仁杰未曾知晓。自与师德同列朝班，尝挤令出外，因此师德出讨契丹，事平归来，即外调为陇右诸军大使，管领屯田事宜，继复调任并州长史，兼天兵道大总管。仁杰有时入商政务，武氏颇称师德知人，仁杰独奏道：“臣尝与他同僚，未尝闻他知人呢。”贤如狄梁公，尚不能无私意。武氏微笑道：“朕得用卿，实由师德推荐。师德能荐卿，难道不得为知人么？”仁杰不觉怀惭，及退，语同列道：“娄公盛德，

我为所容，今日才得知觉，未免愧对娄公呢。”

——《唐史演义》

故事和经典——寇准与王旦

王旦密白真宗，请仍召用寇准。真宗乃召准入京，命为枢密使。准因三司使林特，党附俭壬，辄加沮抑。特遂暗加谮诉，惹得真宗动恼，召语王旦道：“准刚忿如昔，奈何？”旦复奏道：“准喜人怀惠，又欲人畏威，这是他的短处。但本心仍是忠直，若非仁主，确是难容。”真宗默然，嗣竟出准为武胜军节度使，判河南府，徙永兴军。

王旦病重，乃迭荐寇准、李迪、王曾等数人，可任宰辅，自己力求避位。真宗乃允他罢相，仍命领玉清昭应宫使，兼职太尉，给宰相半俸。寻又命肩舆入朝，旦不敢辞，力疾入内廷。有旨命旦子王雍，与内侍扶掖进见。真宗婉问道：“卿今疾亟，万一不讳，朕把这国事付与何人？”旦答道：“知臣莫若君，惟明主自择。”真宗固问道：“卿不妨直陈！”旦举笏奏道：“依臣愚见，莫若寇准。”真宗摇首道：“准性刚量狭，他尝说卿短处，卿何故一再保荐？”旦答道：“臣蒙陛下过举，久参国政，岂无过失？准事君无隐，臣所以说他正直，屡行荐举。他人非臣所素知，恐臣病困，不能久侍了。”此等处不愧名相。

——《宋史演义》

故事和经典——王安石与司马光的君子之争

1067 年年初，宋英宗驾崩，不满 20 岁的宋神宗赵顼继位。年轻的宋神宗雄心勃勃，想做唐太宗李世民，欲清除积弊，走富国强兵之路。然而，朝中元老、重臣，包括翰林学士司马光在内，都劝他遵循祖宗旧制。司马光指出，大宋王朝之所以出现积贫积弱的现象，是因为“用度太奢，赏赐不节，宗室繁

多，官职冗滥，军旅不精”。宋神宗看着死气沉沉的满朝文武，决定起用敢作敢为、锐意改革的王安石。1068 年，王安石被任命为翰林学士，和司马光再次成为同僚。但是，二人在变法一事上，从来没有过一致的意见，一直是争执不休，甚至在宋神宗面前也是唇枪舌剑，各人说各人的道理，有时候争得面红耳赤。例如，在增加税收上，王安石认为应开源理财，使国库充盈，而司马光则认为所谓的开源理财就是盘剥百姓，应当节流，宋神宗还是倾向于王安石变法。1069 年，王安石被任命为参知政事，次年又升任宰相，主持变法事宜。

王安石和司马光虽然面对北宋积贫积弱的国力，所采取的措施截然不同，但他们以天下为己任的政治抱负是相同的，正因为此，这对好朋友虽因执政理念有分歧，但相知甚深。他们的分歧，是为国为民所忧的责任，他们有同僚，但无私党。王安石变法不久，遭到许多人的反对，其中有欧阳修、苏轼、苏辙等人。司马光作为大臣，坚持自己的观点，当他发现改革可能会给国家带来灾难时，也公开反对王安石变法。而作为朋友，他又三次给王安石写信，劝王安石不可“用心太过，自信太厚”，借此“以尽益友之忠”。可是，王安石变法决心已定，宋神宗也支持他，司马光眼见无法改变局面，竟辞去朝廷职务，离开京城隐居洛阳，用了 19 年的时间编纂《资治通鉴》，以示不问政事。

司马光在和王安石的斗争中不能得胜时，选择了回避和退让，而不是伺机报复和恶意中伤。曾有人劝司马光弹劾王安石，而司马光却一口回绝了他们：王安石没有任何私利，为什么要这样做？以直言敢谏、弹劾王安石而闻名的吕诲去世后，司马光在为其写的墓志铭里，提到新法害苦了百姓。有人悄悄地弄到墓志铭的镌本献给王安石，想中伤司马光。不料，王安石看后并不生气，还将镌本挂在墙上，逢人就说：“君实之文，西汉之文也。”关于变法之争，他们没有个人的恩怨和私利，只有为国为民的耿耿忠心和君子之争。司马光说：“光与介甫，趣向虽殊，大归则同。”王安石也说：“议事每不合，所操之术多异故也。”

三十年河东三十年河西。宋神宗死后，宋哲宗即位，10 岁的宋哲宗不懂事，由高太后临朝执政。高太后一向反对新政，她一临朝，就把反对新法最激烈的司马光召到京城担任宰相。司马光一当上宰相，做的第一件事就是废除新法。而司马光执政，王安石也选择了避让，到老家金陵退居二线。

1086 年 5 月，王安石去世。噩耗传到司马光耳中，他深为悲憾。司马光预感到王安石死后，可能会遭受世俗的鄙薄和小人的凌辱，便立即作书，告诉右相吕公著：“介甫文章节义，过人处甚多……今方矫其失，革其弊，不幸介甫

谢世，反复之徒必诋毁百端，光意以谓朝廷宜优加厚礼，以振起浮薄之风。”司马光对王安石的评价甚为恰当，王安石的文章在气势上是常人所不能及的，所发议论多带锋芒，无平庸之气。朝廷根据司马光的建议，追赠王安石为太傅，谥号“文”。

司马光入阁以来，鞠躬尽瘁，深得高太后和向太后的信任，因身体虚弱消瘦，宾友举诸葛亮食少事繁，被司马懿语难以持久一事相劝，但司马光不以为意，说：“死生命也。”病重期间，昏迷中的呓语说的都是治国安邦的大事，1086 年 10 月，司马光去世。有遗表呈上，所云都是治世之事，高太后看了更为悲痛，和宋哲宗亲临其丧礼，追赠司马光为“太师”，封“温国公”，谥号“文正”。

问题和讨论

1. 除了本文中提到的名言外，关于恕（宽）的论述，你还知道哪些？尝试把以上名言译成现代汉语。

2. 你怎样看待恕（宽）？

国学经典之核心价值准则——敏

名　言

- 敏则有功。——孔子

论　述

- 夙兴夜寐，靡有朝矣。——《诗经·卫风》
- 被之僮（tóng）僮，夙夜在公。——《诗经·召南》
- 功崇惟志，业广惟勤。——《尚书·周书·周官》
- 克勤于邦，克俭于家。——《尚书·虞书·大禹谟》
- 惟日孜孜，无敢逸豫。——《尚书·君陈》
- 民生在勤，勤则不匮。——《左传·宣公十二年》
- 天行健，君子以自强不息。——《周易·象传上》
- 为之于未有，治之于未乱。——《道德经》
- 子曰："君子欲讷于言而敏于行。"——《论语·里仁》
- 子曰："君子食无求饱，居无求安，敏于事而慎于言，就有道而正焉，可谓好学也已。"——《论语·学而》
- 子贡问曰："孔文子何以谓之'文'也？"子曰："敏而好学，不耻下问，是以谓之'文'也。"——《论语·公冶长》
- 子曰："吾尝终日不食，终夜不寝，以思，无益，不如学也。"——《论语·卫灵公》
- 子曰："默而识之，学而不厌，诲人不倦，何有于我哉？"——《论语·述而》
- 子曰："我非生而知之者，好古，敏以求之者也。"——《论语·述而》

- 叶公问孔子于子路，子路不对。子曰：“女奚不曰：‘其为人也，发愤忘食，乐以忘忧，不知老之将至云尔。’” ——《论语·述而》
- 子路问政。子曰：“先之劳之。”请益。曰：“无倦。” ——《论语·子路》
- 子张问政。子曰：“居之无倦，行之以忠。” ——《论语·颜渊》
- 吾少也贱，故多能鄙事。 ——《论语·子罕》
- 三年视敬业乐群。 ——《礼记·学记》
- 君子如欲化民成俗，其必由学乎！ ——《礼记·学记》
- 博学之，审问之，慎思之，明辨之，笃行之。 ——《中庸》
- 为者常成，行者常至。 ——《晏子春秋·内篇》
- 墨子兼爱，摩顶放踵利天下，为之。 ——《孟子·尽心上》
- 锲而舍之，朽木不折；锲而不舍，金石可镂。 ——《荀子·劝学》
- 不闻不若闻之，闻之不若见之，见之不若知之，知之不若行之，学至于行之而止矣。 ——《荀子·儒效》
- 故明主之吏，宰相必起于州部，猛将必发于卒伍。 ——《韩非子·显学》
- 行百里者半于九十，此言末路之难也。 ——《战国策·秦策》
- 有非常之功，必待非常之人。 ——《汉书·武帝纪》
- 耳闻之不如目见之，目见之不如足践之，足践之不如手辨之。 ——刘向《说苑·政理》
- 听言不如观事，观事不如观行。 ——傅玄《傅子·通志》
- 为官长者当清、当慎、当勤。修此三者，何患不治乎？ ——刘义庆《世说新语·德行》
- 业精于勤，荒于嬉；行成于思，毁于随。 ——韩愈《进学解》
- 行之力则知愈进，知之深则行愈达。 ——程颐《论语解》
- 纸上得来终觉浅，绝知此事要躬行。 ——陆游《冬夜读书示子聿》
- 当官之法，惟有三事，曰清、曰慎、曰勤。 ——吕本中《官箴》
- 物有甘苦，尝之者识；道有夷险，履之者知。 ——刘基《拟连珠》
- 知者行之始，行者知之成。圣学只一个功夫，知行不可分作两事。 ——王守仁《传习录》
- 知是行的主意。行是知的功夫。知是行之始。行是知之成。……某今说个知行合一，正是对病的药。 ——王守仁《传习录》

• 审度时宜，虑定而动，天下无不可为之事。况今时则易然耳。

——张居正《答宣大巡抚吴环洲策黄酋》

• 繁霜尽是心头血，洒向千峰秋叶丹。 ——戚继光《望阙台》

• 以明心见性之空言，代修己治人之实学，股肱惰而万事荒，爪牙亡而四国乱，神州荡覆，宗社丘墟！ ——顾炎武《日知录》

• 得一官不荣，失一官不辱，勿道一官无用，地方全靠一官；穿百姓之衣，吃百姓之饭，莫以百姓可欺，自己也是百姓。

——河南南阳内乡县衙三省堂联

• 勤、廉二字看似平浅，实则获上在此，信友在此，服民亦在此。

——《曾文正公文集》

• 治军之道，以勤为先。身勤则强，逸则病；家勤则兴，懒则败；国勤则治，怠则乱；军勤则胜，惰则败。 ——《曾文正公文集》

• 古人修身治人之道，不外乎勤、大、谦。勤若文王之不遑，大若舜禹之不与，谦若汉文之不胜，而勤谦二字，尤为彻始彻终、须臾不可离之道。勤所以儆惰也，谦所以儆傲也，能勤且谦，则大字在其中矣。千古之圣贤豪杰，即奸雄欲有立于世者，不外一勤字；千古有道自得之士，不外一谦字。吾将守此二字以终身，傥所谓朝闻道夕死可矣者乎！ ——《曾文正公文集》

• 人生天地惟在勤，原勤之本在乎心。若能自强而不息，先须抖擞己精神。士而勤，万里青云可致身；农而勤，盈盈仓廪成红陈；工而勤，巧手超群能动人；商而勤，腰中常缠千万金。噫嘻噫嘻复噫嘻，只在勤兮与懒兮。丈夫志气掀天地，拟上百尺竿头立。百尺竿头立不难，一勤天下无难事。

——钱德苍《解人颐·勤懒歌》

【赏析】敏就是勤敏、敬业。孔子说："敏则有功。"韩愈把这句话解读为："业精于勤荒于嬉，行成于思毁于随。"敏就是身先士卒，以身作则，孔子告诉子路："先之，劳之。"还要兢兢业业，不知疲倦，"无倦"。孔子不喜欢花言巧语的人，他说："巧言令色，鲜矣仁！"他提倡少说话，多做事，君子讷于言而敏于行。说话要注意分寸，"敏于事而慎于言"。孔子认为，话多的人"御人以口给，屡憎于人"。冉雍"仁而不佞"，处事稳重，所以"雍也可使南面"。孔文子"敏而好学，不耻下问"，可以说名副其实。孔子小时候家境贫寒，年老后仍然"发愤忘食，乐以忘忧，不知老之将至"。《史记·孔子世家》记载："孔子贫且贱。"没有世袭的官职，但孔子勤奋好学，多才多艺，“吾不试，故艺”。圣人的学问从何而来？孔子告诉我们：“我非生而知之者，好古，敏以求之者也。”

孔庙大成殿有一块同治皇帝御笔题写的“圣神天纵”匾，出自这样一个典故：吴国太宰伯嚭问子贡：“夫子圣者与？何其多能也？”子贡说：“固天纵之将圣，又多能也。”孔子却不这样看：“吾少也贱，故多能鄙事。”他认为自己做得还远远不够，“文，莫吾犹人也。躬行君子，则吾未之有得”。孔子告诉子贡：“先行其言而后从之。”今日事今日毕，勿将今事待明朝。《论语》中记载：“子路有闻，未之能行，唯恐有闻。”意思是做比说更重要。荀子说：“不闻不若闻之，闻之不若见之，见之不若知之，知之不若行之。”王阳明主张“知行合一”，他认为“知是行的主意，行是知的工夫；知是行之始，行是知之成”。意思是说知是行的宗旨，行是知的落实，有知就有行，有行必有知，知与行不可分割。想到了就应该马上去做，做过的事一定是自己认可的，即“未有知而不行者，知而不行，只是未知”做人要勤，做官更需要勤。《史记·秦始皇本纪》记载：“天下之事，无大小皆决于上。上至以衡石量书，日夜有呈，不中呈不得休息。”范文澜是这样解释的：“秦始皇规定一天看章奏（竹简）一百二十斤，不看完不休息。”宋代吕本中在《官箴》中写道：“当官之法，惟有三事，曰清、曰慎、曰勤。”河南南阳内乡县衙三省堂有这样一副对联：得一官不荣，失一官不辱，勿道一官无用，地方全靠一官；穿百姓之衣，吃百姓之饭，莫以百姓可欺，自己也是百姓。提醒我们，有为才会有位，有位更要有为，切忌为官不为。

故事和经典——敬姜论劳逸

【原文】公父文伯退朝，朝其母，其母方绩。文伯曰：“以歜之家而主犹绩，惧干季孙之怒也。其以歜为不能事主乎？”其母叹曰：“鲁其亡乎！使僮子备官而未之闻耶？居，吾语女。昔圣王之处民也，择瘠土而处之，劳其民而用之，故长王天下。夫民劳则思，思则善心生；逸则淫，淫则忘善；忘善则恶心生。沃土之民不材，逸也；瘠土之民莫不向义，劳也。是故天子大采朝日，与三公、九卿祖识地德；日中考政，与百官之政事，师尹维旅、牧、相宣序民

事；少采夕月，与太史、司载纠虔天刑；日入监九御，使洁奉禘、郊之粢盛，而后即安。诸侯朝修天子之业命，昼考其国职，夕省其典刑，夜儆百工，使无慆淫，而后即安。卿大夫朝考其职，昼讲其庶政，夕序其业，夜庀其家事，而后即安。士朝受业，昼而讲贯，夕而习复，夜而计过无憾，而后即安。自庶人以下，明而动，晦而休，无日以怠。王后亲织玄纨，公侯之夫人加之纮、綖。卿之内子为大带，命妇成祭服，列士之妻加之以朝服，自庶士以下，皆衣其夫。社而赋事，蒸而献功，男女效绩，愆则有辟，古之制也。君子劳心，小人劳力，先王之训也。自上以下，谁敢淫心舍力？今我，寡也，尔又在下位，朝夕处事，犹恐忘先人之业，况有怠惰，其何以避辟！吾冀而朝夕修我曰：'必无废先人。'尔今曰：'胡不自安？'以是承君之官，余惧穆伯之绝祀也？"仲尼闻之曰："弟子志之，季氏之妇不淫矣。"

——《国语·鲁语下》

【译文】公父文伯退朝之后，去看望他的母亲，母亲正在织布。公父文伯说："像我这样的家庭，母亲还要亲自织布，季孙氏知道会生气的，他会觉得我不孝敬母亲呢！"母亲叹了一口气说："鲁国快要亡国了吧！让你这样的孩子做官，却不把为官之道讲给你听。坐下来，我讲给你听。以前圣贤的国君是这样对待百姓的：选择贫瘠之地让百姓定居，让百姓劳作，发挥他们的才能，因此国家才能长治久安。百姓辛勤劳作才会思考，通过思考才能找到改善生活的办法。安逸的生活会导致人们贪图享乐，人们贪图享乐就会忘记美好的品德，忘记美好的品德就会产生邪念。居住在肥沃之地的百姓不成才，正是因为贪图享乐的缘故。居住在贫瘠土地上的百姓，没有一个不讲道义的，是因为他们勤劳的缘故。天子身着五彩花纹的衣服朝拜日神，让三公、九卿熟知农业生产，大中午考察政务，交代百官要做的事务，大小官员各司其职使百姓得到治理。天子身着三彩花纹的衣服祭祀月神，和太史、司载详细记录天象。日落便督促嫔妃们，让她们整理和准备好祭祀用的各种谷物和器皿，然后才能休息。诸侯们清早临朝听政，白天处理国家大事，傍晚反复检查各项法律和制度，夜晚警告百官，告诫他们不要贪图享乐，然后才能休息。卿大夫清早统筹安排一天的事务，白天与下属商量处理分管的日常事务，傍晚梳理当天的工作，夜晚处理他的家事，然后才能休息。士人清早接受早课，白天讲习所学知识，傍晚复习，夜晚反省自己有无过错，直到没有不满意的地方为止，然后才去休息。从平民以下，日出而作，日落而息，没有一个懈怠的。王后亲手编织冠冕上用的丝带，公侯的夫人编织帽带以及帽子上的饰品。卿的妻子做腰带，所有贵族妇人都要亲自做祭祀服装。各种士人的妻子，还要做朝服。普通百姓，都要给丈夫做衣服。春分之后祭祀土地然后开始耕种，冬季祭祀时献上谷物和牲畜，男女都在冬祭上展示自己的劳动成果，有过失时就要回避，不能参加祭祀。这是上古传下来的制度！君王操心，小人出力，这是先王的遗训啊。自上而下，谁敢挖空心思偷懒呢？如今我守了寡，你又做官，起早贪黑，尚且担心丢弃了祖宗的基业。倘若懒惰懈怠，那怎么躲避得了罪责呢！我希望你早晚提醒我说：'一定不要废弃先人的传统。'你今天却说：'为什么不好好享受？'以你这样的态度承担君王的官职，我恐怕你父亲穆伯要绝后了啊。"仲尼听说这件事后说："弟子们记住，季家的老夫人不图安逸！"

故事和经典——王猛忧勤万机

【原文】猛乃受命，军国内外万机之务，事无巨细，莫不归之。猛宰政公平，流放尸素，拔幽滞，显贤才，外修兵革，内综儒学，劝课农桑，教以廉耻，无罪而不刑，无才而不任，庶绩咸熙，百揆时叙。于是兵强国富，垂及升平，猛之力也。坚尝从容谓猛曰："卿夙夜匪懈，忧勤万机，若文王得太公，吾将优游以卒岁。"猛曰："不图陛下知臣之过，臣何足以拟古人！"坚曰："以吾观之，太公岂能过也。"

——《晋书·王猛载记》

【译文】王猛接受任命，军国内外一切事务，都由他掌管。王猛任宰相执政公平，罢黜尸位素餐者，不具一格提拔人才，有才能的人得到充分任用。对外整饬军备，对内崇尚儒学，鼓励百姓从事农桑，教化百姓礼义廉耻。犯罪的人都得到惩罚，有才能的人全部得到任用。百业兴旺，一派欣欣向荣。这个时候兵强国富，迎来了太平盛世，这是王猛的功劳。苻坚曾经亲切地对王猛说："你日夜不懈，思虑操持一切事务，我好像周文王得到姜太公的辅助，可以轻松度日，颐养天年了。"王猛回答："只求陛下不苛责我的过失，我怎么能和古人相提并论！"苻坚说："依我看来，姜太公也比不上你。"

故事和经典——隋文帝勤政爱民

【原文】乘舆四出，路逢上表者，则驻马亲自临问。或潜遣行人采听风俗，吏治得失，人间疾苦，无不留意。尝遇关中饥，遣左右视百姓所食。有得豆屑杂糠而奏之者，上流涕以示群臣，深自咎责，为之撤膳，不御酒肉者殆将一期。及东拜太山，关中户口就食洛阳者，道路相属。上敕斥候，不得辄有驱逼。男女参厕于仗卫之间，逢扶老携幼者，辄引马避之，慰勉而去。至艰险之处，见负担者，遽令左右扶助之。其有将士战没，必加优赏，仍令使者就家劳问。自强不息，朝夕孜孜，人庶殷繁，帑藏充实。虽未能臻于至治，亦足称近代之良主。

——《隋书·高祖本纪》

【译文】乘车外出，路上遇到上表之人，隋文帝就命令停车亲自询问。有时暗中派遣官员了解各地风俗，对于官吏的政绩、民间的疾苦，无不留意。有一年关中饥荒，隋文帝派近臣考察百姓饮食，听说他们吃糠咽菜时，竟在群臣面前流泪，深深自责，因为这事隋文帝整整一个月没有用酒肉。等到东拜泰山，关中百姓到洛阳乞食的，沿途络绎不绝。隋文帝下令，不得驱赶百姓，让他们夹杂在侍卫之间。碰上扶老携幼的，隋文帝就引马让开，以示尊重。到难走的地方，发现挑担的，就命令左右侍从帮助他们。对阵亡将士的家属，一定进行抚恤，并多次派使者到他们家中慰问。隋文帝自强不息，孜孜不倦，以至人口兴旺，国家殷富。虽然没有开创盛世，但也足以称得上近代的贤君。

问题和讨论

1. 除了本文中提到的名言外，关于敏的论述，你还知道哪些？
2. 尝试把以上名言译成现代汉语。

国学经典之核心价值准则——惠

名 言

惠则足以使人。——孔子

论 述

- 民亦劳止，汔可小康。惠此中国，以绥四方。——《诗经·民劳》
- 德惟善政，政在养民。——《尚书·大禹谟》
- 民心无常，惟惠之怀。——《尚书·蔡仲之命》
- 民惟邦本，本固邦宁。——《尚书·五子之歌》
- 德以施惠，刑以正邪。——《左传·成公十六年》
- 礼以行义，义以生利，利以平民，政之大节也。——《左传·成公二年》
- 君子怀刑，小人怀惠。——《论语·里仁》
- 子谓子产："有君子之道四焉：其行己也恭，其事上也敬，其养民也惠，其使民也义。"——《论语·公冶长》
- 子曰："君子惠而不费。"子张曰："何谓惠而不费？"子曰："因民之所利而利之，斯不亦惠而不费乎？"——《论语·尧曰》
- 子贡曰："如有博施于民而能济众，何如？可谓仁乎？"子曰："何事于仁，必也圣乎！尧、舜其犹病诸！夫仁者，己欲立而立人，己欲达而达人。能近取譬，可谓仁之方也已。"——《论语·雍也》
- 子华使于齐，冉子为其母请粟。子曰："与之釜。"请益。曰："与之庾。"冉子与之粟五秉。子曰："赤之适齐也，乘肥马，衣轻裘。吾闻之也：君子周急不继富。"

——《论语·雍也》

原思为之宰，与之粟九百，辞。子曰："毋！以与尔邻里乡党乎！"

——《论语·雍也》

• 子贡问政。子曰："足食，足兵。民信之矣。"子贡曰："必不得已而去，于斯三者何先？"曰："去兵。"子贡曰："必不得已而去，于斯二者何先？"曰："去食。自古皆有死，民无信不立。" ——《论语·颜渊》

• 哀公问于有若曰："年饥，用不足，如之何？"有若对曰："盍彻乎？"曰："二，吾犹不足，如之何其彻也？"对曰："百姓足，君孰与不足？百姓不足，君孰与足？" ——《论语·颜渊》

• 仓廪实而知礼节，衣食足则知荣辱。 ——《管子·牧民》

• 政之所兴，在顺民心。政之所废，在逆民心。 ——《管子·牧民》

• 凡治国之道，必先富民。民富则易治也。 ——《管子·治国》

• 圣人之所以为圣人者，善分民也。圣人不能分民，则犹百姓也，于己不足，安得名圣。 ——《管子·乘马》

• 民事不可缓也。 ——《孟子·滕文公上》

• 分人以财谓之惠，教人以善谓之忠，为天下得人者谓之仁。

——《孟子·滕文公上》

• 民之为道也，有恒产者有恒心，无恒产者无恒心。苟无恒心，放辟邪侈，无不为已。 ——《孟子·滕文公上》

• 老吾老，以及人之老；幼吾幼，以及人之幼。天下可运于掌。

——《孟子·梁惠王上》

• 七十者衣帛食肉，黎民不饥不寒，然而不王者，未之有也。

——《孟子·梁惠王上》

• 是故明君制民之产，必使仰足以事父母，俯足以畜妻子，乐岁终身饱，凶年免于死亡。 ——《孟子·梁惠王上》

• 乐民之乐者，民亦乐其乐；忧民之忧者，民亦忧其忧。乐以天下，忧以天下，然而不王者，未之有也。 ——《孟子·梁惠王下》

• 古之人，得志，泽加于民；不得志，修身见于世。穷则独善其身，达则兼善天下。 ——《孟子·尽心上》

• 圣人为政一国，一国可倍也；大之为政天下，天下可倍也。其倍之非外取地也，因其国家，去其无用之费，足以倍之。圣王为政，其发令兴事，使民用财也，无不加用而为者，是故用财不费，民德不劳，其兴利多矣。

——《墨子·节用上》

• 夫慈者不忍，而惠者好与也。——《韩非子·内储说上》

• 柔质慈民曰惠，爱民好与曰惠。——《逸周书·谥法解》

• 治国有常，而利民为本。——《淮南子·氾论训》

• 民者，万世之本也，不可欺。——贾谊《新书·大政》

• 心省恤人谓之惠。——刘向《贾子道术》

• 王国富民，霸国富士，仅存之国富大夫，亡道之国富仓府。——刘向《说苑》

• 天下皆知取之为取，而莫知与之为取。——《后汉书·桓谭冯衍列传》

• 一夫得情，千室鸣弦；怀我夙爱，永戴遗贤。——《后汉书·童恢传赞》

• 君无为则人乐，君多欲则人苦。——吴兢《贞观政要》

• 以一人治天下，不以天下奉一人。——吴兢《贞观政要》

• 惠而怀也，则殊俗归风，若披霜而照春日；威可惧也，则中华慑軏(yuè)，如履刃而戴雷霆。必须威惠并驰，刚柔两用，画刑不犯，移木无欺。赏罚既明，则善恶斯别；仁信普著，则遐迩宅心。——李世民《帝范》

• 安得广厦千万间，大庇天下寒士俱欢焉。——杜甫《茅屋为秋风所破歌》

• 去民之患，如除腹心之疾。——苏轼《上皇帝书》

• 为政之道，以顺民心为本，以厚民生为本，以安而不扰为本。——程颐《代吕公著应诏上神宗皇帝书》

• 理者，天下之至公；利者，众人所同欲。苟公其心，不失其正理，则与众同利无侵于人，人亦欲与之。若切于好利，蔽于自私，求自益以损于人，则人亦与之力争，故莫肯益之，而有击夺之者矣。——程颢、程颐《二程集》

• 国以民为本，社稷亦为民而立。——朱熹《四书章句集注》

• 但愿苍生俱饱暖，不辞辛苦出山林。——于谦《咏煤炭》

• 天下顺治在民富，天下和静在民乐。——王廷相《慎言·御民篇》

• 治政之要在于安民，安民之道在于察其疾苦。——张居正《请蠲积逋以安民生疏》

• 利可共而不可独，谋可寡而不可众。独利则败，众谋则泄。——《曾国藩家书》

• 利民之事，丝发必兴；厉民之事，毫末必去。——万斯大《周官辨非》

• 衙斋卧听萧萧竹，疑是民间疾苦声。些小吾曹州县吏，一枝一叶

总关情。

——郑板桥《潍县署中画竹呈年伯包大中丞括》

- 履不必同，期于适足；治不必同，期于利民。

——魏源《古微堂·治篇》

【赏析】惠是惠民，给百姓带来实惠，“爱民好与曰惠”，“分人以财谓之惠”（孟子）。为政者要体恤百姓，不与民争利，“心省恤人谓之惠”（贾谊）。

《论语》中记载了这样一个故事：鲁哀公问有若：“大荒之年，宫中用度不足，怎么办？”有若说：“应该减税。”鲁哀公说：“不减税，我都感觉入不敷出，怎么能减税呢？”有若说：“减税，百姓足以维持生计，百姓生活有保障了，国君还有何不足？不减税，百姓无以维持生计，百姓生活不下去了，这是国君愿意看到的吗？”仁者见仁，智者见智。有若看到的是百姓，鲁哀公眼里只有自己。鲁哀公生与圣人同时而不用，任由陪臣执国命，哀公的称号名副其实。

孔子指出：“君子周急不继富。”公西赤出使齐国，冉有一再请求为他的母亲增加俸米，孔子认为应当雪中送炭，而不是锦上添花。刘向说：“王国富民，霸国富士，仅存之国富大夫，亡道之国富仓府。”周厉王任用荣夷公实行“专利”，将山林湖泊改由国君直接管理，禁止国人渔猎，结果百姓揭竿而起，周厉王出逃。孔子告诉子张，做官要因势利导，一定不要做劳民伤财的事。要“因民之所利而利之”，这样做就会“惠而不费”，不但不增加百姓的负担，还能给百姓带来好处。

管仲提出：“仓廪实则知礼节，衣食足则知荣辱。”管仲治齐，因其俗，简其礼，简政放权；通商工之业，便鱼盐之利，而人民多归齐，齐终成大国。孔子也认为治理国家要“足食”“足兵”“足信”。

孟子告诉我们：“民之为道也，有恒产者有恒心，无恒产者无恒心。”近代西方提出藏富于民的思想，无数历史事实证明：藏富于民胜于藏富于国。雍正帝有一副手书的楹联：“惟以一人治天下，岂为天下奉一人。”据考证这句话出自《隋炀帝本纪》，隋炀帝即位后巡幸洛阳，在上洛发布一份诏书，书中有云：是知非天下以奉一人，乃一人以主天下也。可惜他口是心非，没有真正认识到这个问题的严重性。孟子告诉我们，“乐民之乐者，民亦乐其乐；忧民之忧者，民亦忧其忧。乐以天下，忧以天下，然而不王者，未之有也”。曾国藩的家书中写道：“利可共而不可独，谋可寡而不可众。独利则败，众谋则泄。”孔子告诉我们，如果能“博施于民而能济众”，那就是圣人了。为官一任，当造福一方。

“苟利国家生死以，岂因祸福避趋之。”商鞅因推行新法而遭车裂，王安石因变法被免职，林则徐因虎门销烟被充军伊犁，但他们的大名永留青史。

故事和经典——芮良夫论专利

【原文】厉王说荣夷公，芮良夫曰：“王室其将卑乎！夫荣公好专利而不知大难。夫利，百物之所生也，天地之所载也，而或专之，其害多矣。天地百物，皆将取焉，胡可专也？所怒甚多，而不备大难，以是教王，王能久乎？夫王人者，将导利而布之上下者也，使神人百物无不得其极，犹日怵惕，惧怨之来也。故《颂》曰：‘思文后稷，克配彼天。立我蒸民，莫匪尔极。’《大雅》曰：‘陈锡载周。’是不布利而惧难乎？故能载周，以至于今。今王学专利，其可乎？匹夫专利，犹谓之盗，王而行之，其归鲜矣。荣公若用，周必败。”既，荣公为卿士，诸侯不享，王流于彘。

——《国语·周语上》

【译文】周厉王喜欢荣夷公，芮良夫说：“王室将要衰落了！荣夷劝说国君独占山林而看不到大难将至。利从万物中产生，是天地养育而成的，如果要独占它，所带来的危害会很多。天地万物，人人都有资格取用，独占的危害很大。怨恨自己的人太多又不加提防，这样引导陛下，国家能长久吗？治理天下的人，应该把利益分配给所有的人，使老百姓都得到应得的一份，即使这样尚且诚惶诚恐，害怕招来怨恨。所以《颂》诗说：‘文德盛郁的后稷啊，功劳比天还大。使百姓得以生存，无不受到恩惠。’《大雅》上说：‘广施恩德，成就了周王室。’说的不正是外施恩惠内怀忧惧之心吗？所以他们能开创基业延续至今。现在国君要独占山林，这样可以吗？普通人独霸财产，尚且被称为盗贼，作为国君这样做的话，归附王室的人就会越来越少。荣夷公若被重用，周朝一定会灭亡。”不久，荣夷公当上了卿士，诸侯都不来朝见献享了，周厉王最后被放逐到了彘地。

故事和经典——刘康公论俭侈

【原文】定王八年，使刘康公聘于鲁，发币于大夫。季文子、孟献子皆俭，叔孙宣子、东门子家皆侈。归，王问鲁大夫孰贤。对曰："季、孟其长处鲁乎！叔孙、东门其亡乎！若家不亡，身必不免。"王曰："何故？"对曰："臣闻之：为臣必臣，为君必君。宽肃宣惠，君也；敬恪恭俭，臣也。宽所以保本也，肃所以济时也，宣所以教施也，惠所以和民也。本有保则必固，时动而济则无败功，教施而宣则遍，惠以和民则阜。若本固而功成，施遍而民阜，乃可以长保民矣，其何事不彻？敬所以承命也，恪所以守业也，恭所以给事也，俭所以足用也。以敬承命则不违，以恪守业则不懈，以恭给事则宽于死，以俭足用则远于忧。若承命不违，守业不懈，宽于死而远于忧，则可以上下无隙矣，其何任不堪？上任事而彻，下能堪其任，所以为令闻长世也。今夫二子者俭，其能足用矣，用足则族可以庇。二子者侈，侈则不恤匮，匮而不恤，忧必及之，若是则必广其身。且夫人臣而侈，国家弗堪，亡之道也。"王曰："几何？"对曰："东门之位不若叔孙，而泰侈焉，不可以事二君。叔孙之位不若季、孟，而亦泰侈焉，不可以事三君。若皆蚤世犹可，若登年以载其毒，必亡。"十六年，鲁宣公卒。赴者未及，东门氏来告乱，子家奔齐。简王十一年，鲁叔孙宣伯亦奔齐，成公未殁二年。

——《国语·周语中》

【译文】周定王八年，派刘康公出使鲁国，赐给鲁国大夫礼物。季文子、孟献子非常俭朴，而叔孙宣子、东门子家却很奢侈。刘康公回京后，定王询问鲁国大夫哪位最好。刘康公答道："季孙、仲孙（孟孙）可以在鲁国长期存在，叔孙、东门可能会灭亡。即使家族不亡，本人也不能幸免于难。"定王说："那是什么原因呢？"刘康公回答道："我听说，为臣必须遵行臣道，为君必须恪守君道。宽厚、严谨、公正、爱民，是为君之道；忠诚、谨慎、谦恭、俭朴，是为臣之道。宽厚得以维护基业，严谨得以与时俱进，公正得以普施教化，爱民得以团结百姓。基业得到维护就必然稳固，与时俱进，政务就不会荒废，教化普施就会惠泽天下，君主爱民，百姓就会富足。基业稳固而政务不懈，普施教化而百姓富足，才能长治久安，还有什么事做不到呢？用忠诚的态度对待君命，用谨慎的态度守护自己的事业，用谦恭的态度执行公务，用俭朴的方式积累财富。忠诚地执行君命就不会有违逆之事发生，谨慎地守护自己的事业就不会懈怠，谦恭地对待公务就不会违法，生活俭朴就会高枕无忧。如果承受君命而不违逆，守护好自己的事业而不懈怠，遵纪守法而不用担惊受怕，君臣上下就没有嫌隙了，还有什么事胜任不了呢？在上位的人通达明智，在下位的人恪尽职守，才能国泰民安。现在季孙、仲孙俭朴，他们节省下来的财富很多，因而家族能够得到庇护。叔孙、东门奢侈，奢侈就不能体恤贫困，贫困者得不到怜恤，祸患必然会降临，这样就会危及自身。况且作为臣子贪婪奢侈，国家一定不堪其忧，这是灭亡之道。”定王问：“他们能维持多久呢？”刘康公答道：“东门子家的地位不如叔孙宣子，但比叔孙宣子奢侈，所以为官不可能超过两代。叔孙宣子的地位不如季孙、仲孙，但也比他们奢侈，所以为官不可能超过三代。如果他们死得早倒还罢了，假若他们寿命长，干的坏事多，一定会家破人亡。”周定王十六年，鲁宣公去世。告丧的使者还没有抵达京城，东门家的人来报告发生内乱，东门子家逃往齐国。周简王十一年，叔孙宣子也逃奔齐国，这是鲁成公去世前二年的事。

故事和经典——卫懿公好鹤亡国

话说卫惠公之子懿公，自周惠王九年嗣立，在位九年。般乐怠傲，不恤国政，最好的是羽族中一物，其名曰鹤。……那鹤色洁形清，能鸣善舞，所以懿公好之。俗谚云：“上人不好，下人不要。”因懿公偏好那鹤，丹献鹤者皆有重赏，弋人百方罗致，都来进献。自苑囿宫廷，处处养鹤，何止数百。……懿公所畜之鹤，皆有品位俸禄：上者食大夫俸，次者食士俸。懿公若出游，其鹤亦分班从幸，命以大轩，载于车前，号曰：“鹤将军。”养鹤之人亦有常俸。厚敛于民，以充鹤粮。民有饥冻，全不抚恤。

大夫石祁子，乃石碏之后，石骀仲之子，为人忠直有名，与宁庄子名速同秉国政，皆贤臣也。二人进谏屡次，俱不听。公子毁乃惠公庶兄，公子硕烝于宣姜而生者，即文公也。毁知卫必亡，托故如齐。齐桓公妻以宗女，竟留齐

国。卫人向来心怜故太子急子之冤，自惠公复位之后，百姓日夜咒诅：“若天道有知，必不终于禄位也！”因急子与寿俱未有子，公子硕早死，黔牟已绝，惟毁有贤德，人心阴归附之。及懿公失政，公子毁出奔，卫人无不含怨。

却说北狄自周太王之时，獯鬻已强盛，逼大王迁都于岐。及武王一统，周公南惩荆舒，北膺戎狄，中国久安。迨平王东迁之后，南蛮北狄，交肆其横。单说北狄主名曰瞍瞒，控弦数万，常有迭荡中原之意。及闻齐伐山戎，瞍瞒怒曰：“齐兵远伐，必有轻我之心，当先发制之。”乃驱胡骑二万伐邢，残破其国。闻齐谋救邢，遂移兵向卫。时卫懿公正欲载鹤出游，谍报：“狄人入寇。”懿公大惊，即时敛兵授甲，为战守计。百姓皆逃避村野，不肯即戎。懿公使司徒拘执之。须臾，擒百余人来，问其逃避之故。众人曰：“君用一物，足以御狄，安用我等？”懿公问：“何物？”众人曰：“鹤。”懿公曰：“鹤何能御狄耶？”众人曰：“鹤既不能战，是无用之物，君敝有用以养无用，百姓所以不服也！”懿公曰：“寡人知罪矣！愿散鹤以从民可乎？”石祁子曰：“君亟行之，犹恐其晚也。”懿公果使人纵鹤，鹤素受豢养，盘旋故处，终不肯去。石、宁二大夫亲往街市，述卫侯悔过之意，百姓始稍稍复集。狄兵已杀至荥泽，顷刻三报。石祁子奏曰：“狄兵骁勇，不可轻敌，臣请求救于齐。”懿公曰：“齐昔日奉命来伐，虽然退兵，我国并未修聘谢，安肯相救？不如一战，以决存亡！”宁速曰：“臣请率师御狄，君居守。”懿公曰：“孤不亲行，恐人不用心。”乃与石祁子玉玦，使代理国政，曰：“卿决断如此玦矣！”与宁速矢，使专力守御。又曰：“国中之事，全委二卿。寡人不胜狄，不能归也！”石、宁二大夫皆垂泪。懿公吩咐已毕，乃大集车徒，使大夫渠孔为将，于伯副之，黄夷为先锋，孔婴齐为后队。一路军人口出怨言，懿公夜往察之。军中歌曰：鹤食禄，民力耕；鹤乘轩，民操兵。狄锋厉兮不可撄，欲战兮九死而一生！鹤今何在兮？而我瞿瞿为此行！懿公闻歌，闷闷不已。大夫渠孔用法太严，人心益离。行近荥泽，见敌军千余，左右分驰，全无行次。渠孔曰：“人言狄勇，虚名耳！”即命鼓行而进。狄人诈败，引入伏中，一时呼哨而起，如天崩地塌，将卫兵截做三处，你我不能相顾。卫兵原无心交战，见敌势凶猛，尽弃车仗而逃。懿公被狄兵围之数重。渠孔曰：“事急矣！请偃大旆，君微服下车，尚可脱也。”懿公叹曰：“二三子苟能相救，以旆为识，不然，去旆无益也。孤宁一死，以谢百姓耳！”须臾，卫兵前后队俱败，黄夷战死，孔婴齐自刎而亡。狄军围益厚。于伯中箭坠车，懿公与渠孔先后被害，被狄人砍为肉泥，全军俱没。

——《东周列国志》

问题和讨论

1. 除了本文中提到的名言外，关于惠的论述，你还知道哪些？尝试把以上名言译成现代汉语。

2. 孟子说，“有恒产者有恒心，无恒产者无恒心”。查找相关资料，仔细体会其与近代西方思想的异同。

国学经典之核心价值准则——智

名　言

知人者智。　　——老子

论　述

- 知之为知之，不知为不知，是知也。　　——《论语·为政》
- 子曰："知者不惑，仁者不忧，勇者不惧。"　　——《论语·子罕》
- 邦有道，不废；邦无道，免于刑戮。　　——《论语·公冶长》
- 子曰："宁武子，邦有道，则知；邦无道，则愚。其知可及也，其愚不可及也。"　　——《论语·公冶长》
- 子曰："臧文仲居蔡，山节藻棁，何如其知也？"　　——《论语·公冶长》
- 子曰："知者乐水，仁者乐山。知者动，仁者静。知者乐，仁者寿。"　　——《论语·雍也》
- 子曰："可与言而不与之言，失人；不可与言而与之言，失言。知者不失人，亦不失言。"　　——《论语·卫灵公》
- 君子一言以为知，一言以为不知，言不可不慎也　　——《论语·子张》
- 樊迟问仁。子曰："爱人。"问知。子曰："知人。"樊迟未达。子曰："举直错诸枉，能使枉者直。"樊迟退，见子夏曰："乡也吾见于夫子而问知，子曰：'举直错诸枉，能使枉者直。'何谓也？"子夏曰："富哉言乎！舜有天下，选于众，举皋陶，不仁者远矣。汤有天下，选于众，举伊尹，不仁者远矣。"　　——《论语·颜渊》
- 鲁人为长府。闵子骞曰："仍旧贯，如之何？何必改作？"子曰："夫人不言，言必有中。"　　——《论语·先进》

- 子曰："唯上知与下愚不移。" [illegible]《论语·阳货》
- "好从事而亟失时，可谓知乎？"曰："不可。[illegible]《论语·阳货》
- 子曰："视其所以，观其所由，察其所安。人[illegible]焉廋哉？"

[illegible]《论语·为政》

- 好学近乎知。 ——《中庸》
- 知、仁、勇，三者天下之达德也。 ——《中庸》
- 唯天下至圣为能聪明睿知，足以有临也。 ——《中庸》
- 舜其大知也与！舜好问而好察迩言。隐恶[illegible]两端，用其中于民。其斯以为舜乎！ ——《中庸》
- 是非之心，智也。[illegible]《孟子·告子上》
- 是非之心，智之端也。[illegible]孟子·公孙丑上》
- 君有过则谏，反覆之而不听，则去。[illegible]《孟子·万章下》
- 仁之实，事亲是也；义之实，从兄是也；智之实，[illegible]斯二者弗去是也。 ——《孟子·离娄上》
- 故大巧在所不为，大智在所不虑。 ——《荀子·天论》
- 是是、非非谓之知，非是、是非谓之愚。 ——《荀子·修身》
- 知莫大乎弃疑，行莫大乎无过，事莫大乎无悔。事至无悔而止矣，成不可必也。 ——《荀子·议兵》
- 至人之用心若镜，不将不迎，应而不藏，故能胜物而不伤。 ——《庄子·应帝王》
- 慧者心辩而不繁说，多力而不伐功，此以名誉扬天下。 ——《墨子·修身》
- 知彼知己，百战不殆；不知彼而知己，一胜一负；不知彼，不知己，每战必殆。 ——《孙子·谋攻》
- 服难以勇，治乱以智。 ——《战国策》
- 弗知而言为不智，知而不言为不忠。 ——《战国策》
- 王天下者，轻县国而重士，故国重而安身；贱财而贵有知，故功得而财生，贱身而贵有道，故身贵而令行。 ——《黄帝四经·六分》
- 官人应实曰知。 ——《逸周书·谥法解》
- 愚者暗于成事，知者见于未萌。 ——《史记·商君列传》
- 智者顺时而谋，愚者逆时而动。 ——朱浮《为幽州牧与彭宠书一首》
- 不患位之不尊，而患德之不崇；不耻禄之不伙，而耻智之不博。 ——张衡《应问》

- 智者弃短[illegible]致其功。——《后汉书·王符传》
- 智极则愚[illegible]不患智寡，患德之有失焉。——王通《止经》
- 才高非智[illegible]也。位尊实危，智者不就也。——王通《止经》
- 谋人者成[illegible]于智也。谋身者恃其智，亦舍其智也。智有所缺，深存其敌，慎之[illegible]——王通《止经》
- 智不及而[illegible]智无歇而谋远者逆。智者言智，愚者言愚，以愚饰智，以智止智，[illegible]——王通《止经》

【赏析】智是[illegible]能够明察秋毫，洞悉一切，“知者不惑”。秦武王病了，扁鹊打算[illegible]做手术，大臣们纷纷表示反对。扁鹊告诉秦武王：“君与知之者谋之，[illegible]不知者败之。使此知秦国之政也，而君一举而亡国矣。”孙策告诉孙权[illegible]内事不决问张昭，外事不决问周瑜。如果内事问周瑜，外事问张昭，只会让自己更加迷惑。做人需要智慧，聪明的人退能趋利避害，明哲保身；进能安邦定国，施展自己的抱负。宁武子是个聪明的人，“邦有道则知，邦无道则愚”。他能进能退，知其不可而不为，政治清明时出来做官，遇乱世则隐居待时。做官需要智慧。

孟子告诉我们：“是非之心，智之端也。”智就是能分清是非黑白，能辨别对错，能明察贤与不肖。“知人者智”即墨大夫为人刚正不阿，满朝文武皆曰不肖，毁言日至。阿大夫阿谀奉承，满朝文武皆称其贤，誉言日至。齐威王烹阿大夫而嘉奖即墨大夫，齐国因此大治。司马光在《资治通鉴》中这样评价曹操：“王知人善察，难眩以伪。识拔奇才，不拘微贱，随能任使，皆获其用。……故能芟刈群雄，几平海内。”樊迟问知，孔子告诉他要多做实事，“务民之义，敬鬼神而远之”。臧文仲是鲁国大夫，当时齐强鲁弱，他受命于危乱之际，负斡旋之重任，充分显示了自己的军事和外交才能，时人都称赞他有智慧。孔子认为臧文仲山节藻棁，为神龟建立豪华的庙宇，“知柳下惠之贤，而不与立”，敬鬼而远人事，不是智者所为。智就是要知己知彼，要正确认识自己，也要正确认识别人。知己知彼，方能百战不殆。

《吕氏春秋》中记载了这样一个故事：楚庄王伐陈，陈“城郭高，沟洫深，蓄积多”。大家都认为陈不可伐。宁国认为，陈作为一个小国，城郭高，沟洫深，一定用尽了民力，百姓疲惫不堪。蓄积多，一定是苛捐杂税太多，民不聊生，结论是“陈可取也”。宁国也是一位智者。智就是能知人善任，《谥法解》上讲：“官人应实曰知。”怎样识人？那就要“视其所以，观其所由，察其所安”。孔子说：“举直错诸枉，能使枉者直。”子夏告诉我们：“舜有天下，选于众，举皋陶，不仁者远矣。汤有天下，选于众，举伊尹，不仁者远矣。”刘邦在分析自己成功的原因时说：“夫运筹帷幄之中，决胜千里之外，吾不如子房；填国家，抚百姓，给饷馈，不绝粮道，吾不如萧何；连百万之众，战必胜，攻必取，吾不如韩信。三者皆人杰，吾能用之，此吾所以取天下者也。项羽有一范增而不能用，此所以为我擒也。”

中国历史上这样的故事很多：秦用商鞅而富强，楚不用吴起而削弱。晁错上书汉景帝进行削藩，削藩不成反而搭上了自己的性命。汉武帝采纳主父偃之计，一道推恩令问题迎刃而解。

智就是未卜先知。诸葛亮未出茅庐，先知天下三分。智就是未雨绸缪，防患于未然，羊未亡而先补牢。智就是一针见血，关键时候直指问题之所在。鲁国翻修国库，闵子骞认为，原来的样子就很好，没有必要大兴土木。孔子称赞他：“夫人不言，言必有中。”智就是敢为天下先，做第一个吃螃蟹的人。“愚者暗于成事，知者见于未萌。”秦孝公任用商鞅进行变法，开始抱怨新法不便的人数以千计，商鞅不为所动，自信“民不可与虑始而可与乐成”，普通人没有长远打算，他们只能共享改革的成果而不能深谋远虑。新法行之十年，秦民大说，道不拾遗，山无盗贼，家给人足。千载无人伯仲。《战国策》上有一句名言：“服难以勇，治乱以智。”智者能挽狂澜于既倒，扶大厦之将倾。

故事和经典——王翦的智慧

（李信兵败）秦王大怒，尽削李信官邑，亲自命驾造频阳，来见王翦，问曰：“将军策李信以二十万人攻楚必败，今果辱秦军矣。将军虽病，能为寡人强起，将兵一行乎？”王翦再拜曰：“老臣罢病悖乱，心力俱衰，惟大王更择贤将而任之。”秦王曰：“此行非将军不可，将军幸勿却！”王翦对曰：“大王不得已而用臣，非六十万人不可。”秦王曰：“寡人闻：‘古者大国三军，次国二军，小国一军，军不尽行，未尝缺乏。’五霸威加诸侯，其制国不过千乘，以一乘七十五人计之，从未及十万之额。今将军必用六十万，古所未有也。”王翦对曰：“古者约日而阵，旨阵而战，步伐俱有常法，致武而不重伤，声罪而不兼地，虽干戈之中，寓礼让之意。故帝王用兵，从不用众。齐桓公作内政，胜兵不过三万人，犹且更番而用。今列国兵争，以强凌弱，以众暴寡，逢

人则杀，遇地则攻。报级动曰数万，围城动经数年，是以农夫皆操戈刃，童稚亦登册籍，势所必至，虽欲用少而不可得。况楚国地尽东南，号令一出，百万之众可具，臣谓六十万，尚恐不相当，岂复能减于此哉？”秦王叹曰：“非将军老于兵，不能透彻至此，寡人听将军矣！”遂以后车载王翦入朝，即日拜为大将，以六十万授之，仍用蒙武为副。

临行，秦王亲至坝上设饯。王翦引卮，为秦王寿曰：“大王饮此，臣有所请。”秦王一饮而尽，问曰：“将军何言？”王翦出一简于袖中。所开写咸阳美田宅数处，求秦王：“批给臣家。”秦王曰：“将军若成功而回，寡人方与将军共富贵，何忧于贫？”王翦曰：“臣老矣，大王虽以封侯劳臣，譬如风中之烛，光耀几时？不如及臣目中，多给美田宅，为子孙业，世世受大王之恩耳。”秦王大笑，许之。即至函谷关，复遣使者求园池数处。蒙武曰：“老将军之请乞，不太多乎？”王翦密告曰：“秦王性强厉而多疑，今以精甲六十万畀我，是空国而托我也。我多请田宅园池，为子孙业，所以安秦王之心耳。”蒙武曰：“老将军高见，吾所不及。”

——《东周列国志》

故事和经典——齐威王明察秋毫

常访问邑守中谁贤谁不肖。同朝之人，无不极口称阿大夫之贤，而贬即墨大夫者。威王于不在意中，时时问及左右，所对大略相同。乃阴使人往察二邑治状，从实回报，因降旨召阿、即墨二守入朝。

即墨大夫先到，朝见威王，并无一言发放。左右皆惊讶，不解其故。未几，阿邑大夫亦到。威王大集群臣，欲行赏罚。左右私心揣度，都道阿大夫今番必有重赏，即墨大夫祸事到矣。众文武朝见事毕，威王召即墨大夫至前，谓曰：“自子之官即墨也，毁言日至。吾使人视即墨，田野开辟，人民富饶。官无留事，东方以宁。繇子专意治邑，不肯媚吾左右，故蒙毁耳。子诚贤令！”乃加封万家之邑。又召阿大夫谓曰：“自子守阿，誉言日至。吾使人视阿，田野荒芜，人民冻馁。昔日赵兵近境，子不往救，但以厚币精金，贿吾左右，以求美誉。守之不肖，无过于汝！”阿大夫顿首谢罪，愿改过。威王不听，呼力士使具鼎镬。须臾，火猛汤沸，缚阿大夫投鼎中。复召左右平昔常誉阿大夫、毁即墨者，凡数十人，责之曰："汝在寡人左右，寡人以耳目寄汝，乃私受贿赂，颠倒是非，以欺寡人。有臣如此，要他何用？可俱就烹！"众皆泣拜哀求。威王怒犹未息，择其平日尤所亲信者十余人，次第烹之。众皆股栗。

——《东周列国志》

故事和经典——《世说新语》二则

【原文】曹公少时见乔玄，玄谓曰："天下方乱，群雄虎争，拨而理之，非君乎？然君实乱世之英雄，治世之奸贼。恨吾老矣，不见君富贵，当以子孙相累。"

——《世说新语》

【译文】曹操年轻时去见乔玄，乔玄对他说："天下动乱不定，各路豪强争霸，能安定天下的，难道是你吗？你是乱世中的英雄，盛世中的奸贼。遗憾的是我老了，看不到你富贵的那一天，我把子孙拜托给您。"

【原文】石勒不知书，使人读汉书。闻郦食其劝立六国后，刻印将授之，大惊曰："此法当失，云何得遂有天下？"至留侯谏，乃曰："赖有此耳！"

——《世说新语》

【译文】石勒不识字，叫人读《汉书》给他听。他听到郦食其劝刘邦分封六国的后代，刘邦着手付诸实施，大惊道："这样做会失去天下，怎能最终得到天下呢！"当听到留侯张良劝阻刘邦，便说："幸亏有这个人呀！"

问题和讨论

1. 除了本文中提到的名言外，关于智的论述，你还知道哪些？尝试把以上名言译成现代汉语。

2. 《战国策》上载："服难以勇，治乱以智。"老子主张："绝圣弃智，民利百倍。"你怎么看待这个问题？

国学经典之核心价值准则——勇

名言

• 勇者不惧。 ——孔子

论述

• 死而不义，非勇也。 ——《左传·文公二年》

• 违强陵弱，非勇也。 ——《左传·定公四年》

• 不待期而薄人于险，无勇也。 ——《左传·文公十二年》

• 周仁之谓信，率义之谓勇。……复言，非信也；期死，非勇也。 ——《左传·哀公十六年》

• 勇而无礼则乱。 ——《论语·泰伯》

• 好勇疾贫，乱也。 ——《论语·泰伯》

• 见义不为，无勇也。 ——《论语·为政》

• 好勇不好学，其蔽也乱。 ——《论语·阳货》

• 子路曰："君子尚勇乎？"子曰："君子义以为上，君子有勇而无义为乱，小人有勇而无义为盗。" ——《论语·阳货》

• 子贡曰："君子亦有恶乎？"子曰："有恶。恶称人之恶者，恶居下流而讪上者，恶勇而无礼者，恶果敢而窒者。"曰："赐也亦有恶乎？""恶徼以为知者，恶不孙以为勇者，恶讦以为直者。" ——《论语·阳货》

• 知、仁、勇，三者天下之达德也。 ——《中庸》

• 好学近乎知，力行近乎仁，知耻近乎勇。 ——《中庸》

• 有行之谓有义，有义之谓勇敢。故所贵于勇敢者，贵其能以立义也；所贵于立义者，贵其有行也；所贵于有行者，贵其行礼也。故所贵于勇敢者，贵

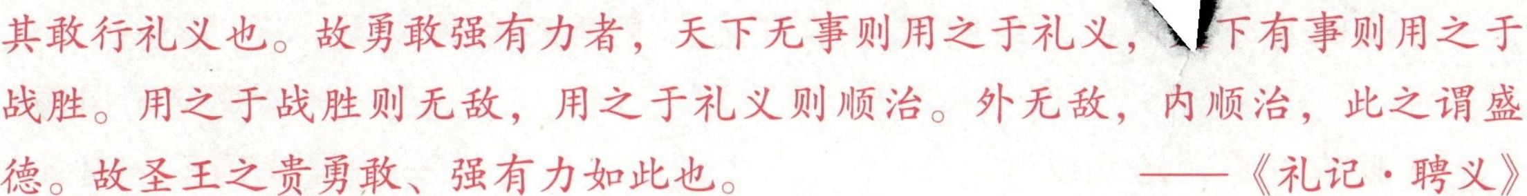

其敢行礼义也。故勇敢强有力者，天下无事则用之于礼义，天下有事则用之于战胜。用之于战胜则无敌，用之于礼义则顺治。外无敌，内顺治，此之谓盛德。故圣王之贵勇敢、强有力如此也。——《礼记·聘义》

●勇而不中礼谓之逆。——《孔子家语·论礼》

●君子以心导耳目，立义以为勇；小人以耳目导心，不逊以为勇。

——《孔子家语·好生》

●可以死，可以无死，死伤勇。——《孟子·离娄下》

●吾尝闻大勇于夫子矣：自反而不缩，虽褐宽博，吾不惴焉；自反而缩，虽千万人，吾往矣。——《孟子·公孙丑上》

●勇，志之所以敢也。——《墨子·经上》

●夫水行不避蛟龙者，渔父之勇也；陆行不避兕虎者，猎夫之勇也；白刃交于前，视死若生者，烈士之勇也；知穷之有命，知通之有时，临大难而不惧者，圣人之勇也。——《庄子·秋水》

●有上勇者，有中勇者，有下勇者。天下有中，敢直其身；先王有道，敢行其意；上不循于乱世之君，下不俗于乱世之民；仁之所在无贫穷，仁之所亡无富贵；天下知之，则欲与天下同苦乐之；天下不知之，则傀然独立天地之间而不畏，是上勇也。礼恭而意俭，大齐信焉而轻货财，贤者敢推而尚之，不肖者敢援而废之，是中勇也。轻身而重货，恬祸而广解，苟免，不恤是非、然不然之情，以期胜人为意，是下勇也。——《荀子·性恶》

●有狗彘之勇者，有贾盗之勇者，有小人之勇者，有士君子之勇者：争饮食，无廉耻，不知是非，不辟死伤，不畏众强，恈恈然唯利饮食之见，是狗彘之勇也。为事利，争货财，无辞让，果敢而振，猛贪而戾，恈恈然惟利之见，是贾盗之勇也。轻死而暴，是小人之勇也。义之所在，不倾于权，不顾其利，举国而与之不为改视，重死持义而不桡，是士君子之勇也。

——《荀子·荣辱》

●臣闻明君之蓄勇力之士也，上有君臣之义，下有长率之伦，内可以禁暴，外可以威敌，上利其功，下服其勇，故尊其位，重其禄。

——《晏子春秋》

●将者，智、信、仁、勇、严也。——《孙子兵法》

●投之亡地然后存，陷之死地然后生。——《孙子兵法》

●凡人论将，常观于勇，勇之于将，乃数分之一尔。夫勇者必轻合，轻合而不知利，未可也。——《吴子兵法》

• 诚既勇兮又以武，终刚强兮不可凌。身既死兮神以灵，子魂魄兮为鬼雄。 ——《楚辞·国殇》

• 服难以勇，治乱以智。 ——《战国策·赵策》

• 胜敌壮志曰勇。 ——《逸周书·谥法解》

• 明犯强汉者，虽远必诛。 ——《汉书·陈汤传》

• 盖世必有非常之人，然后有非常之事；有非常之事，然后有非常之功。

——《汉书·司马相如传》

• 不入虎穴，不得虎子。 ——《后汉书·班超列传》

• 为将当有怯弱时，不可但恃勇也。将当以勇为本，行之以智计；但知任勇，一匹夫敌耳。 ——《三国志·夏侯渊传》

• 天地英雄气，千秋尚凛然。 ——刘禹锡《蜀先主庙》

• 人患不知其过，既知之不能改，是无勇也。 ——韩愈《五箴》

• 将不知古今，匹夫勇尔。 ——《宋史·狄青传》

• 天下有大勇者，卒然临之而不惊，无故加之而不怒。此其所挟持者甚大，而其志甚远也。 ——苏轼《留侯论》

• 勇一也，而用不同，有勇于气者，有勇于义者。君子勇于义，小人勇于气。 ——程颢、程颐《二程集》

• 天变不足畏，祖宗不足法，人言不足恤。 ——《宋史·王安石列传》

• 为国不可以生事，亦不可以畏事。畏事之弊，与生事均。

——苏轼《因擒鬼章论西羌夏人事宜札子》

• 文臣不爱钱，武臣不惜死，天下太平矣。 ——《宋史·岳飞传》

• 人生自古谁无死？留取丹心照汗青。 ——文天祥《过零丁洋》

• 为将之道，勇智贵兼全。弓马便捷，所向无敌，勇也。计算深远，无所遗失，智也，智勇全而后可以建功业，勇而无智，一卒之能耳。

——《明太祖宝训》

• 知过之谓智，改过之谓勇，无过之谓仁。 ——《陈确集》

• 苟利国家生死以，岂因祸福避趋之！

——林则徐《赴戍登程口占示家人》

• 我自横刀向天笑，去留肝胆两昆仑。 ——谭嗣同《狱中题壁》

• 军歌应唱大刀环，誓灭胡奴出玉关。只解沙场为国死，何须马革裹尸还。 ——徐锡麟《出塞》

• 拼将十万头颅血，须把乾坤力挽回。

——秋瑾《黄海舟中日人索句并见日俄战争地图》

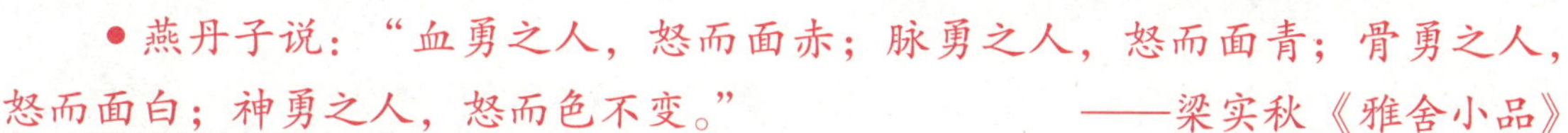

● 燕丹子说："血勇之人，怒而面赤；脉勇之人，怒而面青；骨勇之人，怒而面白；神勇之人，怒而色不变。"

——梁实秋《雅舍小品》

【赏析】勇，就是无所畏惧，关键时刻敢于亮剑，危急时刻能够挺身而出，想常人之不敢想，做常人之不敢做。明知山有虎，偏向虎山行，赤手空拳打虎的武松可谓勇；只身入虎狼之秦，明知一去不复还而义无反顾的荆轲可谓勇。狭路相逢勇者胜，秦伐赵，围困阏与，廉颇和乐乘都认为"道远险狭，难救"。赵奢出其不意，攻其不备，大败秦军，马服君可谓勇。勇就是看到不合礼义的事敢于反对和制止，孔子夹谷却齐，蔺相如完璧归赵，杨业渴死不喝北国水，饿死不吃北国粮。勇是为将者的基本条件，但只有勇还远远不够。吴起告诉我们："凡人论将，常观于勇，勇之于将，乃数分之一尔。"一意孤行，胆大妄为不是勇。曹操告诉夏侯渊："为将当有怯弱时，不可但恃勇也。"夏侯渊不听，终为黄忠所杀。药王孙思邈有一句名言："胆欲大而心欲小，智欲圆而行欲方。"有勇还需有谋，否则只能和项羽一样。孔子提醒我们，好勇还需好学，"好勇不好学，其蔽也乱"。学什么呢？答案是学礼，"勇而无礼则乱"。

勇者要甘于清贫，"好勇疾贫，乱也""君子有勇而无义为乱，小人有勇而无义为盗"。跖从卒九千人，横行天下，也是一个勇者，但他侵暴诸侯，穴室枢户，驱人牛马，取人妇女，贪得忘亲，不顾父母兄弟，不祭先祖，只能算一个江洋大盗。《史记》中有一篇《游侠列传》，讲述了一个勇者郭解的故事。郭解之流表面上"折节为俭，以德报怨，厚施而薄望"，其实"阴贼着于心"，睚眦必报，只能算是匹夫之勇。齐景公重用田开疆、古冶子和公孙接，晏子认为田开疆之流挟功恃勇，全无长幼之礼，只用两个桃子便轻而易举地除去了三人。鲁迅先生有一句名言："真的猛士，敢于直面惨淡的人生，敢于正视淋漓的鲜血。"在国家和民族生死存亡的危急时刻能够挺身而出，才是真正的勇者。所谓"侠之大者，为国为民"中国历史上从来不缺乏勇士，有却匈奴七百余里的蒙恬，有力拔山兮气盖世的项羽，有封狼居胥的霍去病，有不教胡马度阴山的李广，有万军之中取上将首级的关云长，有为朋友两肋插刀的秦叔宝，有饥餐胡虏肉、笑谈渴饮匈奴血的岳飞……给我们留下了无数可歌可泣的故事。

故事和经典——夹谷却齐

齐景公失了阳虎，又恐鲁人怪其纳叛，乃使人致书鲁定公，说明阳虎奔宋之故，就约鲁侯于齐、鲁界上夹谷山前，为乘车之会，以通两国之好，永息干戈。定公得书，即召三家商议。孟孙无忌曰："齐人多诈，主公不可轻往。"季孙斯曰："齐屡次加兵于我，今欲修好，奈何拒之？"定公曰："寡人若去，何人保驾？"无忌曰："非臣师孔某不可。"定公即召孔子，以相礼之事属之。乘车已具，定公将行，孔子奏曰："臣闻'有文事者，必有武备'。文武之事，不可相离，古者，诸侯出疆，必具官以从。宋襄公会盂之事可鉴也。请具左右司马，以防不虞。"定公从其言，乃使大夫申句须为右司马，乐颀为左司马，各率兵车五百乘，远远从行。又命大夫兹无还率兵车三百乘，离会所十里下寨。

既至夹谷，齐景公先在，设立坛位，为土阶三层，制度简略。齐侯幕于坛之右，鲁侯幕于坛之左。孔子闻齐国兵卫甚盛，亦命申句须、乐颀紧紧相随。时齐大夫黎弥以善谋称，自梁邱据死后，景公特宠信之。是夜，黎弥叩幕请见。景公召人，问："卿有何事，昏夜来此？"黎弥奏曰："齐、鲁为仇，非一日矣。止为孔某贤圣，用事于鲁，恐其他日害齐，故为今日之会耳。臣观孔某为人，知礼而无勇，不习战伐之事。明日主公会礼毕后，请奏四方之乐，以娱鲁君，乃使莱夷三百人假做乐工，鼓噪而前，觑便拿住鲁侯，并执孔某。臣约会车乘，从坛下杀散鲁众，那时鲁国君臣之命悬于吾手，凭主公如何处分，岂不胜于用兵侵伐耶？"景公曰："此事可否，当与相国谋之。"黎弥曰："相国素与孔某有交，若通彼得知，其事必不行矣。臣请独任！"景公曰："寡人听卿，卿须仔细！"黎弥自去暗约莱兵行事去了。

次早，两君集于坛下，揖让而登。齐是晏婴为相，鲁是孔子为相。两相一揖之后，各从其主，登坛交拜。叙太公、周公之好，交致玉帛酬献之礼，既毕，景公曰："寡人有四方之乐，愿与君共观之。"遂传令先使莱人上前，奏其本土之乐。于是坛下鼓声大振，莱夷三百人杂执旍旄、羽袚、矛戟、剑楯，蜂拥而至，口中呼哨之声，相和不绝，历阶之半，定公色变。孔子全无惧意，趋立于景公之前，举袂而言曰："吾两君为好会，本行中国之礼，安用夷狄之乐？请命有司去之。"晏子不知黎弥之计，亦奏景公曰："孔某所言，乃正礼也。"景公大惭，急麾莱夷使退。黎弥伏于坛下，只等莱夷动手，一齐发作，见齐侯打发下来，心中甚愠，乃召本国优人，吩咐："筵席中间召汝奏乐，要歌《敝笱》之诗，任情戏谑，若得鲁君臣或笑或怒，我这里有重赏。"原来那诗乃文姜淫乱故事，欲以羞辱鲁国。黎弥升阶奏于齐侯曰："请奏宫中之乐，为两君寿。"景公曰："宫中之乐，非夷乐也，可速奏之。"黎弥传齐侯之命，倡优侏儒二十余人，异服涂面，装女扮男，分为二队，拥至鲁侯面前，跳的跳，舞的舞，口中齐歌的都是淫词，且歌且笑。孔子按剑张目，觑定景公奏曰："匹夫戏诸侯者，罪当死！请齐司马行法！"景公不应。优人戏笑如故。孔子曰："两国既已通好，如兄弟然，鲁国之司马，即齐之司马也。"乃举袖向下麾之，大呼："申句须、乐颀何在？"二将飞驰上坛，于男女二队中，各执领班一人，当下斩首，余人惊走不迭。景公心中骇然。鲁定公随即起身。黎弥初意还想于坛下邀截鲁侯，一来见孔子有此手段，二来见申、乐二将英雄，三来打探得十里之外，即有鲁军屯札，遂缩颈而退。

会散，景公归幕，召黎弥责之曰："孔某相其君，所行者皆是古人之道，汝偏使寡人入夷狄之俗。寡人本欲修好，今反成仇矣。"黎弥惶恐谢罪，不敢对一语。晏子进曰："臣闻：'小人知其过，谢之以文；君子知其过，谢之以质。'今鲁有汶阳之田三处，其一曰讙，乃阳虎所献不义之物；其二曰郓，乃昔年所取以寓鲁昭公者；其三曰龟阴，乃先君顷公时仗晋力索之于鲁者。那三处皆鲁故物，当先君桓公之日，曹沫登坛劫盟，单取此田。田不归鲁，鲁志不甘，主公乘此机以三田谢过，鲁君臣必喜，而齐、鲁之交固矣。"景公大悦，即遣晏子致三田于鲁。此周敬王二十四年事也。

——《东周列国志》

故事和经典——破釜沉舟，背水一战

【原文】项羽已杀卿子冠军，威震楚国，名闻诸侯。乃遣当阳君、蒲将军将卒二万渡河，救钜鹿。战少利，陈馀复请兵。项羽乃悉引兵渡河，皆沈船，

破釜甑，烧庐舍，持三日粮，以示士卒必死，无一还心。于是至则围王离，与秦军遇，九战，绝其甬道，大破之，杀苏角，虏王离。涉间不降楚，自烧杀。当是时，楚兵冠诸侯。诸侯军救钜鹿下者十余壁，莫敢纵兵。及楚击秦，诸将皆从壁上观。楚战士无不一以当十，楚兵呼声动天，诸侯军无不人人惴恐。于是已破秦军，项羽召见诸侯将，诸侯将入辕门，无不膝行而前，莫敢仰视。项羽由是始为诸侯上将军，诸侯皆属焉。

——《史记·项羽本纪》

【译文】项羽杀死卿子冠军宋义后，威震楚国，名闻诸侯。他派遣当阳君、蒲将军带领两万士卒渡河，援救钜鹿。战事好转，陈余又向项羽请求救兵。项羽率领全军渡河，凿沉船只，砸烂炊具，烧毁营房，只携带三天口粮，以示自己决一死战，没有后退的打算。大兵一到就包围了王离，与秦军遭遇，打了九仗，截断了秦军的通道，大破秦军，杀死了苏角，俘虏了王离。涉间不向楚军投降，自焚而死。这个时候，各路诸侯都在阵地上观战。楚军士兵以一当十，喊声震天，诸侯军人人胆战心惊。打垮了秦军以后，项羽召见诸侯将领，他们进入辕门，无不膝行而前，不敢抬头仰视。项羽从此成为诸侯军的上将军，各路诸侯隶属于他。

故事和经典——不入虎穴，不得虎子

【原文】超到鄯善，鄯善王广奉超礼敬甚备，后忽更疏懈。超谓其官属曰：“宁觉广礼意薄乎？此必有北虏使来，狐疑未知所从故也。明者睹未萌，况已著邪。”乃召侍胡诈之曰：“匈奴使来数日，今安在乎？”侍胡惶恐，具服其状。超乃闭侍胡，悉会其吏士三十六人，与共饮，酒酣，因激怒之曰：“卿曹与我俱在绝域，欲立大功，以求富贵。今虏使到裁数日，而王广礼敬即废；如令鄯善收吾属送匈奴，骸骨长为豺狼食矣。为之奈何？”官属皆曰：“今在危亡之地，死生从司马。”超曰：“不入虎穴，不得虎子。当今之计，独有因夜以火攻虏，使彼不知我多少，必大震怖，可殄尽也。灭此虏，则鄯善破胆，功成事立矣。”众曰：“当与从事议之。”超怒曰：“吉凶决于今日。从事文俗吏，闻此必恐而谋泄，死无所名，非壮士也！”众曰：“善。”初夜，遂将吏士往奔虏营。会天大风，超令十人持鼓藏虏舍后，约曰："见火然，皆当鸣鼓大呼。"余人悉持兵弩夹门而伏。超乃顺风纵火，前后鼓噪。虏众惊乱，超手格杀三人，吏兵斩其使及从士三十余级，余众百许人悉烧死。

——《后汉书·班梁列传》

【译文】班超到达鄯善国，鄯善王非常有礼貌地接待了他，后来态度忽然变冷淡了。班超对他的下属说："你们感觉到鄯善王对我们的态度变化了吗？这一定是匈奴使者来了，鄯善国王脚踏汉匈两只船首鼠两端的缘故。聪明的人能够见微知著，何况这是明摆着的事实。"于是叫来服侍的胡人，骗他说："匈奴使者来了好几天了，现在在哪儿？"侍者吓坏了，就吐露了全部实情。班超便把侍者关起来，把他的下属三十六人全部召集起来喝酒。喝到高兴的时候，班超便用语言激怒他们说："我们身处绝地，想立大功以求富贵。现在匈奴使者来了才几天，鄯善王前恭后倨，如果他把我们抓起来交给匈奴，那我们的尸骨就只能喂狼了，你们看怎么办？"下属们都说："现在我们处在生死存亡的关头，死活听从司马的吩咐。"班超说："不入虎穴，不得虎子。现在的办法：只有趁夜晚天黑，放火攻击匈奴，他们不知道我们有多少人，一定会大为惊恐，我们可趁机一举消灭他们。消灭了匈奴人，鄯善王就吓破了胆，我们便大功告成，事情就好办了。"下属们说："应当跟从事大人商量一下。"班超大怒道："是吉是凶，决定于今日。从事是庸俗的文官，听了我们的计划必定会胆怯泄密。死了不为人称道，不是一个勇敢的人。"大家说："好！"初更时分，班超便率领部属奔向匈奴使者营地。这时，正刮着大风。班超叫十个人拿着鼓躲在匈奴使者营地后边，约定说："起火以后，你们就击鼓大声呐喊。"其余的人都拿着弓箭和武器，埋伏在匈奴使者驻地的门前两侧。班超顺风放火，前后击鼓呐喊，匈奴人吓得乱成一团。班超亲手杀死三个人，下属杀死了匈奴使者，还杀死了匈奴使者的随从三十多人，全部砍下他们的脑袋，其余的一百多人全被烧死。

问题和讨论

1. 除了本文中提到的名言外，关于勇的论述，你还知道哪些？
2. 尝试把以上名言译成现代汉语。

国学经典之核心价值准则——刚（毅）

名　言

发强刚毅，足以有执也。 ——《中庸》

论　述

- 天行健，君子以自强不息。 ——《周易·象传上》
- 子曰："刚、毅、木、讷近仁。" ——《论语·子路》
- 子曰："吾未见刚者。"或对曰："申枨。"子曰："枨也欲，焉得刚？" ——《论语·公冶长》
- 好刚不好学，其蔽也狂。 ——《论语·阳货》
- 曾子曰："士不可以不弘毅，任重而道远。仁以为己任，不亦重乎？死而后已，不亦远乎？" ——《论语·泰伯》
- 儒有可亲而不可劫，可近而不可迫，可杀而不可辱。其居处不过，其饮食不溽；其过失可微辩而不可面数也。其刚毅有如此者。 ——《孔子家语·儒行解》
- 身既死兮神以灵，魂魄毅兮为鬼雄。 ——《楚辞·国殇》
- 志士不忘在沟壑，勇士不忘丧其元。 ——《孟子·滕文公下》
- 富贵不能淫，贫贱不能移，威武不能屈，此之谓大丈夫。 ——《孟子·滕文公下》
- 锲而舍之，朽木不折；锲而不舍，金石可镂。 ——《荀子·劝学》
- 志不强者智不达，言不信者行不果。 ——《墨子·修身》
- 强毅果敢曰刚，追补前过曰刚。 ——《逸周书·谥法解》
- 风萧萧兮易水寒，壮士一去兮不复还。 ——《史记·刺客列传》

• 盖文王拘而演《周易》；仲尼厄而作《春秋》；屈原放逐，乃赋《离骚》；左丘失明，厥有《国语》；孙子膑脚，《兵法》修列；不韦迁蜀，世传《吕览》；韩非囚秦，《说难》《孤愤》；《诗》三百篇，此皆圣贤发愤之所为作也。——司马迁《报任安书》

• 丈夫为志，穷当益坚，老当益壮。——《后汉书·马援列传》

• 男儿要当死于边野，以马革裹尸还葬耳，何能卧床上在儿女子手中邪！——《后汉书·马援列传》

• 老骥伏枥，志在千里。烈士暮年，壮心不已。——曹操《龟虽寿》

• 太刚则折，至察无徒。——《晋书·周顗传》

• 黄沙百战穿金甲，不破楼兰终不还。——王昌龄《从军行》

• 老当益壮，宁移白首之心？穷且益坚，不坠青云之志。——王勃《滕王阁序》

• 贫贱忧戚，庸玉汝于成也。——张载《西铭》

• 古之立大事者，不惟有超世之才，亦必有坚忍不拔之志。——苏轼《晁错论》

• 撼山易，撼岳家军难。——《宋史·岳飞列传》

• 冻死不拆屋，饿死不掳掠。——《宋史·岳飞列传》

• 楚虽三户能亡秦，岂有堂堂中国空无人！——陆游《金错刀行》

• 臣心一片磁针石，不指南方不肯休。——文天祥《扬子江》

• 咬定青山不放松，立根原在破岩中。千磨万击还坚劲，任尔东西南北风。——郑板桥《竹石》

• 志之所趋，无远勿届，穷山距海，不能限也。志之所向，无坚不入，锐兵精甲，不能御也。——金缨《格言联璧》

• 有志者，事竟成，破釜沉舟，百二秦关终属楚；苦心人，天不负，卧薪尝胆，三千越甲可吞吴。——蒲松龄自勉联

• 海纳百川，有容乃大。壁立千仞，无欲则刚。——林则徐联

• 身不得，男儿列。心却比，男儿烈！算平生肝胆，因人常热。——秋瑾《满江红·小住京华》

【赏析】刚是刚强，百折不挠。毅是坚毅，坚韧不拔。现代汉语把二者合而为一，我们放在一起论述。刚毅就是有胆有识，能谋善断。中国历史上有一个“房谋杜断”的故事，房玄龄和杜如晦是唐太宗李世民时期的宰相，一个

是尚书左仆射房玄龄，一个是尚书右仆射杜如晦。唐太宗同房玄龄商讨国事，房玄龄每次都能提出精辟的见解，但是往往不能决断。杜如晦一来，将问题稍加分析，就能做出选择。房、杜二人，一个善谋，一个善断。有谋说明有智慧，善断说明处事刚毅。袁绍好谋无断，所以最终败给了曹操。“靡不有初，鲜克有终。”刚毅就是善始善终，不达目的决不罢休。“千磨万击还坚劲，任尔东西南北风。”行百里者半九十，成功者必须具备钢铁般的意志。成吉思汗有一句名言：跃不可跃之山则登其天，渡不可渡之河则达彼岸。刚毅是做大事的人必须具备的基本素质。唐玄奘西天取经，历时十七年，西行五万里，途经九九八十一难，靠的是刚毅。楚虽三户，亡秦必楚，靠的是刚毅。苏武北海牧羊十九年，节旄尽落，不忘初心，靠的是刚毅。曾国藩屡败屡战，最终攻陷天京，靠的是刚毅。逆境中，特别需要这种品质。刚毅就是有勇有谋，运筹帷幄之中，决胜千里之外。具备刚毅的品质，就会无往而不胜。

故事和经典——椒山有胆

【原文】初，继盛之将杖也，或遗之蚺蛇胆。却之曰：“椒山自有胆，何蚺蛇为！”椒山，继盛别号也。及入狱，创甚。夜半而苏，碎磁碗，手割腐肉。肉尽，筋挂膜，复手截去。狱卒执灯颤欲坠，继盛意气自如。朝审时，观者塞衢，皆叹息，有泣下者。后七年，嵩败。穆宗立，恤直谏诸臣，以继盛为首。赠太常少卿，谥忠愍，予祭葬，任一子官。已，又从御史郝杰言，建祠保定，名旌忠。

——《明史·杨继盛传》

【译文】当初，杨继盛被行刑前，有人赠给他蟒蛇胆壮胆。杨继盛一口回绝：“我自己有胆，要蟒蛇胆干什么！”椒山是杨继盛的别名。受刑后入狱，疼痛难忍。半夜苏醒过来，摔碎瓷碗，手拿碎片割去身上的腐肉。肉被割完了，露出筋膜，又用手撕去。狱卒拿着灯吓得差点跌倒，杨继盛神态自如。朝审时，围观的人堵塞大路，都替他叹息，还有人为他哭泣。七年之后，严嵩倒台，穆宗即位，抚恤直谏的各位大臣，以杨继盛为首。赠太常寺少卿，谥号忠愍，给予厚葬，任命他一个儿子做官。之后，又听从御史郝言的话，在保定为

他建祠，定名旌忠。

故事和经典——铁石肺肝左光斗

【原文】及左公下厂狱，史朝夕狱门外，逆阉防伺甚严，虽家仆不得近。久之，闻左公被炮烙，旦夕且死；持五十金，涕泣谋于禁卒，卒感焉。一日，使史更敝衣草屦，背筐，手长镵，为除不洁者。引入，微指左公处，则席地倚墙而坐，面额焦烂不可辨，左膝以下，筋骨尽脱矣。史前跪，抱公膝而呜咽。公辨其声而目不可开，乃奋臂以指拨眦，目光如炬，怒曰："庸奴！此何地也？而汝来前！国家之事，糜烂至此。老夫已矣，汝复轻身而昧大义，天下事谁可支拄者！不速去，无俟奸人构陷，吾今即扑杀汝！"因摸地上刑械，作投击势。史噤不敢发声，趋而出。后常流涕述其事以语人曰："吾师肺肝，皆铁石所铸造也！"

——《左忠毅公逸事》

【译文】左公被关进东厂的监狱，史可法整天守候在门外。魏忠贤对监狱防备监视很严，即使左家的仆人也不能探视。过了很久，史可法听说左公遭受了炮烙酷刑，早晚就要死去，便拿了五十两银子，哭着跟狱卒商量探监的办法，狱卒被感动了。有一天，狱卒让史可法换上旧衣服，穿着草鞋，背着竹筐，手拿一个长铲，装作打扫垃圾的人，把他领进监狱。狱卒悄悄地指着关押左公的地方。只见左公坐在地上，身子靠着墙，面部和额头都被烧烂，辨认不出原来的模样，左腿膝盖以下，筋骨全都脱落。史可法上前跪下，抱着左公的膝盖低声哭泣。左公听出是史可法的声音，可是眼睛睁不开，就使劲地抬起手臂，用指头拨开双眼，目光像火炬一样，生气地说："没用的奴才！这是什么地方，你却到这里来！国事败坏到这个地步，我老头子已经完了，你又轻身历险而不明大义，今后谁能支撑国家大事？还不快走，不要等奸贼们罗织罪名来陷害你，我现在就打死你！"说着就摸起地上的刑具作出投击的样子。史可法闭口不敢出声，快步走了出来。后来他常常流着眼泪对别人讲述这件事说："我老师的肺肝，都是铁石铸造的！"

问题和讨论

1. 除了本文中提到的名言外，关于刚（毅）的论述，你还知道哪些？
2. 尝试把以上名言译成现代汉语。

国学经典之核心价值准则——直

名　言

人之生也直，罔之生也幸而免。　　——孔子

论　述

• 以直报怨，以德报德。　　——《论语·宪问》

• 举直错诸枉，能使枉者直。　　——《论语·颜渊》

• 哀公问曰："何为则民服？"孔子对曰："举直错诸枉，则民服；举枉错诸直，则民不服。"　　——《论语·为政》

• 子曰："孰谓微生高直？或乞醯焉，乞诸其邻而与之。"　　——《论语·公冶长》

• 叶公语孔子曰："吾党有直躬者，其父攘羊，而子证之。"孔子曰："吾党之直者异于是。父为子隐，子为父隐，直在其中矣。"　　——《论语·子路》

• 子曰："邦有道，危言危行；邦无道，危行言孙。"　　——《论语·宪问》

• 子曰："直哉史鱼！邦有道，如矢；邦无道，如矢。君子哉蘧伯玉！邦有道，则仕；邦无道，则可卷而怀之。"　　——《论语·卫灵公》

• 子曰："狂而不直，侗而不愿，悾悾而不信，吾不知之矣。"　　——《论语·泰伯》

夫达也者，质直而好义，察言而观色，虑以下人。　　——《论语·颜渊》

• 子曰："吾之于人也，谁毁谁誉？如有所誉者，其有所试矣。斯民也，三代之所以直道而行也。"　　——《论语·卫灵公》

• 孔子曰："益者三友，损者三友。友直，友谅，友多闻，益矣。友便辟，友善柔，友便佞，损矣。"　　——《论语·季氏》

• 恶徼以为知者，恶不孙以为勇者，恶讦以为直者。——《论语·阳货》

• 柳下惠为士师，三黜。人曰："子未可以去乎?"曰："直道而事人，焉往而不三黜？枉道而事人，何必去父母之邦。" ——《论语·微子》

• 是谓是、非谓非曰直。——《荀子·修身》

• 肇敏行成曰直，内外宾服曰正。——《逸周书·谥法解》

• 观于明镜，则疵瑕不滞于躯；听于直言，则过行不累乎身。

——王粲《仿连珠》

• 清心为治本，直道是身谋。——包拯《书端州郡斋壁》

• 铁可折，玉可碎，海可枯。不论穷达生死，直节贯殊途。

——汪莘《水调歌头》

• 遇沉沉不语之士，且莫输心；见悻悻自好之人，应须防口。

——洪应明《菜根谭·概论》

• 公平正论不可犯手，一犯手则贻羞万世；权门私窦不可著脚，一著脚则玷污终身。 ——洪应明《菜根谭·概论》

• 趋炎附势之祸，甚惨亦甚速；栖恬守逸之味，最淡亦最长。

——洪应明《菜根谭·概论》

• 曲意而使人喜，不若直节而使人忌；无善而致人誉，不如无恶而致人毁。 ——洪应明《菜根谭·概论》

• 君子之事君也，道则直身而行，礼则鞠躬而尽，诚则开心而献，祸福荣辱则顺命而受。 ——《呻吟语》

【赏析】直就是正直，不虚伪。"是谓是，非谓非曰直。"讲真话，说实话，实事求是，就是直。孔子告诉我们，微生高家里没有醋，从邻居家里借来交给别人，不能称作直。直是做人的原则和底线，夏、商、周三代人人直道而行。孔子认为，正直的人不知变通，但值得称颂："直哉史鱼！邦有道，如矢；邦无道，如矢。"柳下惠是一个正直的人，多次被免职也不后悔，"直道而事人，焉往而不三黜？枉道而事人，何必去父母之邦"。孔子提倡向蘧伯玉学习："邦有道，则仕；邦无道，则可卷而怀之。"孔子告诉我们："君子不器。"直不是刻板教条，不知变通。叶公告诉孔子："他们那个地方有一个人非常正直，父亲偷羊，儿子出来告发。"孔子认为，应该委婉地提醒自己的亲人，不能放大他们的错误，"父为子隐，子为父隐，直在其中矣"。直也是交友的重要原则，孔子告诉我们要交正直、诚实、见多识广的朋友，"友直，友谅，友多闻，益矣”。孔子主张“以直报怨，以德报德”。直还是治国理政的重要原则，孔子说：“举直错诸枉，则民服；举枉错诸直，则民不服。”包拯说：“清心为治本，直道是身谋。”如果都能像包拯那样以直谋身，就会政清人和，举世大治了。

故事和经典——祁奚请免叔向

【原文】乐王鲋见叔向曰：“吾为子请！”叔向弗应。出，不拜。其人皆咎叔向。叔向曰：“必祁大夫。”室老闻之，曰：“乐王鲋言于君，无不行，求赦吾子，吾子不许。祁大夫所不能也，而曰必由之，何也？”叔向曰：“乐王鲋，从君者也，何能行？祁大夫外举不弃仇，内举不失亲，其独遗我乎？《诗》曰：‘有觉德行，四国顺之。’夫子，觉者也。”

晋侯问叔向之罪于乐王鲋，对曰：“不弃其亲，其有焉。”于是祁奚老矣，闻之，乘驲而见宣子，曰：“《诗》曰：‘惠我无疆，子孙保之。’《书》曰：‘圣有谟勋，明征定保。’夫谋而鲜过，惠训不倦者，叔向有焉，社稷之固也。犹将十世宥之，以劝能者。今壹不免其身，以弃社稷，不亦惑乎？鲧殛而禹兴；伊尹放大甲而相之，卒无怨色；管、蔡为戮，周公右王。若之何其以虎也弃社稷？子为善，谁敢不勉？多杀何为？”宣子说，与之乘，以言诸公而免之。不见叔向而归。叔向亦不告免焉而朝。

——《左传·襄公二十一年》

【译文】乐王鲋去见叔向，说：“我去请求国君赦免你。”叔向没有答应。乐王鲋临走，叔向也不拜送。身边的人都责备叔向。叔向说：“只有祁大夫可以救我。”室老听到了，说：“乐王鲋说的话，国君没有不采纳的，他主动提出救你，你不答应。祁大夫没有办法救你，你却说只有他才行，这是怎么回事？”叔向说：“乐王鲋，是一个唯国君之命是从的人，怎么救我？祁大夫举荐宗族之外的人不排斥仇人，举荐宗族之内的人不漏掉亲人，难道会忘掉我吗？《诗经》说：‘具备正直的德行，使四方的国家归顺。’只有他老人家是正直的人。”

晋平公询问乐王鲋如何定罪，乐王鲋说：“疏不间亲，叔向可能是同谋。”

这时祁奚已经告老回家，听说这事后，坐上车子去见范宣子，劝他说：“《诗经》上说：‘祖先赐给我们无边的恩惠，子子孙孙不要忘掉它。’《尚书》上说：‘圣人的教化，是国泰民安的保证。’运筹帷幄而少有过错，认真做事而不知疲倦，叔向是一个这样的人，他是国家的柱石。即使他的十代子孙有过错也要赦免，以此来勉励功臣。因为这件事受到牵连而死，放弃国家，这不是很糊涂的做法吗？舜诛杀鲧而起用禹，伊尹开始放逐太甲后来做了他的宰相，太甲始终没有怨色，管叔、蔡叔被诛杀，兄长周公仍然辅佐成王。怎么能因为叔虎之罪而杀叔向？你救下叔向，谁敢不向你看齐？多杀人有什么用？”宣子认可他的观点，和祁奚同坐一辆车子，劝说晋平公赦免了叔向。祁奚没有见叔向就回家了，叔向也没有当面感谢祁奚就上朝了。

故事和经典——晋董狐、齐太史秉笔直书

赵盾终以桃园之事为歉。一日，步至史馆，见太史董狐，索简观之。董狐将史简呈上。赵盾观简上，明写：“秋七月乙丑，赵盾弑其君夷皋于桃园。”盾大惊曰：“太史误矣！吾已出奔河东，去绛城二百余里，安知弑君之事？而子乃归罪于我，不亦诬乎？”董狐曰：“子为相国，出亡未尝越境，返国又不讨贼，谓此事非子主谋，谁其信之？”盾曰：“犹可改乎？”狐曰：“是是非非，号为信史。吾头可断，此简不可改也！”盾叹曰：“嗟乎！史臣之权，乃重于卿相！恨吾未即出境，不免受万世之恶名，悔之无及。”自是赵盾事成公，益加敬谨。赵穿自恃其功，求为正卿，盾恐碍公论，不许。穿愤恚，疽发于背而死。穿子赵旃，求嗣父职，盾曰：“待汝他日有功，虽卿位不难致也。”史臣论赵盾不私赵穿父子，皆董狐直笔所致。

——《东周列国志》

未几，庆封使其子庆舍搜捕庄公余党，杀逐殆尽。以车迎崔杼（zhù）入朝，然后使召高、国，共议立君之事。高、国让于崔、庆，庆封复让于崔杼。崔杼曰：“灵公之子杵臼，年已长，其母为鲁大夫叔孙侨如之女，立之可结鲁好。”众人皆唯唯。于是迎公子杵臼为君，是为景公。

时景公年幼，崔杼自立为右相，立庆封为左相。盟群臣于太公之庙，刑牲

歃血，誓其众曰：“诸君有不与崔、庆同心者，有如日！”庆封继之，高、国亦从其誓。轮及晏婴，婴仰天叹曰：“诸君能忠于君，利于社稷，而婴不与同心者，有如上帝！”崔、庆俱色变。高、国曰：“二相今日之举，正忠君利社稷之事也。”崔、庆乃悦。时莒黎比公尚在齐国，崔、庆奉景公与黎比公为盟，黎比公乃归莒。崔杼命棠无咎敛州绰、贾举等之尸，与庄公同葬于北郭，减其礼数，不用兵甲，曰：“恐其逞勇于地下也。”

命太史伯以疟疾书庄公之死，太史伯不从，书于简曰：“夏五月乙亥，崔杼弑其君光。”杼见之大怒，杀太史。太史有弟三人，曰仲、叔、季。仲复书如前，杼又杀之；叔亦如之，杼复杀之；季又书，杼执其简谓季曰：“汝三兄皆死，汝独不爱性命乎？若更其语，当免汝。”季对曰：“据事直书，史氏之职也。失职而生，不如死！昔赵穿弑晋灵公，太史董狐以赵盾位为正卿，不能讨贼，书曰：‘赵盾弑其君夷皋。’盾不为怪，知史职不可废也。某即不书，天下必有书之者。不书不足以盖相国之丑，而徒贻识者之笑，某是以不爱其死，惟相国裁之！”崔杼叹曰：“吾惧社稷之陨，不得已而为此。虽直书，人必谅我。”乃掷简还季。季捧简而出，将至史馆，遇南史氏方来，季问其故。南史氏曰：“闻汝兄弟俱死，恐遂没夏五月乙亥之事，吾是以执简而来也。”季以所书简示之，南史氏乃辞去。

——《东周列国志》

故事和经典——张释之执法

【原文】顷之，上行出中渭桥，有一人从桥下走，乘舆马惊。于是使骑捕，属之廷尉。释之治问。曰：“县人来，闻跸，匿桥下。久之，以为行已过，即出，见乘舆车骑，即走耳。”廷尉奏当，一人犯跸，当罚金。文帝怒曰：“此人亲惊吾马，吾马赖柔和，令他马，固不败伤我乎？而廷尉乃当之罚金！”释之曰：“法者，天子所与天下公共也。今法如此而更重之，是法不信于民也。且方其时，上使立诛之则已。今既下廷尉，廷尉，天下之平也，一倾而天下用法皆为之轻重，民安所措其手足？唯陛下察之。”良久，上曰：“廷尉当是也。”

其后有人盗高庙坐前玉环，捕得，文帝怒，下廷尉治。释之案律盗宗庙服

御物者为奏，奏当弃市。上大怒曰：“人之无道，乃盗先帝庙器，吾属廷尉者，欲致之族，而君以法奏之，非吾所以共承宗庙意也。”释之免冠顿首谢曰：“法如是足也。且罪等，然以逆顺为差。今盗宗庙器而族之，有如万分之一，假令愚民取长陵一抔土，陛下何以加其法乎？”久之，文帝与太后言之，乃许廷尉当。是时，中尉条侯周亚夫与梁相山都侯王恬开见释之持议平，乃结为亲友。张廷尉由此天下称之。

——《史记·张释之列传》

【译文】此后不久，文帝出巡路过中渭桥，有个人突然从桥下跑出来，文帝驾车的马受到惊吓。卫士抓到这个人，交给廷尉。张释之开庭审讯，那个人回答说：“我是长安县的百姓，听到皇帝从此经过，就躲到桥下。过了好久，以为皇帝的车队已经过去了，就从桥下跑出来，看到皇帝的车队，吓得我掉头就走。”张释之向文帝报告处罚结果，说他触犯了禁令，应处以罚金。文帝生气地说：“这个人使我的马受惊，幸亏我的马温驯，如果是匹烈马，一定会弄坏车子伤到我的，你竟然只判处他罚金！”张释之说：“法律面前天子和百姓一律平等。现在法律就是这样规定的，如果擅自违背法律进行重罚，法律就会失去公信力。如果当时您下令把他杀了也就罢了，现在既然把这个人交给我，我的职责是公平执法，稍有差池，天下执法的人就会上行下效，老百姓就会无所适从。愿陛下明察。”过了好一会儿，文帝终于明白过来，说：“你的判决是正确的。”

后来，有人偷了高祖庙神座前的玉环，被官府抓到了，文帝大怒，交给廷尉治罪。张释之按偷盗宗庙服饰器具之罪奏报文帝，判处死刑。文帝勃然大怒：“这个人无法无天，竟然该偷盗先帝庙里的东西，我交给你审理的目的，就是要让他灭族，而你却按照法律条文进行处罚，有失我对列祖列宗的敬意。”张释之脱掉帽子叩头谢罪：“按照法律这样处罚已经够重了。况且在罪名相同时，也要区别犯罪程度的轻重。现在偷盗祖庙的东西就要处以灭族之罪，万一愚蠢的人挖长陵一抔土，陛下又该怎么加重处罚呢？”过了一些时候，文帝和薄太后谈起了这件事，最终同意了他的判决。当时，条侯周亚夫与梁国国相山都侯王恬开听到了张释之执法公正，都愿意和他结为好友。张释之从此名扬天下。

问题和讨论

1. 除了本文中提到的名言外，关于直的论述，你还知道哪些？
2. 尝试把以上名言译成现代汉语。

国学经典之核心价值准则——文

名言

经天纬地曰文。——《谥法解》

论述

- 子以四教：文，行，忠，信。——《论语·述而》
- 子曰："质胜文则野，文胜质则史。文质彬彬，然后君子。"——《论语·雍也》
- 子贡问曰："孔文子何以谓之'文'也？"子曰："敏而好学，不耻下问，是以谓之'文'也。"——《论语·公冶长》
- 公叔文子之臣大夫僎与文子同升诸公。子闻之，曰："可以为'文'矣。"——《论语·宪问》
- 子夏曰："贤贤易色；事父母，能竭其力；事君，能致其身；与朋友交，言而有信。虽曰未学，吾必谓之学矣。"——《论语·学而》
- 子夏曰："仕而优则学，学而优则仕。"——《论语·子张》
- 子曰："德之不修，学之不讲，闻义不能徙，不善不能改，是吾忧也。"——《论语·述而》
- 子曰："学而时习之，不亦说乎？有朋自远方来，不亦乐乎？人不知而不愠，不亦君子乎？"——《论语·学而》
- 独学而无友，则孤陋而寡闻。——《礼记·学记》
- 好学近乎知，力行近乎仁，知耻近乎勇。——《中庸》
- 博学之，审问之，慎思之，明辨之，笃行之。——《中庸》

• 儒者在本朝则美政，在下位则美俗。儒之为人下如是矣。

——《荀子·儒效》

• 学恶乎始？恶乎终？曰：其数则始乎诵经，终乎读礼；其义则始乎为士，终乎为圣人，真积力久则入，学至乎没而后止也。——《荀子·劝学》

• 君子宽而不僈，廉而不刿，辩而不争，察而不激，寡立而不胜，坚强而不暴，柔从而不流，恭敬谨慎而容，夫是之谓至文。——《荀子·不苟》

• 经天纬地曰文，道德博闻曰文，学勤好问曰文，慈惠爱民曰文，愍民惠礼曰文，锡民爵位曰文。——《逸周书·谥法解》

• 少而好学，如日出之阳；壮而好学，如日中之光；老而好学，如炳烛之明。——刘向《说苑》

• 与善人居，如入兰芷之室，久而不闻其香，则与之化矣。与恶人居，如入鲍鱼之肆，久而不闻其臭，亦与之化矣。——刘向《说苑》

• 人材虽高，不务学问，不能致用。受学重问，孰不能成。

——刘向《说苑》

• 竭尽忠孝谓之人，治国经邦谓之学，安危定变谓之才，经天纬地谓之文，霁月光风谓之度，万物一体谓之仁。——《萧氏兰陵堂训》

• 宏风道俗，莫尚于文；敷教训人，莫善于学。因文而道隆，假学以光身。——李世民《帝范》

• 道之显者谓之文，盖礼乐制度之谓。——朱熹《四书集注》

• 粗缯大布裹生涯，腹有诗书气自华。——苏轼《和董传留别》

• 学如弓弩，才如箭镞。识以领之，方能中鹄。

——袁枚《续诗品·尚识》

【赏析】文是孔门第一科，也是非常重要的价值准则。《论语》中文和学的含义基本相同，文是文化，学是学问。怎样做才算有学问呢？子夏告诉我们："贤贤易色，事父母能竭其力，事君能致其身，与朋友交言而有信。虽曰未学，吾必谓之学矣。"文是君子的重要行为规范，"质胜文则野，文胜质则史。文质彬彬，然后君子"。质是原生态的，天生的。文是后天的，修饰性的。文和质运用地恰到好处就是君子，修饰过度就成了伪君子。这就是老子所说的"上德不德，是以有德。下德不失德，是以无德"。

怎么做才能算是文呢？孔子告诉子贡，孔文子"敏而好学，不耻下问，是以谓之文也"。文与儒同义，含有文雅、儒雅之意。"儒"字左边是"亻"，右边是“需”，有人形象地把它解释为“做人所必需的”。“儒者在本朝则美政，在下位则美俗。”有了这种儒雅之气，在商者称作“儒商”，为将者称作“儒将”，有儒雅之气的人走到哪里都会受到欢迎。《逸周书·谥法解》对文做了详细的阐释，即“经天纬地曰文，道德博闻曰文，学勤好问曰文，慈惠爱民曰文，愍民惠礼曰文，锡民爵位曰文”。一个人去世以后能用文这个字作谥号是非常了不起的事，如周文王姬昌、晋文公重耳、汉文帝刘恒、隋文帝杨坚以及孔文子孔圉、季文子季孙行父、王文公王安石、朱文公朱熹、曾文正公曾国藩等，个个名垂青史。

故事和经典——儒行解

【原文】儒有席上之珍以待聘，夙夜强学以待问，怀忠信以待举，力行以待取。其自立有如此者。

儒有衣冠中，动作顺，其大让如慢，小让如伪。大则如威，小则如愧。难进而易退，粥粥若无能也。其容貌有如此者。

儒有居处齐难，其坐起恭敬，言必诚信，行必忠正。道涂不争险易之利，冬夏不争阴阳之和。爱其死以有待也，养其身以有为也。其备预有如此者。

儒有不宝金玉而忠信以为宝，不祈土地而仁义以为土地，不求多积而多文以为富。难得而易禄也，易禄而难畜也。非时不见，不亦难得乎？非义不合，不亦难畜乎？先劳而后禄，不亦易禄乎？其近人情有如此者。

儒有委之以货财，淹之以乐好而不淫，劫之以众而不惧，阻之以兵而不慑。利不亏其义，见见死不更其守。往者不悔，来者不豫，过言不再，流言不极。不断其威，不习其谋。其特立有如此者。

儒有可亲而不可劫，可近而不可迫，可杀而不可辱。其居处不过，其饮食不溽；其过失可微辨而不可面数也。其刚毅有如此者。

儒有忠信以为甲胄，礼义以为干橹，戴仁而行，抱德而处，虽有暴政，不更其所。其自立有如此者。

儒有一亩之宫，环堵之室，筚门圭窬，蓬户瓮牖。易衣而出，并日而食，上答之，不敢以疑；上不答之，不敢以谄。其仕有如此者。

儒有今人以居，古人以稽；今世行之，后世以为楷。若不逢世，上所不受，下所不推，谗谄之民有比党而危之，身可危也，而志不可夺也；虽危犹起居，竟信其志，乃不忘百姓之病也。其忧思有如此者。

儒有博学而不穷，笃行而不倦，幽居而不淫，上通而不困。礼必以和，优游之法，慕贤而容众，毁方而瓦合。其宽裕有如此者。

儒有内称不避亲，外举不避怨，程功积事，不求厚禄。推贤达能，不望其报。君得其志，民赖其德。苟利国家，不求富贵。其举贤援能有如此者。

儒有澡身浴德，陈言而伏。静言而正之，而上下不知也。默而翘之，又不急为也。不临深而为高，不加少而为多。世治不轻，世乱不沮；同已不与，异已不非。其特立独行有如此者。

儒有上不臣天子，下不事诸侯，慎静尚宽，砥厉廉隅。强毅以与人，博学以知服。虽以分国，视之如锱铢，弗有臣仕。其规为有如此者。

儒有合志同方，营道同术，并立则乐，相下不厌。久别则，闻流言不信，义同而进，不同而退。其交友有如此者。

天温良者，仁之本也；敬慎者，仁之地也；宽裕者，仁之作也；逊接者，仁之能也；礼节者，仁之貌也；言谈者，仁之文也；歌乐者，仁之和也；分散者，仁之施也；儒皆兼此而有之，犹且不敢言仁也。其尊让有如此者。

儒有不陨获于贫贱，不充诎于富贵，不溷（hùn）君王，不累长上，不闵有司，故曰儒。今人之名儒也妄，常以儒相诟疾。

——《孔子家语·儒行解》

【译文】儒者如同席上的珍品等待别人来享用，昼夜不停地学习以等待别人来请教，心怀忠信地等待别人举荐，努力做事以等待别人录用。儒者就是这样修身的。

儒者的衣冠端正，行为和顺从容，大事面前小心谨慎好像很害怕，小事面前也不敢轻慢好像很愧疚。做大事时神态严肃好像心怀畏惧，做小事时小心谨慎好像胆小怕事。不急于求成而乐于谦让，好像柔弱无能的样子。儒者的外貌就是这样的。

儒者的起居庄重谨慎，行走坐立恭敬，讲话诚实守信，行为中规中矩。在路上不与人争道，不与人争冬暖夏凉的地方。爱惜生命以期有所成就，保养身体以期有所作为。儒者就是这样等待时机的。

儒者不以金玉为宝而以忠信为宝，不谋求多占土地而把仁义当作土地，不求积累财富而把积累学问作为财富。儒者难以得到却容易供养，容易供养却难

以留住。不到适当的时候不会出现，不是很难得吗？不正义的事情不做，不是很难留住他们吗？先为国效力然后索取回报，不是很容易供养吗？儒者就是这样近乎人情的。

儒者不贪图他人的财物，不沉迷于吃喝玩乐。众人威逼也不害怕，武力威胁也不会恐惧。见利不会忘义，见死不改操守。对过去的事情不后悔，对未来的事情不疑虑。错话不重复两次，流言不去追究。时常保持威严，不设阴谋害人。儒者就是这样特立独行的。

儒者可以亲近而不可以胁迫，可以接近而不可以威逼，可以杀头而不可侮辱。他们的居处不奢侈，他们的饮食不丰厚，他们的过失可以委婉地指出不可以当面指责。儒者就是这样刚强坚毅的。

儒者以忠信作为铠甲，以礼仪作为盾牌，以仁义为行为准则，以道德为处事规范。即使遇到暴政，也不改变操守。儒者就是这样自立自强的。

儒者有小小的院落，家徒四壁，柴草为门，破瓮为窗。外出时换上干净的衣服，一日三餐并为一顿。国君采纳他的建议，自信不疑；国君不采纳他的建议，也不谄媚求进。儒者做官的原则就是这样的。

儒者与当代人一起居住，而以古人的道德约束自己。儒者今世的行为，可以作为后世的楷模。如果生不逢时，上面没人赏识，下面没人推荐，卑鄙小人合伙来陷害他，只可危及他的身体，而不可剥夺他的志向。虽然能危及他的生活起居，但他信念坚定，不忘百姓疾苦。儒者就是这样忧国忧民的。

儒者学识渊博，从不停止学习，认认真真做事而不知疲倦，独处时从不放纵自己，通达时也不固执己见。始终遵循以和为贵的原则，悠然自得而有所节制。仰慕先贤而宽容众人，像陶瓦一样方圆处世。儒者就是这样宽容大度的。

儒者举荐人才，对内不回避自己的亲属，对外不回避自己的仇人。只为建功立业，不谋求更高的职位。举荐贤能而不期望他们的回报。满足国君的愿望，百姓倚仗他的品德。只要有利于国家，从不贪图个人的富贵。儒者就是这样举贤荐能的。

儒者以道德为规范修身养性，向国君陈述自己的意见，静候采纳。温和地纠正国君的过失，君上和臣下都难以觉察。默默地等待，不急于有所作为。不在肤浅的人面前显示自己高明，不夸大自己的功劳。处治世而不自轻，处乱世坚守正道而不沮丧。不与志向相同的人结党，也不打击政见不同的人。儒者就是这样特立独行的。

儒者中有这样一类人，对上不做天子的臣下，对下不侍奉诸侯，谨慎安静

而崇尚宽厚，严格要求自己，品行廉洁，为人刚强坚毅，学识渊博，令人折服。即使把国家分给他，也看作锱铢小事，不肯甘为人下。儒者就是这样严格要求自己的。

儒者交友，讲究志同道合，方向一致。乐于相互学习和借鉴，意见相左也不相互厌弃。久不相见，听到对方的流言蜚语也不相信。志向相同就进一步交往，志向不同就远而敬之。儒者就是这样交友的。

温和善良是仁的根本，恭敬谨慎是仁的基础，宽宏大量是仁的表象，谦逊待人是仁的功能，礼节是仁的外表，言谈是仁的文采，歌舞和音乐是仁和的表现，广施财物是实施仁的结果。儒者兼有这几种美德，也不敢说已经做到仁了。儒者就是这样恭敬谦让的。

儒者不因贫贱而灰心丧气，不因富贵而得意忘形。不玷辱君王，不拖累长上，不给有关官吏带来麻烦，因此叫作儒。现今人们对儒这个名称的理解是错误的，人们常常用儒腐来相互讥讽。

故事和经典——公叔文子二三事

【原文】公叔文子之臣大夫僎（zhuàn）与文子同升诸公。子闻之，曰：“可以为‘文’矣！”

子问公叔文子于公明贾曰：“信乎，夫子不言，不笑，不取乎？”

公明贾对曰：“以告者过也。夫子时然后言，人不厌其言；乐然后笑，人不厌其笑；义然后取，人不厌其取。”

子曰：“其然？岂其然乎？”

——《论语·宪问》

【译文】公叔文子的家臣僎和公叔文子一同做了卫国的大夫。孔子听说这件事以后说：“这个‘文’字名副其实啊。”

孔子向公明贾打听公叔文子，“听说老先生不说、不笑、不贪，是真的吗？”公明贾回答道：“你听到的不对。老先生该说时才说，因此别人不讨厌他说；快乐时才笑，因此别人不讨厌他笑；合于礼节要求的东西他才要，因此别人不认为他贪。”孔子说：“原来是这样，真的是这样吗？”

【原文】公叔文子卒，其子戍请谥于君，曰："日月有时，将葬矣，请所以易其名者。"君曰："昔者卫国凶饥，夫子为粥与国之饿者，是不亦'惠'乎？昔者卫国有难，夫子以其死卫寡人，不亦'贞'乎？夫子听卫国之政，修其班制，以与四邻交，卫国之社稷不辱，不亦'文'乎？故谓夫子'贞惠文子'。"

——《礼记·檀弓下》

【译文】公叔文子去世后，他的儿子向国君请求谥号，说："大夫去世三月后下葬，现在下葬的日期将近，请赐给亡父一个谥号。"卫灵公说："从前卫国遭遇凶年发生饥荒，老先生施粥救济百姓，这不正是爱民乐施的表现吗？符合《谥法》的'惠'字。从前卫国发生内乱，老先生拼死保卫我，符合《谥法》上的'贞'字。老先生主持卫国国政，建章立制，与四邻交往，使卫国的声望没有受到玷辱，符合《谥法》上的'文'字。所以，我们可以用'贞惠文子'作为老先生的谥号。"

故事和经典——陆贾说汉高祖

【原文】陆生时时前说称诗书。高帝骂之曰："乃公居马上而得之，安事诗书！"陆生曰："居马上得之，宁可以马上治之乎？且汤武逆取而以顺守之，文武并用，长久之术也。昔者吴王夫差、智伯极武而亡；秦任刑法不变，卒灭赵氏。乡使秦已并天下，行仁义，法先圣，陛下安得而有之？"高帝不怿而有惭色，乃谓陆生曰："试为我著秦所以失天下，吾所以得之者何，及古成败之国。"陆生乃粗述存亡之徵，凡著十二篇。每奏一篇，高帝未尝不称善，左右呼万岁，号其书曰"新语"。

——《史记·郦生陆贾列传》

【译文】陆贾常常在汉高祖面前谈论《诗经》和《尚书》，汉高祖很不高兴，呵斥他说："我的天下是骑在马上打下来的，哪里用得着诗书！"陆贾回答说："您可以在马上取得天下，难道您也可以在马上治理天下吗？商汤和周武王，都以武力征服天下，然后顺应形势以守为攻，文治武功并用，这才使国家长治久安。从前吴王夫差和智伯穷兵黩武走向灭亡，秦朝也一味使用酷刑而

不知变通，最后导致自己灭亡。如果秦朝统一天下后，以仁义治国，效法先贤，那么，陛下又怎么能取得天下呢？”汉高祖听完之后，虽然心里不痛快，脸上露出惭愧的表情，就对陆贾说：“那就请你总结一下秦朝为什么失去天下，我为什么得到天下，以及古代王朝成功和失败的原因吧。”陆贾奉旨粗略地总结了历代兴衰存亡的原因，一共写了十二篇。每写完一篇就上奏给汉高祖，汉高祖赞不绝口，左右群臣也一齐山呼万岁，把这部书称为“新语”。

问题和讨论

1. 除了本文中提到的名言外，关于文（学）的论述，你还知道哪些？
2. 尝试把以上名言译成现代汉语。

国学经典之核心价值准则——明

名言

自知者明。——老子

论述

- 既明且哲，以保其身。——《诗经·烝民》
- 大人以继明照于四方。——《周易·象传上》
- 不自见，故明。——《道德经》
- 孔子曰："君子有九思：视思明，听思聪，色思温，貌思恭，言思忠，事思敬，疑思问，忿思难，见得思义。"——《论语·季氏》
- 子张问明。子曰："浸润之谮（zèn），肤受之愬（sù），不行焉，可谓明也已矣。浸润之谮，肤受之愬，不行焉，可谓远也已矣。"——《论语·颜渊》
- 子曰："众恶之，必察焉；众好之，必察焉。"——《论语·卫灵公》
- 子贡问曰："乡人皆好之，何如？"子曰："未可也。""乡人皆恶之，何如？"子曰："未可也。不如乡人之善者好之，其不善者恶之。"——《论语·子路》
- 文王曰："主明如何？"太公曰："目贵明，耳贵聪，心贵智。以天下之目视，则无不见也；以天下之耳听，则无不闻也；以天下之心虑，则无不知也。辐凑并进，则明不蔽矣。"——《六韬·文韬·大礼》
- 君子博学而日参省乎己，则知明而行无过矣。——《荀子·劝学》
- 故明主者，不恃其不我叛也，恃吾不可叛也；不恃其不我欺也，恃吾不可欺也。——《韩非子·外储说左下》

- 善为国者，官法明，故不任智虑。——《商君书》
- 子思问于仲尼曰：“为人君者莫不知任贤之逸也，而不能用贤，何故？”仲尼曰：“非不欲也，所以官人失能者，由於不明也。其君以誉为赏，以毁为罚，贤者不居焉。”——《子思子》
- 知己知彼，百战不殆；不知彼而知己，一胜一负；不知彼，不知己，每战必殆。——《孙子兵法》
- 照临四方曰明，谮诉不行曰明。——《逸周书·谥法解》
- 明者因时而变，知者随事而制。——桓宽《盐铁论》
- 明者远见于未萌，而知者避危于无形。——司马相如《上书谏猎》
- 反听之谓聪，内视之谓明，自胜之谓强。——《史记·商君列传》
- 在官惟明，莅事惟平，立身惟清。——马融《忠经》
- 明者见危于无形，智者见祸于未萌。——《三国志·钟会传》
- 上问魏徵曰：“人主何为而明，何为而暗？”对曰：“兼听则明，偏信则暗。”——《资治通鉴·唐纪》
- 不畏浮云遮望眼，只缘身在最高层。——王安石《登飞来峰》

【赏析】明就是能够正确认识自己，“自知者明”。了解别人不容易，能够正确认识自己则是一件更困难的事。俗话说，人贵有自知之明。赵括自以为熟读兵书，天下无人可及。用兵之道事关生死存亡，赵括视同儿戏，“使赵不将括即已，若必将之，破赵军者必括也”。知子莫若父，马服君有自知之明。孙权劝曹操称帝，曹操说：“是儿是使吾居炉火上耶！”他坚信“若天命在吾，吾其为周文王乎”！可以说曹操有自知之明；朱元璋坚持“高筑城，广积粮，缓称王”，一举夺得天下，可以说朱元璋有自知之明。王莽篡汉，失去了自知之明；袁世凯称帝，也失去了自知之明。

良药苦口利于病，忠言逆耳利于行。孔子告诉子张，明就是不要听信谗言，远离“浸润之谮，肤受之愬”。明就是有大智慧，具般若之智。小事不计较，从事不糊涂。吕端大事不能糊涂，宋太宗任命为宰相。《道德经》上有一句话：“绝圣弃智，民利百倍；绝仁弃义，民复孝慈；绝巧弃利，盗贼无有。”意思是大智若愚，要弃鸡鸣狗盗之徒而不用。小聪明不可取，苏轼有一首《洗儿诗》：“人皆养子望聪明，我被聪明误一生。唯愿孩儿愚且鲁，无灾无难到公卿。”商鞅说，“善为国者，官法明，故不任智虑”。意思是善于治理国家的人，法制严明，有法必依，不用那些自以为是的人。子夏说：“虽小道，必有可观者焉；致远恐泥，是以君子不为也。”三者具有异曲同工之妙。“为上惟临”是说国君一定要明察秋毫。大家都喜欢的不一定正确，大家都反对的也不一定不对，“众恶之，必察焉；众好之，必察焉”。一定要亲自调查研究，如果能做到“乡人之善者好之，其不善者恶之”，就会真相大白了。要“亲贤臣，远小人”，因为身为国君要高瞻远瞩，“不畏浮云遮望眼”。

秦始皇是中国历史上一位明君，用了二十六年的时间先后灭掉韩、赵、魏、楚、燕、齐，统一天下、包举宇内、囊括四海、并吞八荒之志。他绝对不会想到自己去世后胡亥矫制，赵高弄权，天下大乱，几代人辛辛苦苦建立起来的大秦帝国两代而亡。汉武帝也是中国历史上一位明君，他东并朝鲜、南吞百越、西征大宛、北破匈奴，开创了汉武盛世。晚年却被江充蒙蔽，发生巫蛊之祸，皇后和太子自杀，牵连数十万人，等事情水落石出，自己追悔莫及。怎样才能明察下情？姜太公说：“以天下之目视，则无不见也；以天下之耳听，则无不闻也；以天下之心虑，则无不知也。”魏徵告诉唐太宗：“兼听则明，偏信则暗。”做到了这些就是明君。

故事和经典——简政易权，民必归之

【原文】太公封于齐，五月而报政。周公曰：“何族（速）也？”曰：“吾简其君臣，礼从其俗。”伯禽至鲁，三年而报政。周公曰：“何迟也？”曰：“变其俗，革其礼，丧三年而后除之。”周公曰：“后世其北面事齐乎？夫政不简不易，民不能近；平易近民，民必归之。”周公问太公何以治齐，曰：“尊贤而尚功。”周公曰：“后世必有篡弑之臣。”太公问周公何以治鲁，曰：“尊贤而尚亲。”太公曰：“后寝弱矣。”

——《智囊全集》

【译文】姜太公被分封到齐国，五个月后向周天子述职。周公问他：“怎么这么快？”姜太公说：“我简化了君臣上下的礼节，遵循他们原来的风俗习惯，所以国家很快安定下来。”周公的儿子伯禽前往鲁国，三年后才回来述职。周公问他：“为什么这么晚呢？”伯禽答道：“我改变他们原来的风俗，让他服丧三年而后才能除掉孝服。”周公说：“这样下去，鲁国的后代大概会向齐国称臣了吧？政事烦琐，百姓不容易亲近；君主平易近人，百姓就会归附他。”周公问太公用什么办法治理齐国，太公说道：“尊重圣贤之人而重用有功之人。”周公说：“齐国后世一定会有篡权弑君之臣！”太公问周公用什么办法治理鲁国，周公说：“尊重圣贤之人并且重用公族亲属。”太公说：“那么，公室的势力一定会逐渐衰弱！”

故事和经典——子产不毁乡校

【原文】郑人游于乡校，以论执政。然明谓子产曰：“毁乡校何如？”子产曰：“何为？夫人朝夕退而游焉，以议执政之善否。其所善者，吾则行之；其所恶者，吾则改之，是吾师也。若之何毁之？我闻忠善以损怨，不闻作威以防怨。岂不遽止，然犹防川，大决所犯，伤人必多，吾不克救也。不如小决使道。不如吾闻而药之也。”然明曰：“蔑也今而后知吾子之信可事也。小人实不才，若果行此，其郑国实赖之，岂唯二三臣？”仲尼闻是语也，曰：“以是观之，人谓子产不仁，吾不信也。”

——《左传·襄公三十年》

【译文】郑国人在乡校里聚会游玩，议论国家政事。然明对子产说：“毁了乡校怎么样？”子产说：“为什么要这样做？人们茶余饭后到乡校游玩，议论制度的好坏。他们认为好的，我就推行它；他们讨厌的，我就改掉它。乡校里全是我的老师，为什么要毁掉它？我听说推行忠善来减少怨恨，没有听说用强权来消除怨恨的。靠强权确实能够制止他人议论，但是就像治水一样，等到大水决口，伤人必然会多，到那时就无法挽回了。不如把水放掉一点进行疏通，全当用这些话来提醒我自己。”然明说：“通过这件事，我看出您确实是可以成就大事的人。我实在没有什么才能，按照您说的做，确实有利于郑国，受益的不只是两三位大臣！”孔子听到这些话，说：“从这件事来看，别人说子产不仁，我是不会相信的。”

故事和经典——推恩削藩

【原文】 主父偃说上曰："古者诸侯不过百里，强弱之形易制。今诸侯或连城数十，地方千里，缓则骄奢易为淫乱，急则阻其强而合从以逆京师。今以法割削之，则逆节萌起，前日晁错是也。今诸侯子弟或十数，而适嗣代立，余虽骨肉，无尺寸之地封，则仁孝之道不宣。愿陛下令诸侯推恩分子弟，以地侯之。彼人人喜得所愿，上以德施，实分其国，不削而稍弱矣。"于是上从其计。

——《史记·平津侯主父列传》

【译文】 主父偃向汉武帝进谏说："古代诸侯的土地不超过百里，势力较弱很容易控制。如今有的诸侯拥有几十座城池，土地上千里，天下太平时，就容易骄傲奢侈，做出荒淫无道的事情；天下动荡时，就倚仗他们的力量联合起来对抗朝廷。如果强行削减他们的封地，他们就会反叛，以前晁错的做法就导致了这样的后果。如今，诸侯的子弟多的有十几个，而只有嫡长子能承袭王位，其余的虽然也是诸侯的亲骨肉，却没有尺寸之地，仁爱孝亲之道得不到弘扬。希望陛下命令诸侯推广恩德，让他们把土地分封给子弟，封他们为侯。这些子弟人人高兴地实现了拥有了自己的封地，皇上用这种办法施以恩德，实际上分割了诸侯王的国土，不必亲自削减他们的封地，却达到了预期的目的。"于是，皇上听从了他的计策。

问题和讨论

1. 除了本文中提到的名言外，关于明的论述，你还知道哪些？
2. 尝试把以上名言译成现代汉语。

国学经典之核心价值准则——廉

名言

- 廉者，政之本也。——《晏子春秋》

论述

- 直而温，简而廉。——《尚书·虞书·皋陶谟》
- 罪莫大于可欲，祸莫大于不知足。——《道德经》
- 子曰："古者民有三疾，今也或是之亡也。古之狂也肆，今之狂也荡；古之矜也廉，今之矜也忿戾；古之愚也直，今之愚也诈而已矣。"——《论语·阳货》
- 可以取，可以无取，取伤廉。——《孟子·离娄下》
- 君子之道也，贫则见廉，富则见义，生则见爱，死则见哀，四行者不可虚假，反之身者也。——《墨子·修身》
- 鹪鹩巢于深林，不过一枝；偃鼠饮河，不过满腹。——《庄子·逍遥游》
- 卑而不失义，瘁而不失廉。——《晏子春秋》
- 廉者，政之本也，民之惠也；贪者，政之腐也，民之贼也。——《晏子春秋》
- 临大利而不易其义，可谓廉矣。——《吕氏春秋》
- 威严不足以易其位，重利不足以变其心。——《战国策》
- 临官莫如平，临财莫如廉。——刘向《说苑》
- 智者不为非其事，廉者不求非其有。——韩婴《韩诗外传》
- 不受曰廉，不污曰洁。——王逸《楚辞章句》

- 吏不廉平，则治道衰。——《汉书·宣帝纪》
- 廉者不受嗟来之食。——《后汉书·列女传》
- 渴不饮盗泉水，热不息恶木阴。——李白《猛虎行》
- 新松恨不高千尺，恶竹应须斩万竿。——杜甫《将赴成都草堂途中有作》
- 善除害者察其本，善理疾者绝其源。——白居易《策林》
- 廉不贪直不倚。——柳宗元《处士段弘古墓志》
- 蠲浊而流清，废贪而廉。——柳宗元《永州韦使君新堂记》
- 尔俸尔禄，民膏民脂，下民易虐，上天难欺。——孟昶《令箴》
- 知足则乐，务贪必忧。——林逋《省心录》
- 忠信廉洁，立身之本，非钓名之具也。——林逋《省心录》
- 廉耻，士君子之大节，罕能自守者，利欲胜之耳。——《欧阳文忠公集》
- 廉者常乐无求，贪者常忧不足。——司马光《文中子补传》
- 当官之法，惟有三事，曰清、曰慎、曰勤。——吕本中《官箴》
- 吏不畏吾严而畏吾廉，民不服吾能而服吾公；廉则吏不敢慢，公则民不敢欺；公生明，廉生威。——吕本中《官箴》
- 清心为治本，直道是身谋。——《包拯集》
- 廉者，民之表也；贪者，民之贼也。——《包拯乞不用赃吏疏》
- 后世子孙仕宦，有犯赃滥者，不得放归本家；亡殁之后，不得葬于大茔之中。不从吾志，非吾子孙。——《包拯家训》
- 士大夫若爱一文，不直一文。——罗大经《鹤林玉露》
- 律己以廉。凡名士大夫者，万分廉洁，止是小善一点，贪污便是大恶不廉之吏。如蒙不洁，虽有它美，莫能自赎。——真德秀《西山政训》
- 明有三尺，一陷贪墨，终身不可洗濯。故可饥、可寒、可杀、可戮，独不可一毫妄取。——陈襄《州县提纲》
- 文臣不爱钱，武臣不惜死，天下太平矣。——《宋史·岳飞传》
- 不要人夸颜色好，只留清气满乾坤。——王冕《墨梅四首》
- 惟廉者能约己而爱人，贪者必瘦人以肥己。——《明史·循吏传》
- 清风两袖朝天去，免得闾阎话短长。——于谦《入京》
- 粉骨碎身浑不怕，要留清白在人间。——于谦《石灰吟》
- 惟士之廉，犹女之洁，一朝点污，终身玷缺。——徐榜《宦游日记》

• 世之廉者有三：有见理明而不妄取者，有尚名节而不苟取者，有畏法律、保禄位而不敢取者。见理明而不妄取，无所为而然，上也；尚名节而不苟取，狷介之士，其次也；畏法律、保禄位而不敢取，则勉强而然，斯又为下矣。

——薛瑄《从政录》

• 不廉则无所不取，不耻则无所不为。 ——顾炎武《日知录》

• 子孙出仕，有以赃墨闻者，生则于《谱图》上削去其名，死则不许入祠堂。如被诬指者则不拘此。 ——《郑氏规范》

• 廉非为政之极，而为政必自廉始。惟廉则欲必寡，欲寡必公。

——《揭傒斯全集》

• 大臣不廉，无以率下，则小臣必污。小臣不廉，无以治民，则风俗必坏。层累而下，诛求勿已，害必加于百姓，而患仍中于邦家。欲冀太平之理，不可得矣。 ——王永吉《御制人臣儆心录》

• 俭以成廉，侈以成贪。 ——康熙《庭训格言》

• 临难有不屈挠之节，临财有不沾染之廉，此威信也。

——《曾文正公文集》

• 带兵之道，勤恕廉明，缺一不可。 ——蔡锷《曾胡治兵语录》

• 一丝一粒，我之名节；一厘一毫，民之脂膏。宽一分，民受赐不止一分；取一文，我为人不值一文。 ——张伯行《禁止馈送檄》

【赏析】廉，是做官的根本，“廉者，政之本也”。宋吕本中说：“当官之法，惟有三事，曰清、曰慎、曰勤。”怎样才能做到廉呢？人生在世，食不过三餐，居不过斗室，对金钱和富贵的追求应该有度，不能贪而无厌。“鹪鹩巢于深林，不过一枝；偃鼠饮河，不过满腹。”古代官府常常悬挂一个匾额：明镜高悬，喻义是公正廉明才能得到百姓的认可。宋代有一部《官箴》：“吏不畏吾严而畏吾廉，民不服吾能而服吾公；廉则吏不敢慢，公则民不敢欺；公生明，廉生威。”字字珠玑，针针见血。康熙皇帝认为，俭是廉的基础，“俭以成廉，侈以成贪”。切忌与民争利，“尔俸尔禄，民膏民脂，下民易虐，上天难欺”。人过留名，雁过留声，为官一任，一定要留下一个好的名声。中国历史上有很多清正廉洁、刚正不阿的清官，有“岁满不持一砚归”、开正门、拒关节的“阎罗包老”包拯，有“匹马入蜀，以一琴一鹤自随”的“铁面御史”赵清献，有“清风两袖朝天去，免得闾阎话短长”“粉骨碎身浑不怕，要留清白在人间”的于谦，有“与其屈小民，宁屈乡宦”的海瑞，有“不以温饱为志，誓勿昧天理良心”的于青菜于成龙。包拯要求后世子孙务必廉洁从政：“后世子孙仕宦，有犯赃滥者，不得放归本家；亡殁之后，不得葬于大茔之中。不从吾志，非吾子孙。”有一句话说得好：心不动于微利之诱，目不眩于五色之惑。要求我们做到慎微，不贪小便宜；做到慎独，从一点一滴严格要求自己。

故事和经典——乐喜以不贪为宝

【原文】宋人或得玉，献诸子罕。子罕弗受。献玉者曰：“以示玉人，玉人以为宝也，故敢献之。”子罕曰：“我以不贪为宝；尔以玉为宝，若以与我，皆丧宝也。不若人有其宝。”稽首而告曰：“小人怀璧，不可以越乡，纳此以请死也。”子罕置诸其里，使玉人为之攻之，富而后使复其所。

——《左传·襄公十五年》

【译文】宋国有个人得到一块玉，把它献给子罕，子罕没有接受。献玉的人说：“我把它拿给玉工看了，玉工认为是宝贝，所以小人才敢将这块玉献给您。”子罕跟这个人说：“我以‘不贪’这个品德为宝，而你以这块玉为宝。你要是把这块玉送给了我，那我们都失去了自己的宝贝。我们都还是继续拥有自己的宝贝吧。”献玉的人行礼后说：“小人身怀此玉，不敢外出，我交出这块玉才能免于一死。”子罕听完，便把这块玉放在乡里，让玉工为他精雕细琢，帮他卖了一大笔钱后让他回到家乡。

故事和经典——暮夜却金

【原文】（震）四迁荆州刺史、东莱太守。当之郡，道经昌邑，故所举荆州茂才王密为昌邑令，谒见，至夜怀金十斤以遗震。震曰：“故人知君，君不知故人，何也？”密曰：“暮夜无知者。”震曰：“天知，神知，我知，子知。

何谓无知？”密愧而出。

——《后汉书》

【译文】杨震四次升迁，担任荆州刺史、东莱太守。他走马上任，路过昌邑时，过去举荐的荆州秀才王密当时担任昌邑县令。晚上，王密去拜见杨震，怀中揣了十两金子，送给杨震。杨震说：“我了解你，你却不了解我，这是怎么回事呢？”王密说：“这么晚了，没有人知道这件事。”杨震说：“天知道，神知道，我知道，你知道。怎么没人知道！”王密羞愧地退出去了。

故事和经典——“独立君”裴侠

【原文】侠躬履俭素，爱民如子，所食唯菽麦盐菜而已，吏民莫不怀之。此郡旧制，有渔猎夫三十人以供郡守。侠曰：“以口腹役人，吾所不为也。”乃悉罢之。又有丁三十人，供郡守役使。侠亦不以入私，并收庸直，为官市马。岁月既积，马遂成群。去职之日，一无所取。民歌之曰：“肥鲜不食，丁庸不取，裴公贞惠，为世规矩。”侠尝与诸牧守俱谒太祖。太祖命侠别立，谓诸牧守曰：“裴侠清慎奉公，为天下之最，今众中有如侠者，可与之俱立。”众皆默然，无敢应者。太祖乃厚赐侠。朝野叹服，号为独立君。

——《资治通鉴·周纪》

【译文】裴侠生活俭朴，每餐只吃豆麦和咸菜，官吏和百姓都敬仰他。这个郡以前的制度，安排三十个捕鱼打猎的人为郡守供应鱼肉。裴侠说：“为了自己的饮食而差遣他人，我是不会做的。”于是把他们全都遣散了。还有三十个壮丁，供郡守差遣，裴侠也从不安排他们替自己干私事，还用节省下来的钱为官府买马。时间久了，马成了群。裴侠离职的时候，什么都没拿。百姓歌颂他说：“肥美的鱼肉不吃，雇用仆人的钱不要。裴公坚贞仁惠，是世上的楷模。”裴侠曾经和几个州的太守一起拜见周太祖。周太祖命令裴侠站在一边，对其他几个州的太守说：“裴侠从政清廉谨慎，是天下人的榜样。众人中如果有裴侠这样的人，可以和他站在一起。”众人都沉默不语，没有敢回答的。周太祖厚赐裴侠，朝野上下无不叹服，人们称裴侠是“独立君”。

问题和讨论

1. 除了本文中提到的名言外，关于廉的论述，你还知道哪些？
2. 尝试把以上名言译成现代汉语。

国学经典之核心价值准则——耻（止）

名 言

• 知耻近乎勇。 ——《中庸》

论 述

• 君子以恐惧修省。 ——《周易·象传下》

• 不愧于人，不畏于天。 ——《诗经·小雅》

• 相鼠有齿，人而无止。人而无止，不死何俟？ ——《诗经》

• 古之贤君，不患其众之不足也，而患其志行之少耻也。 ——《国语·越语上》

• 知足不辱，知止不殆，可以长久。 ——《道德经》

• 祸莫大于不知足，咎莫大于欲得。故知足之足，常足矣。 ——《道德经》

• 子曰："君子耻其言而过其行。" ——《论语·宪问》

• 子曰："古者言之不出，耻躬之不逮也。" ——《论语·里仁》

• 宪问耻。子曰："邦有道，谷；邦无道，谷，耻也。" ——《论语·宪问》

• 邦有道，贫且贱焉，耻也；邦无道，富且贵焉，耻也 ——《论语·泰伯》

• 敏而好学，不耻下问。 ——《论语·公冶长》

• 子曰："巧言、令色、足恭，左丘明耻之，丘亦耻之。匿怨而友其人，左丘明耻之，丘亦耻之。" ——《论语·公冶长》

• 衣敝缊袍，与衣狐貉者立，而不耻者，其由也与？ ——《论语·子罕》

●子贡问曰："何如斯可谓之士矣？"子曰："行己有耻，使于四方，不辱君命，可谓士矣。"

——《论语·子路》

●有子曰："信近于义，言可复也。恭近于礼，远耻辱也。因不失其亲，亦可宗也。"

——《论语·学而》

●子夏曰："虽小道，必有可观者焉，致远恐泥，是以君子不为也。"

——《论语·子张》

●子贡曰："君子之过也，如日月之食焉。过也，人皆见之；更也，人皆仰之。"

——《论语·子张》

●譬如为山，未成一篑，止，吾止也。——《论语·子罕》

●知止而后有定，定而后能静，静而后能安，安而后能虑，虑而后能得。

——《大学》

●为人君止于仁，为人臣止于敬，为人子止于孝，为人父止于慈，与国人交止于信。

——《大学》

●入竟而问禁，入国而问俗，入门而问讳。——《礼记·曲礼上》

●是故圣人之制行也，不制以己，使民有所劝勉愧耻，以行其言。

——《礼记·表记》

●君子有五耻：居其位，无其言，君子耻之。有其言，无其行，君子耻之。既得之而又失之，君子耻之。地有余而民不足，君子耻之。众寡均而倍焉，君子耻之。

——《礼记·杂记下》

●国有四维，一维绝则倾，二维绝则危，三维绝则覆，四维绝则灭。倾可正也，危可安也，覆可起也，灭不可复错也。何谓四维，一曰礼，二曰义，三曰廉，四曰耻。

——《管子·牧民》

●礼不逾节，义不自进，廉不蔽恶，耻不从枉。故不逾节则上位安，不自进则民无巧诈，不蔽恶则行自全，不从枉则邪事不生。——《管子·牧民》

●孟子曰："人有不为也，而后可以有为。"——《孟子·离娄下》

●孟子曰："人不可以无耻。无耻之耻，无耻矣。"——《孟子·尽心上》

●孟子曰："耻之于人大矣，为机变之巧者，无所用耻焉。不耻不若人，何若人有？"

——《孟子·尽心上》

●可以仕则仕，可以止则止，可以久则久，可以速则速，孔子也。

——《孟子·公孙丑上》

●由是观之，无恻隐之心，非人也；无羞恶之心，非人也；无辞让之心，非人也；无是非之心，非人也。——《孟子·公孙丑上》

• 仲尼曰："人莫鉴于流水而鉴于止水，唯止能止众止。"

——《庄子·德充符》

• 故君子耻不修，不耻见污；耻不信，不耻不见信；耻不能，不耻不见用。

——《荀子·非十二子》

• 善禁者，先禁其身，而后人。不善禁者，先禁人而后身。

——荀悦《申鉴·政体》

• 祸莫大于无足，福莫厚于知止。 ——葛洪《抱朴子·知止》

• 辱，莫大于不知耻。 ——王通《中说·关朗》

• 大智知止，小智唯谋，智有穷而道无尽哉。 ——王通《止经》

• 欲无止也，其心堪制。惑无尽也，其行乃解。 ——王通《止经》

• 所谓耻者，曰"不从枉"也，世人之命耻者，曰羞为非也。

——柳宗元《四维论》

• 忧畏者，死生之门，存亡之由，祸福之本，吉凶之源。故士无忧畏则仁义不立，农无忧畏则稼穑不滋，工无忧畏则规矩不设，商无忧畏则货殖不盈，子无忧畏则孝敬不笃，父无忧畏则慈爱不著，臣无忧畏则勋庸不建，君无忧畏则社稷不安。

——李昉《太平广记》

• 廉耻，立人之根基。 ——欧阳修《新五代史》

• 礼仪，治人之大法；廉耻，立人之大节。盖不廉则无所不取，不耻则无所不为。

——欧阳修《新五代史》

• 币厚言甘，人之所畏也。 ——《资治通鉴·晋纪》

• 常行于所当行，常止于所不可不止。 ——苏轼《答谢民师书》

• 耻存，则进于圣贤；耻失，则入于禽兽。 ——朱熹《四书章句集注》

• 耻便是羞恶之心。人有耻，则能有所不为。 ——朱熹《朱子语类》

• 人唯知所贵，然后知所耻。不知吾之所当贵，而谓之有耻焉者，吾恐其所谓耻者非所当耻矣。

——《陆九渊集》

• 知足而不贪，知节而不淫。 ——林逋《省心录》

• 知足者，贫贱亦乐；不知足者，富贵亦忧。 ——林逋《省心录》

• 士大夫之无耻，是谓国耻。 ——顾炎武《日知录》

• 凡善怕者，必身有所正，言有所规，行有所止，偶有逾矩，亦不出大格。

——方孝孺《逊志斋集》

• 自天子以至于庶人，未有无所畏惧而不亡者也。 ——洪应明《菜根谭》

• 畏则不敢肆而德以成，无畏则从其所欲而及于祸。 ——吕坤《呻吟语》

- 士皆知有耻，国家永无耻矣；士不知耻，为国之大耻。

——龚自珍《明良论二》

- 人有所不为，皆赖有耻之心，若无耻心，则无事不可为矣。风俗之美，在养民知耻。耻者，治教之大端。——康有为《孟子微》

【赏析】管仲说，礼、义、廉、耻是国之四维。耻字本身含有贬义，为什么古人也把它纳入四维之一？孟子说："人有不为也，而后可以有为。"用今天的话来说，就是列出一个负面清单，哪些事能做，哪些事坚决不能做。

古人非常注重耻。孔子告诉我们，"君子有三戒：少之时，血气未定，戒之在色；及其壮也，血气方刚，戒之在斗；及其老也，血气既衰，戒之在得。有三畏：畏天命，畏大人，畏圣人之言"。一个人活在世上应该有所敬畏，否则是非常可怕的。有所畏也就是有所止，"知止而后有定"。韩非子说："儒以文乱法，侠以武犯禁。"文武百官皆应有所止。

孔子说，做官要选择机会，"危邦不入，乱邦不居"。政治清明时可以出来做官，遇乱世则隐居待时，这样可以明哲保身，"邦有道，不废；邦无道，免于刑戮"。他的弟子南容做到了这一点，孔子把自己的侄女嫁给了他。处盛世而贫困是无能的表现，遇乱世苛求富贵一定会不择手段，是可耻的，"邦有道，谷；邦无道，谷，耻也""邦有道，贫且贱焉，耻也；邦无道，富且贵焉，耻也"。宁武子是个聪明的人，"邦有道则知，邦无道则愚"。他能进能退，知其不可而不为。向国君进言要讲究策略，"言未及之而言谓之躁，言及之而不言谓之隐，未见颜色而言谓之瞽"。在圣明的君主面前可以大胆直谏，在昏庸的君主面前要谨言慎行，"邦有道，危言危行；邦无道，危行言孙"。史鱼是个正直的人，"邦有道，如矢；邦无道，如矢"。孔子还提倡向蘧伯玉学习："邦有道，则仕；邦无道，则可卷而怀之。"

从字面意义上来看，耻这个字左面是个"耳"，右面是个"止"，意思是听到不能做的事就应该立即停止。《大学》明确告诉我们："为人君止于仁，为人臣止于敬，为人子止于孝，为人父止于慈，与国人交止于信。"隋代一个叫云中子的人写过一部《止经》，他告诉我们："大智知止，小智唯谋。"意思是说小智之人不停地谋划，大智之人知道适可而止。"欲无止也，其心堪制。"因为人的欲望没有止境，应该无所执着。《坛经》中有这样一个故事：五祖弘忍大师为惠能讲《金刚经》，讲到"应无所住而生其心"，慧能言下大悟，得传衣钵。

耻就是知错而能改，子贡告诉我们：“君子之过也，如日月之食焉：过也，人皆见之；更也，人皆仰之。”人生在世，孰能无过，过而能改，善莫大焉。楚庄王三年不理朝政，听了伍举、苏从等人的建议痛改前非，楚国从此称霸天下。齐威王在位九年日事酒色，听了邹忌的建议，选贤任能，励精图治，齐国一举成为东方大国。秦王嬴政听了李斯的建议，收回逐客令，重新重用各国客聊，从而迅速一统天下。改正错误需要勇气，古代帝王在国家遭受天灾、朝局动荡、政权不稳时，通常下“罪己诏”，向天下百姓公开检讨自己的过失。知耻而后勇，如越王勾践不忘会稽之耻，卧薪尝胆，礼贤下士，与百姓同甘共苦，从而得以报仇复国。

故事和经典——《止经》选读

【原文】智极则愚也。圣人不患智寡，患德之有失焉。才高非智，智者弗显也。位尊实危，智者不就也。大智知止，小智唯谋，智有穷而道无尽哉。谋取人者成于智，亦丧于智也。谋身者恃其智，亦舍其智也。智有所缺，深存其敌，慎之少祸焉。智不及而谋取大者毁，智无歇而谋远者逆。智者言智，愚者言愚，以愚饰智，以智止智，智也。

——王通《止经》

【译文】过于聪明就是愚蠢。圣人不担心自己不聪明，而担心自己的品德有缺失。才能出众不是聪明，聪明的人从不轻易展示自己。地位尊崇其实充满危险，聪明的人从不追求权位。有大智慧的人知道适可而止，要小聪明的人总是不停地谋划，聪明有穷尽的时候而天道却没有尽头。谋划别人的人成功在其聪明上，也失败在其聪明上。谋划自身的人依靠其聪明，也要学会舍弃其聪明。聪明有不足的地方，谋略存有他的对手，谨慎使用能减少祸患。聪明不足却谋划大事的人只能失败，不知适可而止谋求太远的人很难如愿以偿。聪明人面前可以讲智慧，愚蠢的人面前要装糊涂，用糊涂来掩饰聪明，用聪明来停止谋划，这才是真正的大智慧。

故事和经典——曾国藩《六戒》

曾国藩是春秋战国时期曾子的第七十世孙，是中国近代政治家、战略家、理学家、文学家，湘军的创立者和统帅。曾国藩因为在学问和事功方面的成就而备受后世推崇。读懂曾国藩人生“六戒”，就学到了他的做人做事之道。

第一戒：久利之事勿为，众争之地勿往。

一直都能获利的事不要做，所有人都想得到的地方不要前去。危城莫入！所有人都向往渴求的，可能有害。

前半句说不可贪求过多！日中则移，月满则亏，物盛则衰。世界上没有一劳永逸的事情，也不可能有长久获利的事情，如果有这种能够一直获利的事情，那只能说这种事是表面现象或者骗局，这时候一定要保持头脑清醒。后半句是说的安全，众人争执、争斗的地方你不要去，容易惹麻烦或者招致祸患。《论语》上说的“危邦不入，乱邦不居”就是这个意思。当然，这句话里的争，也可以理解为，争利。意思是说，大家都去争抢的利益，你就不要去争抢了，因为那肯定是薄利。

第二戒：勿以小恶弃人大美，勿以小怨忘人大恩。

不要因为别人小的缺点就忽视他的优点，不要因为小小的恩怨就忽略了别人的大恩。

人只要做事就会犯错，这两句话都是告诉我们，不要因为别人的一点小过失，一点道德上的小瑕疵，一点小恩怨，就全盘否定别人的好，忘记别人的恩情。《礼记》上说：“好而知其恶，恶而知其美者，天下鲜矣。”意思是喜爱一个人而知道其缺点，厌恶而知道其优点。这就是告诫我们，在待人接物的时候，一定不要太感情用事，一定要客观、公正地看待别人的缺点和不足。

第三戒：说人之短乃护己之短，夸己之长乃忌人之长。

经常说别人短处的人，经常夸耀自己长处的人，可以说是“存心不厚，识量太狭”。俗话说，“打人不打脸，揭人不揭短”。经常谈论别人的短处，夸耀自己的长处，不仅是情商低的表现，也必然给自己招来怨恨，埋下祸乱的种子。

汉高祖刘邦曾经随便和韩信讨论各位将领的才能。刘邦问道："像我自己，能带多少士兵?"韩信说："陛下不过能带十万人。"刘邦说："那对你来说呢?"韩信回答："像我，越多越好。"韩信后来被杀，不能说与他这种性格无关。曾国藩这句话入目三分地刻画出了这种人的精神肖像。那种经常谈论别人缺点的人，内心其实是借此来掩饰自己的缺点；经常夸耀自己长处的人，内心其实是嫉妒或者想掩盖别人的长处罢了。

第四戒：利可共而不可独，谋可寡而不可众。

利益，往往是众人都渴望得到的，如果谁独占了利益而不与大家分享，那么一定会招致怨恨，甚至成为众矢之的。刘邦攻破咸阳，却不敢占据其地；曹操能够"挟天子以令诸侯"，却终其一生不敢篡汉自立，他们都是怕成为众矢之的。所以，面对利益，一定要权衡与取舍。

谋划事情，一定要跟有主见的几个人一起，而不要与众人一起谋划事情。正如《战国策》上说，"论至德者不和于俗，成大功者不谋于众"。通俗地说，就是谋求特别重大的事情，不必与众人商量。因为谋求大事的人，自己必定有非同一般的眼光、心胸与气度，自己看准了，去做就是了，如果和别人商量，反倒麻烦。如果别人见识低下，心胸狭小，气度平凡，必定不理解你的想法。众人的七嘴八舌，会动摇你的意志，也会破坏你的信心和情绪。

第五戒：天下古今之庸人，皆以一惰字致败；天下古今之才人，皆以一傲字致败。

庸人，就是普通人，一般的人。对于一般的人来说，没有什么才气，只有勤奋工作才能成就事业，所以最忌讳一个"懒"字。而那些有才的人呢，虽然凭才气走捷径，更容易成功，但也容易孤傲自大，故步自封，不肯向别人学习，这也是容易失败的。

曾国藩是勤劳的好例子，他其实并不聪明，但是却能以"勤"成就大学问和大事业，可以说正是普通人的榜样。而如项羽、李自成等，占尽天时地利，却因为骄傲而败亡。

第六戒：凡办大事，以识为主，以才为辅；凡成大事，人谋居半，天意居半。

凡是办大事，首先需要有深厚的阅历和识见，并以才能作为辅助；凡是要成就大事的，一半在于人的谋划，另一半就要看天意了，看时机会不会来到。所谓谋事在人，成事在天。

曾国藩明确告诉我们，办大事要以"识"为主，才气、才能不过是辅助

罢了。所以恃才傲物的人，往往难以成就大事。当然这里的“识”，不单单指知识，更指的是经验和见识。而“人谋居半，天意居半”则是说，我们无论做什么事情，都要抱着“尽人事以听天命”的态度。不要因为有自己不能左右的因素就不去努力了，更不能因为自己努力了，最终却失败了而去怨天尤人。

故事和经典——知耻而后勇

【原文】吴既赦越，越王勾践反国，乃苦身焦思，置胆於坐，坐卧即仰胆，饮食亦尝胆也。曰：“女忘会稽之耻邪？”身自耕作，夫人自织，食不加肉，衣不重采，折节下贤人，厚遇宾客，振贫吊死，与百姓同其劳。欲使范蠡治国政，蠡对曰：“兵甲之事，种不如蠡；填抚国家，亲附百姓，蠡不如种。”於是举国政属大夫种，而使范蠡与大夫柘稽行成，为质於吴。二岁而吴归蠡。勾践自会稽归七年，拊循其士民，欲用以报吴。大夫逢同谏曰：“国新流亡，今乃复殷给，缮饰备利，吴必惧，惧则难必至。且鸷鸟之击也，必匿其形。今夫吴兵加齐、晋，怨深於楚、越，名高天下，实害周室，德少而功多，必淫自矜。为越计，莫若结齐，亲楚，附晋，以厚吴。吴之志广，必轻战。是我连其权，三国伐之，越承其弊，可克也。”勾践曰：“善。”……至明年春，吴王北会诸侯於黄池，吴国精兵从王，惟独老弱与太子留守。勾践复问范蠡，蠡曰“可矣”。乃发习流二千人，教士四万人，君子六千人，诸御千人，伐吴。吴师败，遂杀吴太子。吴告急於王，王方会诸侯於黄池，惧天下闻之，乃秘之。吴王已盟黄池，乃使人厚礼以请成越。越自度亦未能灭吴，乃与吴平。其后四年，越复伐吴。吴士民罢弊，轻锐尽死於齐、晋。而越大破吴，因而留围之三年，吴师败，越遂复栖吴王於姑苏之山。

——《史记·越王勾践世家》

【译文】吴王赦免了越王，勾践回国后，深刻反省自己，把苦胆挂到座位之上，坐卧之间不时地抬头看一看，吃饭时也尝尝苦胆。时刻提醒自己：“你忘记会稽的耻辱了吗？”他亲自耕作，夫人亲手织布，吃饭从不见荤腥，从不穿华丽的衣服，礼贤下士，厚待宾客，救济穷人，悼慰死者，与百姓同甘共

苦。越王打算让范蠡管理国家政务，范蠡回答说："用兵打仗之事，文种比不上我；安定国家，让百姓亲近归附，我比不上文种。"于是把国家政务交给大夫文种，让范蠡和大夫柘稽向吴国求和，到吴国做人质。两年后吴国才让范蠡回国。勾践从会稽回国后七年，始终安抚自己的士兵百姓，想以此报吴国之仇。大夫逢同进谏说："国家遭遇大难，今天刚刚殷实富裕，如果我们整顿军备，吴国一定惧怕，它惧怕，灾难必然降临。我听说凶猛的大鸟袭击目标时，一定先隐藏起来。现在，吴军兵临齐、晋之境，对楚、越有深仇大恨，在天下虽名声显赫，实际功高震主。吴王战功虽多但品行不足，一定会骄横狂妄。为越国着想的话，不如结交齐国，亲近楚国，归附晋国，厚待吴国。吴国志在天下，一定看不起我们，这样我们就可以联合三国的力量，共同攻打吴国，越国便可以在它疲惫不堪时趁机消灭它了。"勾践说："好。"……第二年春天，吴王到北部的黄池与诸侯会盟，吴国的精锐部队全部跟随吴王赴会，只有老弱残兵和太子留守国都。勾践问范蠡是否可以进攻吴国。范蠡说："可以了"。于是派出水兵两千人，训练有素的士兵四万人，近卫军六千人，技术军官一千人，攻打吴国。吴军大败，越军杀死吴国太子。吴国使者赶紧向吴王告急，吴王正在黄池与诸侯会盟，怕天下人知道就秘而不宣。会盟结束，吴王派人带上厚礼向越国求和。越王估计自己不能马上灭掉吴国，就与吴国讲和了。四年以后，越国再次攻打吴国。吴国军民疲惫不堪，精锐士兵都在与齐、晋之战中死亡。所以越国打败了吴军，包围吴都三年，吴军大败，越国把吴王围困在姑苏城外的山上。

问题和讨论

1. 除了本文中提到的名言外，关于耻（止）的论述，你还知道哪些？
2. 尝试把以上名言译成现代汉语。

国学经典之核心价值准则——君子

名言

天行健，君子以自强不息。地势坤，君子以厚德载物。——《周易》

论述

- 言念君子，温其如玉。——《诗经·秦风》
- 君子藏器于身，待时而动，何不利之有？——《周易·系辞下》
- 大人虎变，其文炳也。君子豹变，其文蔚也。小人革面，顺以从君也。——《易传·象传下》
- 子曰："君子不器。"——《论语·为政》
- 子曰："君子之于天下也，无适也，无莫也，义之与比。"——《论语·里仁》
- 子曰："质胜文则野，文胜质则史。文质彬彬，然后君子。"——《论语·雍也》
- 子曰："君子喻于义，小人喻于利。"——《论语·里仁》
- 子曰："君子求诸己，小人求诸人。"——《论语·卫灵公》
- 子曰："君子坦荡荡，小人长戚戚。"——《论语·述而》
- 子曰："君子泰而不骄，小人骄而不泰。"——《论语·子路》
- 子曰："君子和而不同，小人同而不和。"——《论语·子路》
- 子曰："君子周而不比（bì），小人比而不周。"——《论语·为政》
- 子曰："君子成人之美，不成人之恶。小人反是。"——《论语·颜渊》
- 子曰："君子不以言举人，不以人废言。"——《论语·卫灵公》
- 子路问君子。子曰："修己以敬。"曰："如斯而已乎？"曰："修己以安人。”曰：“如斯而已乎？”曰：“修己以安百姓。修己以安百姓，尧、舜其犹病诸！”
——《论语·宪问》

• 君子尊贤而容众，嘉善而矜不能。我之大贤与，于人何所不容？我之不贤与，人将拒我，如之何其拒人也
——《论语·子张》

• 子曰：“君子道者三，我无能焉：仁者不忧，知者不惑，勇者不惧。”子贡曰：“夫子自道也。”
——《论语·宪问》

• 子贡问曰：“何如斯可谓之士矣？”子曰：“行己有耻，使于四方，不辱君命，可谓士矣。”曰：“敢问其次。”曰：“宗族称孝焉，乡党称弟焉。”曰：“敢问其次。”曰：“言必信，行必果，硁硁然小人哉！抑亦可以为次矣。”
——《论语·子路》

• 子路问成人。子曰：“若臧武仲之知，公绰之不欲，卞庄子之勇，冉求之艺，文之以礼乐，亦可以为成人矣。”曰：“今之成人者何必然？见利思义，见危授命，久要不忘平生之言，亦可以为成人矣。”
——《论语·宪问》

• 物格而后知至，知至而后意诚，意诚而后心正，心正而后身修，身修而后家齐，家齐而后国治，国治而后天下平。
——《大学》

• 故君子尊德性而道问学，致广大而尽精微，极高明而道中庸。温故而知新，敦厚以崇礼。是故居上不骄，为下不倍。国有道，其言足以兴，国无道，其默足以容。
——《中庸》

• 博闻强识而让，敦善行而不怠，谓之君子。君子不尽人之欢，不竭人之忠，以全交也。
——《礼记·曲礼上》

• 是故君子之事君也，必身行之。所不安于上，则不以使下；所恶于下，则不以事上；非诸人，行诸己，非教之道也。
——《礼记·祭统》

• 孔子曰：“所谓君子者，言必忠信而心不怨，仁义在身而色无伐，思虑通明而辞不专。笃行信道，自强不息。油然若将可越，而终不可及者。君子也。”
——《孔子家语》

• 孔子曰：“所谓士人者，心有所定，计有所守，虽不能尽道术之本，必有率也；虽不能备百善之美，必有处也。是故智不务多，必审其所知；言不务多，必审其所谓；行不务多，必审其所由。智既知之，言既道之，行既由之，则若性命之形骸之不可易也。富贵不足以益，贫贱不足以损。此则士人也。”
——《孔子家语·五仪解》

• 是故君子有终身之忧，无一朝之患也。
——《孟子·离娄下》

• 爱人不亲，反其仁；治人不治，反其智；礼人不答，反其敬。行有不得

者皆反求诸己，其身正而天下归之。——《孟子·离娄上》

●君子之事君也，务引其君以当道，志于仁而已。——《孟子·告子下》

●以仁为恩，以义为理，以礼为行，以乐为和，熏然慈仁，谓之君子。——《庄子·天下》

●传曰："君子役物，小人役于物。"——《荀子·修身》

●是故权利不能倾也，群众不能移也，天下不能荡也。生乎由是，死乎由是，夫是之谓德操。德操然后能定，能定然后能应，能定能应，夫是之谓成人。——《荀子·劝学》

●君子崇人之德，扬人之美，非谄谀也；正义直指，举人之过，非毁疵也；言己之光美，拟于舜、禹，参于天地，非夸诞也；与时屈伸，柔从若蒲苇，非慑怯也；刚强猛毅，靡所不信，非骄暴也。以义变应，知当曲直故也。——《荀子·不苟》

●君子不蔽人之美，不言人之恶。——《韩非子·内储说上七术》

●下君尽己之能，中君尽人之力，上君尽人之智。——《韩非子·八经》

●君子之事君也，进不失忠，退不失行。不苟合以隐忠，可谓不失忠；不持利以伤廉，可谓不失行。——《晏子春秋》

●贤人君子，明于盛衰之道，通乎成败之数，审乎治乱之势，达乎去就之理。故潜居抱道，以待其时。若时至而行，则能极人臣之位；得机而动，则能成绝代之功。如其不遇，没身而已。是以其道足高，而名重于后代。——黄石公《素书》

●德足以怀远，信足以一异，义足以得众，才足以鉴古，明足以照下，此人之俊也。行足以为仪表，智足以决嫌疑，信可以使守约，廉可以使分财，此人之豪也。守职而不废，处义而不回，见嫌而不苟免，见利而不苟得，此人之杰也。——黄石公《素书》

●若安天下，必须先正其身。未有身正而影曲，上治而下乱者。——唐吴兢《贞观政要·君道》

●君子立天下之正位，行天下之正道，得志则与民由之，不得志则独行其道，富贵不能淫，贫贱不能移，威武不能屈，是之谓大丈夫。——《资治通鉴·周纪》

●何以谓之君子？何以谓之小人？君子则所见者大，小人则所见者小且近。君子之志所虑者，岂止其一身？直虑及天下千万世。小人之虑，一朝之忿，曾不遑恤其身。——程颢、程颐《二程集》

• 处治世宜方，处乱世当圆，处叔季之世当方圆并用。待善人宜宽，待恶人宜严，待庸众之人宜宽严互存。

——洪应明《菜根谭·概论》

【赏析】《论语》中一百零八次提到君子，足见孔子对君子的重视。孔子要求他的学生加强自身修养，立志做一个君子。怎样做才算是一个君子呢？第一，君子具有高尚的品德。“言必忠信而心不怨，仁义在身而色无伐，思虑通明而辞不专。”君子笃行信道、自强不息，能做到这一点就是君子，反之就是小人。君子以天下为己任，志在江山社稷；小人只关心自己的个人利益。“君子怀刑，小人怀惠”，君子义以为先，见得思义；小人见利忘义。“君子喻于义，小人喻于利”，君子宽宏大度，喜欢成人之美；小人却妒贤嫉能，喜欢乘人之危。“君子成人之美，小人成人之恶”，君子处处从自身做起，小人一味指责别人。“君子求诸己，小人求诸人”，君子庄重随和易于相处，小人外强中干难以取悦。“君子易事而难说也，小人难事而易说也。”第二，言行一致。要少说多做，先说后做，说到做到。孔子告诉子贡，君子要“先行其言，而后从之”。子路做得更好，《论语》记载：“子路有闻，未之成行，为恐有闻。”第三，自重。“君子不重则不威”，该说的时候才说，该笑的时候才笑，该取的时候才取，就像公明贾评价公叔文子一样：“时然后言，人不厌其言；乐然后笑，人不厌其笑；义然后取，人不厌其取。”第四，胸怀坦荡，知错而能改。“君子坦荡荡，小人长戚戚。”孔子告诉司马牛：“君子不忧不惧。”孔子过宋，与弟子习礼大树下，桓魋欲杀孔子，他的弟子请求速去，孔子无所畏惧：“天生德于予，桓魋其如予何？”人生在世，孰能无过，知错而能改，善莫大焉。子贡说：“君子之过也，如日月之食焉：过也，人皆见之；更也，人皆仰之。”第五，不保守、不教条、会变通。孔子认为君子应该能进能退，用之则行，舍之则藏。要像南容一样，“邦有道，不废；邦无道，免于刑戮”；像宁武子一样，“邦有道，则智；邦无道，则愚”；同时要周而不比，和而不同，而不是厚此薄彼，拉帮结伙。具备以上品质，就是一个君子。孔子认为，对君子应该大胆提拔，放心使用，也就是“君子不可小知而可大受也”。

故事与经典——识人之法

【原文】太公曰："知之有八征：一曰问之以言，以观其辞；二曰穷之以辞，以观其变；三曰与之间谋，以观其诚；四曰明白显问，以观其德；五曰使之以财，以观其廉；六曰试之以色，以观其贞；七曰告之以难，以观其勇；八曰醉之以酒，以观其态。八征皆备，则贤不肖别矣。"

——《六韬·龙韬·选将》

【译文】太公说："识人有八种方法：一是提出问题，看他表达是否清晰；二是仔细盘问，考验他的应变能力；三是背后观察，看他是否忠诚；四是明知故问，看他有无隐瞒，考察他的德行；五是让他管理财物，考验他是否清廉；六是用女色进行试探，看他的操守；七是危急时刻看他是否勇敢；八是让他醉酒，看他酒后是否失态。充分运用以上八种方法，一个人是贤还是不肖，就可以一清二楚了。"

【原文】孔子曰："凡人心险于山川，难于知天。天犹有春秋冬夏旦暮之期，人者厚貌深情。故有貌愿而益，有长若不肖，有顺懁（xuān）而达，有坚而缦，有缓而钎（hàn）。故其就义若渴者，其去义若热。故君子远使之而观其忠，近使之而观其敬，烦使之而观其能，卒然问焉而观其知，急与之期而观其信，委之以财而观其仁，告之以危而观其节，醉之以酒而观其侧，杂之以处而观其色。九征至，不肖人得矣。"

——《庄子·列御寇》

【译文】孔子说："人心比山川还要险恶，比预测天象还要困难。自然界尚有春夏秋冬和早晚变化的规律，可是人却复杂多变，深藏不露。有的人看似老实却内心狡猾，有的人貌似长者却心术不正，有的人外表拘谨却通达事理，有的人外表坚毅却懈怠邋遢，有的人表面温和却内心强悍。他们实行仁义时好像饥渴难忍，他们抛弃仁义时好像逃离火灾。因此，君子总是让他们远离自己任职观察他们是否忠诚，让他们就近办事观察他们是否恭敬，让他们处理复杂多变的事务观察他们是否有能力，突然提出问题观察他们是否机智，限期完成任务观察他们是否守信，把财物托付给他们观察他们是否清廉，危急关头观察

他们是否保持节操，让他们开怀畅饮观察他们酒后的表现，男女杂处观察他们对待女色的态度。上述九种表现一一得到验证，品行差的就自然挑选出来了。”

【原文】夫知人之性，莫难察焉。美恶既殊，情貌不一，有温良而为诈者，有外恭而内欺者，有外勇而内怯者，有尽力而不忠者。然知人之道有七焉：一曰问之以是非而观其志，二曰穷之以辞辩而观其变，三曰咨之以计谋而观其识，四曰告之以祸难而观其勇，五曰醉之以酒而观其性，六曰临之以利而观其廉，七曰期之以事而观其信。

——诸葛亮《将苑·知人性》

【译文】世界上没有比真正了解一个人还要困难的事情。每个人的善恶程度不同，本性与外表也不一样。有的人外貌善良却行为奸诈，有的人表面恭敬却心怀不轨，有的人看似勇敢却内心怯懦，有的人努力做事却另有所图。然而，了解一个人的本性还是有七种方法：询问他看待问题的观点考察他的志向和立场；激烈争论考察他的应变能力；让他出谋划策考察他的学识；大难临头考察他的胆识和勇气；醉酒后观察他的本性和修养；利益当头考察他是否清廉；限期完成某事，考察他是否守信。

故事和经典——六正六邪

【原文】人臣之行有六正六邪，行六正则荣，犯六邪则辱，夫荣辱者，祸福之门也。何谓六正六邪？六正者：一曰萌芽未动，形兆未见，昭然独见存亡之几，得失之要，预禁乎不然之前，使主超然立乎显荣之处，天下称孝焉，如此者圣臣也。二曰虚心白意，进善信道，勉主以体谊，谕主以长策，将顺其美，匡救其恶，功成事立，归善于君，不敢独伐其劳，如此者良臣也。三曰卑身贱体，夙兴夜寐，进贤不解，数称于往古之德行事以厉主意，庶几有益，以安国家社稷宗庙，如此者忠臣也。四曰明察幽，见成败早，防而救之，引而复之，塞其间，绝其源，转祸以为福，使君终以无忧，如此者智臣也。五曰守文奉法，任官职事，辞禄让赐，不受赠遗，衣服端齐，饮食节俭，如此者贞臣也。六曰国家昏乱，所为不道，然而敢犯主之颜面，言君之过失，不辞其诛，身死国安，不悔所行，如此者直臣也，是为六正也。六邪者：一曰安官贪禄，营于私家，不务公事，怀其智，藏其能，主饥于论，渴于策，犹不肯尽节，容容乎与世沈浮上下，左右观望，如此者具臣也。二曰主所言皆曰善，主所为皆曰可，隐而求主之所好即进之，以快主耳目，偷合苟容与主为乐，不顾其后害，如此者谀臣也。三曰中实颇险，外容貌小谨，巧言令色，又心嫉贤，所欲进则明其美而隐其恶，所欲退则明其过而匿其美，使主妄行过任，赏罚不当，号令不行，如此者奸臣也。四曰智足以饰非，辩足以行说，反言易辞而成文章，内离骨肉之亲，外妒乱朝廷，如此者谗臣也。五曰专权擅势，持招国事以为轻重于私门，成党以富其家，又复增加威势，擅矫主命以自显贵，如此者贼臣也。六曰谄言以邪，坠主不义，朋党比周，以蔽主明，入则辩言好辞，出则更复异其言语，使白黑无别，是非无间，伺侯可推，而因附然，使主恶布于境内，闻于四邻，如此者亡国之臣也，是谓六邪。贤臣处六正之道，不行六邪之术，故上安而下治，生则见乐，死则见思，此人臣之术也。

——《说苑》

【译文】臣子的行为，表现为六正六邪。做到六正则臣子光荣，犯了六邪之罪则臣子耻辱。什么是六正呢？一是有先见之明，在事情还没有发生之前，就能够预见利害得失，使君主免于灾难，永保江山稳固，这样的臣子，是圣臣。二是虚心进谏，劝告君主实行礼义，帮助君主成就事业，避免君主犯错误，这样的臣子，是良臣。三是废寝忘食，兢兢业业，不断为朝廷举荐人才，用古代圣贤的作为勉励君主，励精图治，这样的臣子，是忠臣。四是明察秋毫，防微杜渐，杜绝祸患产生的根源，使社稷转危为安，让君主高枕无忧，这样的臣子，是智臣。五是奉公守法，不收贿赂，谦让节制，这样的臣子，是贞臣。六是国家有难，敢冒天下之大不韪，当面指出君主的过错，这样的臣子，是直臣。以上就是所说的“六正”。那么什么是“六邪”呢？一是贪得无厌，不务正业，苟且偷生，没有立场，这样的臣子，是具臣。二是认为君主说的话都是好的，君主的行为都是对的，只会趋炎附势，助长君主的玩乐之心，不顾后果，这样的臣子，是谀臣。三是内心阴险，外表拘谨，八面玲珑，嫉贤妒能。想提拔谁，就只说好的，隐瞒过失；想排挤谁，就放大他的缺点，掩盖他的优点。致使君王赏罚不明，下达的命令不被执行，这样的臣子，是奸臣。四是凭着自己的智明才智，文过饰非，对内离间骨肉之情，对外制造混乱，这样的臣子，是谗臣。五是专权霸道，不可一世，结党营私，聚敛财富，伪造君主的诏令，以显贵自居，这样的臣子，是贼臣。六是用歪门邪道迷惑君主，陷君主于不仁不义，蒙蔽君主，使他不辨是非曲直，臭名昭彰，这样的臣子，是亡国之臣。这就是所说的“六邪”。如果贤臣做到六正，避免六邪，那么朝廷就会安宁，国家就会太平。生时为百姓造福，死后被人追忆和怀念，这就是为臣之道。

故事和经典——陆贽论人才

【原文】人之才行，自昔罕全，苟有所长，必有所短。若录长补短，则天下无不用之人；责短舍长，则天下无不弃之士。加以情有爱憎，趣有异同，假使圣如伊、周，贤如墨、杨，求诸物议，孰免讥嫌？昔子贡问于孔子曰：“乡人皆好之，何如？”子曰：“未可也。”“乡人皆恶之，何如？”子曰：“未可也。不如乡人之善者好之，其不善者恶之。”盖以君子小人意必相反，其在小人之恶君子，亦如君子之恶小人。将察其情，在审其听，听君子则小人道废，听小人则君子道消。

——《陆宣公翰苑集》

【译文】一个人的才华和能力，自古以来很少有十全十美的，如果一个方面有所擅长，另一个方面就一定有所不足。如果能取人之长那么天下就没有不可用的人；如果苛求短处看不到他人的长处，那么天下就没有可用的人。加上感情上有爱恨之分，人的志趣各不相同，即使圣明像伊尹、周公，贤明像墨翟、杨朱，听任他人议论，谁能避免不被讥笑？从前子贡问孔子：“全乡的人都称赞他，怎么样？”孔子说：“不能肯定。”“全乡的人都讨厌他，怎么样？”孔子说：“不能肯定。标准是全乡人中的好人称赞他，小人讨厌他。”因为君子和小人行事不同，小人讨厌君子正如君子讨厌小人，要认真调查研究。听从君子的话，小人的诡计就不能得逞；听从小人的话，君子的品行就会被埋没。

问题和讨论

1. 除了本文中提到的名言外，关于君子的论述，你还知道哪些？
2. 尝试把以上名言译成现代汉语。

国学经典之核心价值准则——圣贤

名言

人皆可以为尧舜。 ——孟子

论述

- 圣人无常心，以百姓之心为心。 ——《道德经》
- 圣人自知不自见，自爱不自贵。 ——《道德经》
- 夫大人者，与天地合其德，与日月合其明，与四时合其序，与鬼神合其吉凶。 ——《易传》
- 子曰：“不逆诈，不亿不信，抑亦先觉者，是贤乎！” ——《论语·宪问》
- 子贡曰：“如有博施于民而能济众，何如？可谓仁乎？”子曰：“何事于仁！必也圣乎！尧、舜其犹病诸！夫仁者，己欲立而立人，己欲达而达人。能近取譬，可谓仁之方也已。” ——《论语·雍也》
- 唯天下至圣为能聪明睿知，足以有临也；宽裕温柔，足以有容也；发强刚毅，足以有执也；齐庄中正，足以有敬也；文理密察，足以有别也。 ——《中庸》
- 孔子曰：“所谓贤人者，德不逾闲，行中规绳。言足以法于天下而不伤于身，道足以化于百姓而不伤于本。富则天下无宛财，施则天下不病贫。此贤者也。” ——《孔子家语·五仪解》
- 孔子曰：“所谓圣人者，德合于天地，变通无方。穷万事之终始，协庶品之自然，敷其大道而遂成情性。明并日月，化行若神。下民不知其德，睹者不识其邻。此谓圣人也。” ——《孔子家语·五仪解》

• 为上唯临，为下唯沉。临而无远，沉而无隐。

——《六韬·文韬·大礼》

• 夫民别而听之则愚，合而听之则圣。 ——《管子·君臣上》

• 明一者皇，察道者帝，通德者王，谋得兵胜者霸。 ——《管子·兵法》

• 无为者帝，为而无以为者王，为而不贵者霸，不自以为所贵，则君道也；贵而不过度，则臣道也。 ——《管子·乘马》

• 曹交问曰："人皆可以为尧、舜，有诸？"孟子曰："然。"

——《孟子·告子下》

• 夫尚贤者，政之本也。 ——《墨子·尚贤上》

• 故官无常贵，而民无终贱，有能则举之，无能则下之，举公义，辟私怨，此若言之谓也。 ——《墨子·尚贤上》

• 故古者圣王之为政，列德而尚贤，虽在农与工肆之人，有能则举之，高予之爵，重予之禄，任之以事，断予之令。曰：爵位不高，则民弗敬；蓄禄不厚，则民不信；政令不断，则民不畏。 ——《墨子·尚贤上》

• 不离于宗，谓之天人；不离于精，谓之神人；不离于真，谓之至人。以天为宗，以德为本，以道为门，兆于变化，谓之圣人。 ——《庄子·天下》

• 权谋倾覆之人退，则贤良知圣之士案自进矣。 ——《荀子·王制》

• 故君子贤而能容罢，知而能容愚，博而能容浅，粹而能容杂，夫是之谓兼术。 ——《荀子·非相》

• 不闻不若闻之，闻之不若见之，见之不若知之，知之不若行之，学至于行之而止矣。行之，明也。明之为圣人。 ——《荀子·儒效》

• 请问为政？曰：贤能不待次而举，罢不能不待须而废，元恶不待教而诛，中庸民不待政而化。 ——《荀子·王制》

• 君者，善群也。群道当则万物皆得其宜，六畜皆得其长，群生皆得其命。故养长时则六畜育，杀生时则草木殖，政令时则百姓一，贤良服。

——《荀子·王制》

• 圣人见微以知萌，见端以知末，故见象箸而怖，知天下不足也。

——《韩非子·说林上》

• 明君之道，使智者尽其虑，而君因以断事，故君不穷于智；贤者敕其材，君因而任之，故君不穷于能；有功则君有其贤，有过则臣任其罪，故君不穷于名。是故不贤而为贤者师，不智而为智者正。臣有其劳，君有其成功，此之谓贤主之经也。 ——《韩非子·主道》

• 民无能名曰神。称善赋简曰圣，敬宾厚礼曰圣。德象天地曰帝。静民则法曰皇。仁义所在曰王。赏庆刑威曰君，从之成群曰君。立制及众曰公。执应八方曰侯。 ——《逸周书·谥法解》

• 论至德者不和于俗，成大功者不谋于众。是以圣人苟可以强国，不法其故；苟可以利民，不循其礼。 ——《史记·商君列传》

• 国有三不祥，是不与焉。夫有贤而不知，一不祥；知而不用，二不祥；用而不任，三不祥也。 ——刘向《说苑》

• 臣以自任为能；君以能用人为能。臣以能言为能；君以能听为能。臣以能行为能；君以能赏罚为能。所以不同，故能君众能也。 ——刘劭《人物志》

• 乱世惟求其才，不顾其行。太平之时，必须才行俱兼，始可任用。

——吴兢《贞观政要》

• 设官分职，君之体也；委任责成，君之体也；好谋无倦，君之体也；宽以得众，君之体也；含垢藏疾，君之体也。君有君人之体，其臣畏而爱之，此帝王所以成业也。 ——赵蕤《反经》

• 是故才德全尽谓之圣人，才德兼亡谓之愚人，德胜才谓之君子，才胜德谓之小人。 ——《资治通鉴》

• 为天地立心，为生民立命，为去圣继绝学，为万世开太平。

——张载《张子语录》

• 立志而圣则圣矣，立志而贤则贤矣。 ——王守仁《教条示龙场诸生》

• 放得功名富贵之心下，便可脱凡；放得道德仁义之心下，才可入圣。

——洪应明《菜根谭》

• 不为圣贤，便为禽兽；不问收获，但问耕耘。 ——《曾国藩日记》

【赏析】古人讲读书志在圣贤，圣贤是读书人的榜样。怎样做才能成为圣贤呢？孔子告诉我们，圣人像日月一样普照万物，“明并日月，化行若神”；品德像天地一样广阔，“德合天地，变通无方”；能够洞察一切，“穷万事之终始，协庶品之自然”；能够普度众生，给百姓带来实惠，“博施于民而能济众”。贤人“德不逾闲，行中规绳”，能够教化万民，一举一动都是天下人的楷模和榜样。孔子告诉子路，如果智如臧武仲，廉如公孙绰，勇如卞庄子，像冉有一样多才多艺，文之以礼乐，就是贤者，是一个十全十美的人。

贤者有德，唯贤者能以德报怨。舜从来没有抱怨父不慈、弟不悌，闵子骞不间于父母昆弟之言。贤者有智，晁错上书汉景帝进行削藩，削藩不成反而搭上了自己的性命。汉武帝采纳主父偃之计，一道推恩令问题迎刃而解。贤者有勇，不达目的决不停止。

墨子主张“尚贤”，“尚贤者，政之本也”；英雄不问出处，“古者圣王之为政，列德而尚贤。虽在农与工肆之人，有能则举之。高予之爵，重予之禄，任之以事，断予之令”“爵位不高，则民弗敬；蓄禄不厚，则民不信；政令不断，则民不畏”“尚贤就是志士仁人各得其所，鸡鸣狗盗之皆能为我所用”。荀子说：“人主者，以官人为能者也；匹夫者，以自能为能者也。”尚贤就是能设官分职，举贤任能，知人善任。刘邵在《人物志》中写道：“臣以自任为能，君以能用人为能。臣以能言为能，君以能听为能。臣以能行为能，君以能赏罚为能。”君臣各司其职，天下定无不治。

故事与经典——孔子的谥号

孔子是我国古代伟大的思想家、教育家，是儒家思想的创始人。周敬王四十一年（前 479 年），孔子去世，鲁哀公亲诔（lěi）孔子。诔文说：“旻（mín）天不吊，不慭（yìn）遗一老，俾（bǐ）屏余一人以在位，茕（qióng）茕余在疚，呜呼哀哉！尼父！无自律。”西汉元始元年（1 年），汉平帝刘衎（kàn）追封孔子为“褒成宣尼公”。北魏太和十六年（492 年），孝文帝元宏称孔子为“文圣尼父”。北周大象二年（580 年），静帝宇文衍追封孔子为“邹国公”。隋开皇元年（581 年），隋文帝杨坚称孔子为“先师尼父”。唐贞观二年（628 年），太宗李世民尊孔子为“先圣”，十一年（637 年），改称孔子为“宣父”。乾封元年（666 年），高宗李治赠孔子为“太师”。武周天授元年（690 年），武则天封孔子为“隆道公”。唐开元二十七年（739 年），玄宗李隆基封孔子为“文宣王”。宋大中祥符元年（1008 年），真宗赵恒加称孔子为“玄圣文宣王”，五年（1012 年），又改称“圣文宣王”。元大德十一年（1307 年）秋，元武宗海山加称孔子为“大成至圣文宣王”。明嘉靖九年（1530 年），世宗朱厚熜（cōng）厘定祀典，尊孔子为“至圣先师”，取消谥号、封号。清顺治二年（1645 年），世祖福临加尊孔子为“大成至圣文宣先师”，十四年（1657 年），又改称“至圣先师”。

故事与经典——大成殿十匾

大成殿是孔庙的主要建筑物，是祭祀孔子的中心场所。在孔子去世后的2000多年里，特别是开科取士制度建立以后，历代王朝对孔子的尊崇逐步升级。

“大成”二字出自《孟子》“孔子之谓集大成”句。“大成殿”之名始于北宋崇宁三年（1104年），宋徽宗赵佶（jí）赐名“大成殿”，并亲书匾额，赞颂孔子的思想空前绝后、完美无缺，集古圣贤之大成。自清康熙皇帝始，历代皇帝即位，必亲临北京国子监讲学一次，称为“临雍”，随后到孔庙大成殿悬匾一方，并要求各地文庙效仿摹制。沿至清末，曲阜孔庙、北京孔庙大成殿内已聚集了从康熙到宣统九位皇帝御书的木匾九方，依次为：“万世师表”“生民未有”“与天地参”“圣集大成”“圣协时中”“德齐帱（dào）载”“圣神天纵”“斯文在兹”“中和位育”。1916年，北洋政府将北京孔庙清代诸匾全部取下，改悬大总统黎元洪书写的“道洽大同”一匾。1984年，北京孔庙对外开放，又将清朝九方匾重新悬挂在大成殿内。

“万世师表”是康熙皇帝所题。此词最早见于《三国志·魏志·文帝纪》：“昔仲尼大圣之才，怀帝王之器……可谓命世之大圣，亿载之师表者也。”用此词来称赞孔子是世代后人的表率。“生民未有”是雍正皇帝所题，语出《孟子·公孙丑》：“自生民以来，未有夫子也。”意为自有生民以来，世上只出现了这一位圣人。“与天地参”是乾隆皇帝所题，语出《中庸》：“为天下至诚……则可以赞天地之化育，则可以赞天地之参矣。”朱嘉注：“与天地参，谓以天地并而立三也。”意为孔子地位与天地并列。“圣集大成”是嘉庆皇帝所题，语出《孟子·万章下》：“孔子之谓集大成也者，金声而玉振之也。金声也者，始条理也；玉振之也者，终条理也。始条理也，智之事；终条理者，圣之事也。”孟子用音乐做比喻，称赞孔子集古代圣贤的成就于一身。“圣协时中”是道光皇帝所题，语出《中庸》：“君子之中庸也，君子而时中。”朱嘉注：“以其有君子之德，而又能随时以处中也。”“圣协时中”意思是孔子的思想协和万邦，顺应时代潮流，贯彻儒家思想可以国泰民安、繁荣昌盛。“德齐

帱载”为咸丰皇帝所题，语出《中庸》：“仲尼祖述尧舜，宪章文武，上律天时，下袭水土，譬如天地无不持载，无不复帱。”帱，是覆盖的意思。“德齐帱载”是称赞孔子的思想和道德经天纬地，无所不包。“圣神天纵”是同治皇帝所题，语出《论语·子罕》：“太宰问于子贡曰：‘夫子圣者耶？何其多能也。’子贡曰：‘固天纵之将圣，又多能也。’”又《孟子·尽心下》：“充实之谓美，充实而有光辉之谓大，大而话之之谓圣，圣而不可知之之谓神。”程子注：“圣不可知，谓圣之至妙，人所不能测。非圣人之上，又有一等神人也。”“圣神天纵”意思是孔子是顺应天时、应运而生的圣人，这是歌颂孔子高尚的品德以及渊博的学识。“斯文在兹”是光绪皇帝所题，语出《论语·子罕》：“文王既没，文不在兹乎？天之将丧斯文也，后死者不得与于斯文也；天之未丧斯文也，匡人其如予何？”朱熹注：“道之显者谓之文，盖礼乐制度之谓。”“斯文在兹”意思是世间所有文化都发源于孔子。“中和位育”是末代皇帝溥仪所题，语出《中庸》：“喜怒哀乐之未发，谓之中；发而皆中节，谓之和。中也者，天下之大本也。和也者，天下之达道也。致中和，天地位焉，万物育焉。”“中和位育”意思是按圣人之道治理国家，天地间一切事物可以各得其所，各行其道，从而呈现出勃勃生机。“道洽大同”是黎元洪所题。《易经》解，道为立天之道、立地之道、立人之道，泛指自然规律。“大同”语出《礼记·礼运》：“大道之行也，天下为公。选贤与能，讲信修睦，故人不独亲其亲，不独子其子……货恶其弃于地也，不必藏于己；力恶其不出于身也，不必为己……是谓大同。”“道洽大同”的意思是弘扬儒学为人间正道，尊崇儒家可以成就大同世界。

故事与经典——四配十二哲

四配是孔庙受奉祀的人物中，仅次于孔子，又称四公、四圣。他们的塑像分坐于孔子像的两侧。依次为：孔子像东为兖国公颜回（复圣）、沂国公孔伋（述圣），西为成国公曾参（宗圣）、邹国公孟轲（亚圣）。早在南宋度宗咸淳三年（1267 年），南宗衢州孔庙开始以四配附祀。曲阜孔庙则于元成宗大德十一年（1307 年），才开始以四配附祀，并沿袭至今。

十二哲是：东侧北起为闵损（子骞）、冉雍（仲弓）、端木赐（子贡）、仲由（子路）、卜商（子夏）、有若（有子若），西侧北起为冉耕（伯牛）、宰予（子我）、冉求（子有）、言偃（子游）、颛孙师（子张）、朱熹。十二哲其等级较四配为低，哲，即贤哲的意思。唐开元八年（720 年），玄宗李隆基命国学祭祀孔子，定十哲配享。后来，宋、清等朝代几经更添，直到清乾隆年间才固定下来。

颜回，字子渊，孔子弟子，终身未仕，一生追随孔子至死。孔子称赞他“闻一而知十”，“贤哉，回也！一箪食，一瓢饮，在陋巷，人不堪其忧，回也不改其乐”。对于仁德的修养，颜回为最高。《论语·雍也》说：“回也，其心三月不违仁，其余则日月至焉而已矣。”颜回问仁，孔子说：“克己复礼为仁。一日克己复礼，天下归仁焉。”颜回正是严格依照仁与礼的要求而身体力行的。颜回对孔子视之若父，称言：“子在，回如何敢死。”孔子对颜回亦引以为是唯一的同道，说：“用之则行，舍之则藏，唯我与尔有是夫！”颜回死时，孔子失声恸哭，大喊“天丧予”。由于颜回仁德突出，屡受老师称赞，成为孔子最得意的学生。故自三国魏正始元年（240 年）祭孔时，首以他为配享，并开配享之例。唐玄宗开元八年（720 年）被封为“亚圣”，开元二十七年（739 年），封为“亚圣兖国公”，宋大中祥符二年（1009 年），被封为“兖国公”，元至顺元年（1330 年），改封“兖国复圣公”，明嘉靖九年（1530 年），被封为“复圣”。

曾参，字子舆，孔子弟子，青壮年时参加农事劳作，家庭经济生活不太宽裕，为养活父母，到莒国去谋了一个“得粟三秉”的小官。其受业于孔子后，学有成就，便开始讲学。父母死后南游楚国，“得尊官焉”。后齐国欲以为相，楚国欲以为令尹，晋国欲以为上卿，都被他一概谢绝，专事研习孔学并授徒，最终成为儒家名师。他性格沉静，为人谨慎，态度谦逊，鄙薄“胁肩谄笑”，并具勇敢精神。他尤重孝行，认为“慎终追远，民德归厚矣”。曾参说：“夫子之道，忠恕而已矣。”《史记·仲尼弟子列传》说曾参作《孝经》，又有《大学》十篇。唐总章元年（668 年），曾参被封赠“太子少保”。唐开元二十七年（739 年），封为“成伯”。宋正和元年（1111 年），封为“武城侯”。咸淳三年（1265 年），赠“成国公”。元至顺二年（1331 年）被封为“成国宗圣公”。明嘉靖九年（1530 年），被封为“宗圣”。

孔伋，字子思，孔子的孙子，在他不到 4 岁时，孔子就去世了。相传孔伋受业于曾参，曾为鲁缪公师。曾一度迁居卫国，又至宋国，晚年才又返回鲁

国。他发挥了孔子“中庸”的思想，并使之系统化，成为自己学说的核心。他宣传儒家“诚”的道德，并视为世界的本原。孔伋颇得孔子思想的真传，一生除授徒外，便致力于著述，儒家经典《中庸》，即他所作。孔伋是儒家中一个承前启后的重要人物，他前承孔子，后传孟子。孔伋的思想经他的门人传给孟子，孟子继承并有所发展，后人称为“思孟学派”。宋徽宗崇宁元年（1102 年）追封为“沂国公”。元至顺二年（1331 年），被封为“沂国述圣公”。明嘉靖九年（1530 年），被封为“述圣”。

孟子，名轲，战国时期思想家、政治家、教育家。生活在诸侯兼并、战争异常酷烈之时，为“正人心，息邪说，距诐行，放淫辞，以承三圣”，他聚众授徒，历游齐、宋、滕、魏等国。任齐宣王客卿，因其主张不见用，退而授徒、著述。传所授徒数百人。在哲学上，他提出“性善论”，即人人生来皆具有仁、义、礼、智等天赋的道德意识，以及“良知”和“良能”，但又强调后天所受的教育与环境，强调人的主观精神作用，断言，“万物皆备于我”。形成了一个对后儒、特别是对宋儒影响巨大的唯心主义理论体系。在政治上，他提出“民为贵，社稷次之，君为轻”，民可群起推翻暴君，主张“法先王”，“行仁政”，恢复井田制，薄赋税、省刑法，使民安居乐业，接受儒家文化，反对诸侯间的武力兼并。在理论上，提出存心养性说，即求之不得，反求诸己的自我修养方法，以扩展本来就善的人性，达到“富贵不能淫，贫贱不能移，威武不能屈”的境界，养成天地之间一股“浩然之气”。由于孟子的思想学说，以孔子为旗帜，又相当深刻全面地继承发展了孔子的思想。帮被后世封建统治者和儒家学者，尊奉为仅次于孔子的圣人。孔子思想也在长期的历史过程中，被糅合为一体，号称孔孟之道，成为儒家思想学说及中国传统文化的骨干与核心。北宋元丰七年（1084 年），孟子被封为“邹国亚圣公”。明嘉靖九年（1530 年），被封为“亚圣”。

闵损，字子骞，在孔子弟子中，以德行和颜渊并称。闵损为人特孝，他兄弟二人曾受后母虐待，父亲知道后，要赶走后妻，闵损却为其说情：“母在一子单，母去四子寒。”父始留其母，后母被其感悟后，待闵损兄弟亦如亲生之二子。故孔子称赞他：“孝哉，闵子骞，人不间于其父母兄弟之言。”唐玄宗开元八年（720 年），诏为“十哲”之一，配祀于孔庙。乾隆年间被定为“十二哲”之一。

冉雍，字仲弓，出身微贱，却品学兼优，器识开阔，多次受到孔子的称赞。孔子说：“雍也，可使南面。”又说“犁牛之子骍且角，虽欲勿用，山川其舍诸?”言其父虽身贱而行恶，却不能掩遮其子之德，自当见用于世。冉雍为季氏宰，问政孔子，孔子说：“先有司，赦小过，举贤才。”仲弓即欲知贤才而举之。荀子有《非十二子》《儒效》等篇，言及仲尼、仲弓为“大儒”，为“圣人”。唐开元八年（720 年），诏为“十哲”之一。清乾隆年间被定为“十二哲”之一。

端木赐，字子贡，家境富有，青年时以经商著称，后拜孔子为师，死于齐国。端木赐性敏达，利口巧辞，博闻强识。孔子对他的评价是“辩人也，丘弗如也”，为孔门四科中的言语科的佼佼者。对于孔子的思想学说，子贡极力追求。他说：“夫子之文章可得闻也；夫子之言性与天道，不可得而闻也。”自称“我不欲人之加诸我也，事亦欲无加诸人”，追求“博识于民而能济众”之仁德。子贡问仁，子曰：“工欲善其事，必先利其器”，居是邦必“事其大夫之者，友其士之仁者”。又问：“有一言可以终身行之者乎?”子曰：“其恕乎，己所不欲，勿施于人。”他对外交谈判特别感兴趣，以“使于两国之间”为志向，《左传》中记载了他在鲁哀公时期，多次代表孔子或鲁国“之楚”“之吴”“之齐”从事外交活动取得成功的事例。在经商活动中也大获成功，以至于“家累千金”“富比陶朱”。他积极宣传孔子及其学说，在传播孔子思想的方面，起了很大作用。他和孔子的师生之谊超过了一般门人，孔子死后，弟子均守墓三年而去，他则在孔子墓旁建草庐，复守墓三年。清乾隆年间被定为十二哲之一。子贡还被看作历史上第一个儒商。

仲由，字子路，家境贫寒，性格粗野，尚勇力，善政事。曾以勇凌暴孔子，孔子设礼稍诱之，后即儒服委质，因门人请为弟子。孔子说他：“千乘之国，可使其赋也，不知其仁也。”又说“片言可以折狱者，其由也与”，特别肯定了子路明决果断之才。仲由性格果敢直爽，敢于当面提出对老师孔子的意见，可称得上是豁达鲁莽，为人勇武。仲由随孔子周游列国，在卫国任蒲邑大夫，其政绩受到“孔子三称其善”。他信守诺言，忠于职守，见义勇为，闻过则喜，特别是具有亲亲尽孝、扶弱济贫的思想行动，深得孔子的肯定。仲由政治思想坚定明确，孔子说：“道不行，乘桴浮于海，从我者其由与。”后来他参与卫国废立之乱，战击断缨，自言：“君子死而冠不免”，遂结缨而死。唐朝被追封为“卫侯”宋朝改封为“河内侯”，后又追封为“卫公”。清乾隆年间被定为“十二哲”之一。

卜商，字子夏，家境贫寒，从孔子学后，曾为莒父（今山东高密东南）宰。他熟悉古代文献，为孔子四科十哲文学科高足。卜商以博学著称，他长于

《诗》，深于《书》，明于《易》，着于《礼》。曾说："仕而优则学，学而优则仕"，"君子学以致其道"。孔子说他："女（汝）为君子儒，无为小人儒"，"无欲速，欲速则不达，见小得则大事不成"。孔子死后，曾去卫国，为卫灵公做事，后又到魏国西河（今陕西合阳一带）讲学，影响很大。相传有三百多人出自他的门下。魏文侯亲自向他问政，待以师礼。他为人勇武，性格爽朗，不但有武士之勇，而且有宰相之才。极好与比自己贤能的人结交，并擅长于主持礼节仪式。唐开元二十七年（739 年），追封为"魏侯"。宋大中祥符二年（1009 年），增谥为"东阿公"（一作"河东公"），后又改谥为"魏公"。清乾隆年间被定为"十二哲"之一。

有若，春秋后期鲁国人，他对孔子的思想学说理解较深，提出"礼之用，和为贵" "先王之道斯为美" "因不失其，亦可宗也"等主张。《论语》中，所有记事记言，只有孔子弟子曾参和有若被尊为"子"。可见，有若曾受到特别的尊重。唐开元二十七年（739 年），从祀于孔庙。清乾隆年间由"先贤"行列，升入"十二哲"之一。

冉耕，春秋后期鲁国人，在孔子弟子中，以德行颜回、闵子骞、仲弓并列。唐开元八年（720 年），诏为"十哲"之一，从祀于孔庙。清乾隆年间被定为"十二哲"之一。

宰予，春秋后期鲁国人，以善长言语而著称。列为孔门四科十哲言语科之一。他常被孔子派遣出使各国，如"使于齐" "使于楚"。唐开元二十七年（739 年），被追封为"齐侯"。宋大中祥符二年（1009 年），加封为"临菑公"，后又改封"齐公"。清乾隆年间被定为"十二哲"之一。

冉求，春秋后期鲁国人，多才多艺，以政事著名。孔子曰："政事：冉有、季路"。被列为孔门四科十哲政事之一。他还善于理财，孔子曾称赞他："求也，千室之邑，百乘之家，可使为之宰也"。唐开元二十七年（739 年），他被追封为"余侯"，宋大中祥符二年（1009 年），追封为"彭城公"，后又改为"余公"。清乾隆年间被定为"十二哲"之一。

言偃，字子游，春秋后期吴人（一说鲁人）。言偃以文学著称，与卜商同列文学科。孔门习礼者，以子游最着。唐开元八年（720 年），诏为"十哲"之一，从祀于孔庙。清乾隆年间被定为"十二哲"之一。

颛孙师，字子张，春秋后期陈国阳城（今河南登封境内）人。他出身微贱，曾犯有罪行，学于孔子门下后，成为闻名天下之士，并收徒授经，定居于陈国。他性格偏激，交友广泛，不拘小节，勇武过人。他尊崇孔子，敏学好

问，力求博古通今，闻达于世。唐开元二十七年（739 年），追封为“陈伯”。宋大中祥符二年（1009 年），又封为“宛丘侯”，尊为“陈公”。清乾隆年间被定为“十二哲”之一。

朱熹，程朱理学的集大成者。他对儒家学说融会贯通，会众说而折其中。主张用天命之主宰气质之性，存天理，灭人欲。注重“持敬”的涵养功夫，居敬穷理，以仁为修养的最高境界。影响了其后学术思想的发展达六七百年之久，在明清两代被提到儒学正宗的地位。死后，谥号“文公”。南宋淳祐元年（1241 年）从祀于孔庙。清升为“十二哲”之一。在“十二哲”中，只有朱熹一人不是孔子弟子，可谓殊荣之至。

问题和讨论

1. 除了本文中提到的名言外，关于圣贤的论述，你还知道哪些？尝试把以上名言译成现代汉语。

2. 墨子主张“列德而尚贤”；老子认为，“不尚贤，使民不争”。你怎么看待这个问题？

参考文献

［1］南怀瑾．论语别裁［M］．上海：复旦大学出版社，2003.

［2］毛佩琦．图解论语［M］．沈阳：万卷出版公司，2009.

［3］毛佩琦．图解孟子［M］．沈阳：万卷出版公司，2009.

［4］毛佩琦．图解老子［M］．沈阳：万卷出版公司，2009.

［5］毛佩琦．图解庄子［M］．沈阳：万卷出版公司，2009.

［6］毛佩琦．图解尚书·礼记［M］．沈阳：万卷出版公司，2009.

［7］毛佩琦．孔子家语·颜氏家训（插图本）［M］．沈阳：万卷出版公司，2009.

［8］李鋆．国学基本教材·论语卷［M］．北京：新华出版社，2008.

［9］李鋆．国学基本教材·孟子大学中庸卷［M］．北京：新华出版社，2008.

［10］罗国杰．中国传统道德［M］．北京：中国人民大学出版社，2012.

［11］刘义庆．世说新语［M］．乌鲁木齐：新疆人民出版社，2003.

［12］冯梦龙．东周列国志［M］．济南：齐鲁书社，1993.

［13］陈寿．三国志［M］．延边：延边人民出版社，2006.

［14］罗贯中．三国演义［M］．济南：山东文艺出版社，1991.

［15］蒲松龄．聊斋志异［M］．北京：光明日报出版社，2008.

［16］张廷玉，等．白话明史·清史［M］．昆明：云南出版集团公司，2010.

［17］骈宇骞，等．贞观政要［M］．北京：中华书局，2009.